EUの法秩序と経済秩序
法と経済の関係についての基本問題

エルンスト-ヨアヒム・メストメッカー
Ernst-Joachim Mestmäcker

早川　勝　訳
Masaru Hayakawa

法律文化社

序　文

　本書は、わたしが公表してきた比較的最近の諸論文をこれまで早川勝教授が翻訳してきたものを収録した論文集である。これらの論文は、法と経済の関係における基本的な問題を扱うもので、とくに、グローバル化の時代において、欧州とドイツのレベルにおいて生じた問題について論じている。域内市場および競争によって規制されまた事実上形成された欧州の経済制度に関連する限り、これらの基本問題は欧州の憲法問題である。理念の変遷や私法理論に関する論文では、自由に組織された経済秩序と分権的に組織された経済秩序に共通する原則をどのように認識するかという問題を検討している。ここでは、経済的な前提、その機能と効果の下における私法制度、つまり契約の自由、権利および競争について理論的な説明を試みている。これらの関係においては、経済理論については、その時々においてこれらの理論が「良いのか悪いのか」ということはまったく問題にならないのであって、むしろ、経済理論が法秩序と経済秩序の相互依存に対する理解に役立つのかどうかについて検討しなければならないのである。

　わたしは、この場を借りて、親愛なる同僚で友人でもある早川勝氏がわたしの諸論文を翻訳する労をとってくれたことに対して心よりお礼を申し上げる。とくに、内容の理解に努め、またその質を落とさないようにするために払われた労苦に対して感謝申し上げたい。

　2011年5月　ハンブルグ

エルンスト‐ヨアヒム・メストメッカー

訳者はしがき

　本書『EUの法秩序と経済秩序―法と経済の関係についての基本問題』は、エルンスト-ヨアヒム・メストメッカー教授（Prof. Dr. Dr. Ernst-Joachim Mestmäcker）の比較的新しい最近の論文11編をまとめたものである。本書で扱った論文のなかには、教授の論文集 Recht in der offenen Gesellschaft-Hamburger Beiträge zum deutschen, europäischen und internationalen Wirtschafts-und Medienrecht（1993）および Wirtschaft und Verfassung in der Europäischen Union: Beiträge zu Recht, Theorie und Politik der europäischen Integration. 2. erg. Aufl.（2006）に収録されているものもあるが、それ以外の最近の6論文も収めているので、書名は、教授の同意をいただいて訳者が付けた。また本書では、諸論文をそのおおまかな内容に従って3つに分けて編別しているが、この編別とその名称についても、教授のご了解の下で、本書のために訳者が行った作業である。そこで、まず、とくにタイトルにある「法秩序」という用語について簡単に説明しておきたい。ここでは「憲法秩序」という用語の方がより適切ではなかったかとも考えられるからである。

　2004年10月に調印された「欧州憲法条約」は、フランスとオランダの国民投票によって批准が拒否され結局発効するに至らなかった。しかし、もし企図されていた政治統合の試みが実現していたとすれば、経済統合したEU（欧州連合）を1つの国と同じレベルで考慮することができ、「EUの憲法秩序」という名称は、ちゅうちょなく用いることができたであろう。本書の至る所で明確に説明されているように、欧州司法裁判所は、加盟国の協同の下で、EEC条約およびEC条約の適用と解釈によって、これを経済共同体における「憲法・Verfassung」、「経済憲法・Wirtschaftsverfassung」および「憲法秩序・Verfassungsordnung」と性格づけてきた。それは、EEC条約において経済的な基本的自由権が明文によって保障されていること、加盟国がこのためその主権

の一部を委譲していること、条約の効力が加盟国の国民に対し直接に及ぶために加盟国が自国民に対して条約が定める基本的自由権を守る義務を負うこと、共同体法と加盟国の法律とが抵触する場合、共同体法の優位が認められたこと、ならびに、国籍にもとづく差別の禁止が明文で定められていることが、EUの「憲法」であることの理論的な根拠とされたのである。メストメッカー教授は、これら一連の欧州司法裁判所の判例を支持され、確立した判例が反映されない最近のEUの傾向に対して批判的で、欧州司法裁判所による司法審査の範囲の回復の必要性を一貫して強く主張される。もっとも、憲法を国家の存在と切り離して考えることになじみが薄い状況の下では、「憲法秩序」という言葉に心理的抵抗もある。そこで、より一般的でかつ教授の見解にも沿うことができる「法秩序」という用語を選ぶことにしたのである。

　現在、世界的規模の巨大市場となったEUは、前世紀にひとが構想を重ね将来の欧州のあり方を熟慮した結果、まず1951年の欧州石炭鉄鋼共同体設立条約、その後1957年の欧州経済共同体設立条約（ローマ条約）と欧州原子力共同体設立条約によって結実させた3つの共同体を基礎にする。組織と機関構成に関する大枠を別とすれば、その発展の中心的役割を担ってきたのはローマ条約を足場にした経済共同体である。本書におけるメストメッカー教授の現在のEUの捉え方も基本的にこの出発点（経済同盟・通貨同盟）を重視するという立場に立っておられる。

　EUは、現在、ギリシャなど南欧で直面している深刻な金融問題で苦闘の真っ只中にある。このような危機に対して、これまでの半世紀の間に何度もなんとか乗り越えながら、経済共同体から欧州共同体そして欧州連合へと大転換してきた。諸条約を基礎とする第一次的共同体法は重要な改正を繰り返し、第二次的共同体法も補強され変更してきたが、他方では、組織の肥大化と複雑化とによって、真正面からその正体を捉えることが容易でなくなってしまい、当初の構想がまったく変質したかのような印象をぬぐい去ることができない。このような拡大と深化を重ねてきたEUは、経済学、政治学および法律学の生ける好個の研究対象であるだけでなく、経済取引を通じて世界市場に大きな影響を与えており、われわれの日常生活のなかにも否応なく侵入し、日常の政治の世界

でも EU の動向に気を配らなければならないほどの存在になっている。このことからも、日本語によって EU の法秩序と経済秩序に関する高度で専門的な研究にも触れておく必要性と重要性があることを否定できないように思われる。

わが国では、メストメッカー教授のいくつかの代表的学術論文がまとめられて邦訳されている。最初の邦訳論文集は、上柳克郎・河本一郎監訳『法秩序と経済体制 メストメッカー教授論文翻訳集』（商事法務研究会、1980 年）である。その後に公表された諸論文のいくつかのものを収録した邦訳論文集（拙訳）『市場経済秩序における法の課題——法理論と秩序政策に関する論文集』（法律文化社、1997 年）がある。本書は、わが国における第 3 番目の翻訳論文集となる。これらは、主として、訳者が奉職している大学の紀要である「同志社法学」に公表してきたものを、この度、教授のご了承をいただいて、これらに若干の修正と加筆をしたものである。

メストメッカー教授の経歴と業績については、森本滋教授が前掲書『法秩序と経済体制』のなかですでに詳細に紹介されている。重複することになるが、それに依拠しながらここでも簡単に触れたい。教授は、ドイツの競争制限禁止法の産みの親のひとりであるフランクフルト大学法学部教授フランツ・ベーム (Franz Böhm) を師とし、33 歳の若さでザールラント大学の教授に就任し、その後、さらにミュンスター大学、ビーレフェルト大学（総長）の教授を歴任され、1979 年からマックス・プランク外国私法・国際司法研究所（ハンブルグ）の共同代表者の地位に就かれ、数々の研究プロジェクトを立ち上げて結実した広範かつ大きな成果を次々に公表され、定年を迎えられてエメリトゥス教授としてハンブルグのマックス・プランク研究所にある研究室で思索と執筆活動を続けておられる。オルドー・リベラリストとして、最近公表された「法と経済学」批判が大きな反響をもたらし、その影響力の甚大さをうかがい知ることができる。

わが国では、非常に高く評価された教授の資格論文『理事者、コンツェルン権力および株主の権利——ドイツ株式法と合衆国の会社法の比較法的研究』（1958 年）が優れた若手研究者の間で注目されたため、まず会社法分野の研究者として著名になった。しかし、教授の学問領域はそれにとどまらず、経済法、メディア法や EU 法などにおいてつねに第一線の研究をされ多くの業績を残され、ま

た、経済・社会政策学者としても理念と実践とのバランスのとれた見解を唱えられてきた。とくに、経済法の分野では、新設されたモノポール委員会の初代の委員長を務めて、カルテル庁に対するお目付役としての役割のあり方について決定的に方向づけられた。数多くの単行の専門研究書のほかに、ドイツとEUにおける経済法に関する研究として、最新版の代表的教科書 *Mestmäcker/ Schweitzer,* Europäisches Wettbewerbsrecht. 2., Aufl., 2004. や注釈書 *Mestmäcker/ Immenga*（Hrsg.）, Kommentar zum Recht der Wettbewerbsbeschränkungen. 4. Aufl. 3 Bde. 2007. が公表されている。さらに、メディア法の世界では、国が独占してきたメディア分野を民営化した際に理論的支柱を提供するという大役を果たされたのである。また、教授の学問的業績の重要な部分として、ここでどうしても触れておかなければならないのは、研究者と教育者の合体した教授の顔についてである。それは、『Wirtschaftsrecht und Wirtschaftspolitik』という研究叢書を協同で創設され、これによって優れた学術研究の成果をどんどん世の中に送り出し、分け隔てなく研究者にその門戸を広げられたことである。もちろん、高い学術水準は保たれ、多くの研究者がそれにより社会で重要な活躍をする機会が与えられたことは特筆に値しよう。

　つぎに、本書における論文について触れておきたい。それぞれの内容にかんがみて、おおまかに3つの分野に分けてまとめている。しかし、それぞれが独立して書かれた研究論文なので、関心のあるものから目を通すことで十分である。そのため、本書の目次には、各章にそれぞれタイトルを表記している。以下では、各章で扱っている問題点などの簡単な紹介をしておきたい。

　まず、第1編「EUの法秩序と経済秩序」では、EUのそれぞれの発展段階で公表された4論文を収めている。そのうち、第1章「支配と法に関する欧州の基準」は、Orden pour le meríte 賞の受賞記念講演が元となっているので、EU全体の発展と当初の姿が変質したEUの現在がわかりやすくまとめられている。EU条約を法的共同体の憲法であるとする欧州司法裁判所の基本的立場に立脚しながら、現在のEUの現行制度の正当性について法的に説明することが課題であるとされる。とくに、EUが経済共同体の助けを借りて政治統合を図ることは欧州計画の非現実性の現れであるという厳しい批判は注目される。

第2章は、より具体的にローマ条約とマーストリヒト条約のていねいな比較検討がなされており、後者の条約において新たに導入された諸原則（補完性、収斂、連帯）についてのそれぞれの整合性の問題が論じられている。興味深いのは、EUで経済管理組織が新たに創設されるべきであって、政治の動向に影響されないドイツの連邦銀行制度のような組織が有用であると指摘されている点である。EUの歴史的な展開とその方向が詳細に論じられているのは第3章「EUのガバナンス構造の変遷」で、第1編を代表するEUの機関構成に関する重厚な研究論文である。最後の第4章「EUにおける法と政治」は、EUにおける経済制度の法的基礎がEEC条約で定められた経済的自由権の保障であることから、政治的統合過程においてこれらの基本的権利を認める法の役割について欧州の思想的な系譜に触れながら、EUにおいては公正な競争を維持する制度を確立すべきであると強く主張される。

　つぎに、第2編「ヨーロッパ競争法の展開と課題」では、公正な競争を維持するEU競争法に関する専門的研究がまとめられている。しかし、まず最初に、EUへの新規加盟国の課題に関して一般的な問題も扱っている「ヨーロッパ契約社会における亀裂」という論文を第1章に収めた。これは、Hans Martin Schleier賞の受賞記念講演が元になっているので明快でわかりやすく、経済法の専門分野に入る前に本編が扱う全体像をつかむことができると思われたからである。第2章「ヨーロッパ法における競争と規制の接点」、第3章「グローバル化時代におけるヨーロッパ競争法」および第4章「EUにおける公企業と公共経済事業（生活配慮）」の諸論文は、ドイツ経済法も随所に視野に含めたEU経済法の諸問題が理論的に論じられている。メストメッカー教授は、1958年にEECの初代の委員長でさらに再任されたヴァルター・ハルシュタイン（*Walter Hallstein*）フランクフルト大学教授と共に、EECの基礎固めに参画され、その後EEC委員会の競争政策委員会の特別顧問として競争政策の実施に貢献された。EU競争法の議論において、EUを基本的に経済・通貨同盟と捉える基本的立場に立ちできるだけ抽象的な理論の展開が避けられている。とくに、第4章が扱う電力やエネルギーの公共サービスに関しては、各加盟国において基本的なアプローチが異なっていることから、この分野を競争法の規制分野か

ら除くという政治的圧力が濃厚であるという状況が背景にある。したがって、どこまで裁判所の司法審査によるコントロールを及ばせるかという問題は、EUはもちろんのこと、わが国においても共通する課題であろう。

　ドイツ経済法に関する論文における議論には、競争という概念が執拗と思われるほど重視されていることが多い。この点については、わたしなりの注釈をさせていただくことにしたい。第二次世界大戦で敗北するまで、ドイツ帝国はカルテルの国と呼ばれていたように、国が産業政策としてカルテルを容認し推進していた。しかし、法的に許容されてきたカルテルは、敗戦後に、ドイツ政府が自ら制定した競争制限禁止法によって禁止することにしたのである。比喩的にいえば、昨夜まで善であった経済政策の基本理念は、翌朝眼をさませば悪いものとなっていたという180度の変貌を通して、伝統的な法秩序との整合性についてその法的理由づけが必要となったのである。この点は、敗戦まで、ドイツと共同歩調をとってカルテルを容認し、戦後は占領軍の経済部門の民主化に沿って、実証済みの外国の法律を移入した独占禁止法によってカルテルを禁止した日本の歩みとは異なっている。ドイツで戦前から独占やカルテルの弊害を孤独にしかし力強く主張していたフランツ・ベームは、ドイツ競争制限禁止法の立法に尽力し、法秩序において競争をいかに位置づけるかについて力を注いできた。メストメッカー教授は、競争制限禁止法を私法制度のなかに採り入れるという指導教授のフランツ・ベームの壮大な構想を受け継いで、その骨格として、競争を私法制度の一部に包摂して、競争ルールを私法制度のなかに軟着陸させるという難題に立ち向かい理論的研究を深化させるのである。このことはつぎの第3編に収めた論文においても理念的な観点からもなされるのである。

　第3編「法秩序と経済秩序の相互依存」では、潮流を変えて理念的な問題について論ずる論文をまとめている。第1章「権利の法制度との関連性」では、EUにおいて認められている基本的自由権の正当化ができるか検討される。権利のための闘争を唱えたルドルフ・フォン・イエーリング (*Rudolf von Ihering*) は、個人の権利の正当性を国家と結びつけない。かれの理論がそのためにどのように基本的自由権の確保に寄与するのか、権利を否定して苦痛と快楽を基礎にす

るジェレミ・ベンサム（Jeremy Bentham）の行為論と対比しながら論じられる。第2章「デヴィッド・ヒュームとフリードリッヒ・A.フォン・ハイエクにおける社会と法」は、ハイエク（Friedrich A. von Hayek）の唱える公正な行為のルールが経験によって認識できるように生成されてくる秩序原則であり、それがどのように私法秩序の中核を形成しているかという問題が論じられる。ヒューム（David Hume）の進化論とハイエクの自生的秩序論が検討され、アダム・スミス（Adam Smith）やハイエクの思想的系譜が明らかにされる。最後に、第3章「牧草地の子羊と狼の群れの間」は、契約の自由や個人の財産権と同様に競争ルールが私法制度の一部をなすという論理が、競争制限禁止法が競争それ自体を規制できるかという争点のなかでどのように維持できるか検討される。本章の最後につけられた抄録のタイトル「万人の万人に対する競争」が示すように、自然状態における競争に関するイマヌエル・カント（Immanuel Kant）、トーマス・ホッブス（Thomas Hobbes）、ヒューム、アダム・スミス、ハイエク論やドイツやアメリカにおける議論の特徴も分析され、競争および競争ルールに関する教授の論理が導かれている。

　最後に、訳語の問題について弁解じみた説明をしておきたい。それは、EUの法的基礎となっている諸条約の改正と密接に関連している（第一次的共同体法および第二次的共同体法の改正）。1951年の欧州石炭鉄鋼共同体設立条約、1957年の欧州経済共同体設立条約（ローマ条約）と欧州原子力共同体設立条約によって3つの欧州共同体が成立した後に、これらの基礎を変更する重要な改正として、域内市場の早期統合の実現をめざした1986年の単一欧州議定書、3つの共同体体制から欧州統合へ転換をめざした1992年の欧州連合条約（EU条約・マーストリヒト条約）、状況の大幅な変更に対応する1997年のアムステルダム条約、1991年に解体したソビエト連邦から離脱した東欧諸国を受け入れるための2003年のニース条約、2004年に調印されることになりながら、結局放棄されることになった欧州憲法条約、しかし、これにかなりの部分に衣を着せ替えただけで再登場させた2007年のリスボン条約（欧州連合条約および欧州共同体設立条約を改定するリスボン条約（2009年発効））がある。修正された内容も重要であるが、ここで形式的な変更をとりあげれば、マーストリヒト条約は、「欧州経

済共同体」を「欧州共同体」にという名称変更を行い、リスボン条約は、既存の諸条約を「EU条約」と「EU運営条約」に再構成した上で、「欧州共同体」という名称を「EU」に変更している。さらに、EUの諸機関の名称の変更にも手が加えられてきた。それには深い理由と複雑な経緯が潜んでいる。本書では、このような変更に留意して訳語をそれぞれの時期にあわせた用語にするように手直ししたつもりである。しかし、本書で収録している論文の公表時期が異なるために、この作業が十分ではなかった箇所が残っていよう。そのことについてのご了解とご容赦をあらかじめお願いしておきたい。

　はしがきの最後になったが、本翻訳集の公刊にあたり、その企画を快諾され、論文翻訳集に序言を寄せていただいたメストメッカー教授のご厚意に対してここに改めて篤くお礼を申し上げたい。さらに、法律文化社、とくに小西英央氏と上田哲平氏には変わらぬご支援と暖かいお世話をいただくことができた。ここに心より感謝申し上げたい。

　　2011年5月
　　　北の窓から新緑の京都三山を臨める寒梅館5階の研究室にて

早 川 　 勝

目　次

序　文　　　　　　　　　　エルンスト-ヨアヒム・メストメッカー
訳者はしがき

第1編　EUの法秩序と経済秩序

第1章　支配と法に関する欧州の基準 ……………………………… 3
　Ⅰ　EUにおける共同体法の役割　3
　Ⅱ　現行制度の正当性の基準　6
　　1. ヨーロッパ法の発展
　　2. 自然状態
　　3. 市民社会の基礎
　　4. 差別禁止と保護
　Ⅲ　差別禁止指令における矛盾　12
　　1. 国家主権の共同体への一部の委譲
　　2. 加盟国の自己拘束
　　3. EUにおける公的サービスの規制
　　4. 個人の権利の積極的自由と消極的自由
　　5. EUにおける開かれた市場と競争

第2章　ローマかマーストリヒトか ……………………………… 19
　Ⅰ　加盟国の憲法に対するマーストリヒト条約の影響　19
　Ⅱ　規制権限の衝突　20
　Ⅲ　憲法の法的基礎の政治化としての補完性の原則　22
　Ⅳ　マーストリヒト条約における諸原則　24
　Ⅴ　経済管理機関の創設　25

第3章 EUのガバナンス構造の変遷 …… 28

   Ⅰ　経済共同体の基本法　28
      1. 諸 原 則
      2. 基本法政策上の衝突
      3. 国境のない経済?
   Ⅱ　法律と判例による正当化　35
      1. 原始共同体法の変更
      2. 干渉条項
      3. 欧州共同体機関の原始共同体法への拘束
   Ⅲ　憲法の衝突　39
   Ⅳ　制度競争から「ソーシャル・ダンピング」へ　41
   Ⅴ　EU委員会と「コミトロジー」　46
      1. 共同体法上の地位
      2. コミトロジーと共同体内部委員会制度の無人地帯
      3. 補助金交付官庁としての委員会
      4. 行政任務の私人への権限の委譲
      5. 欧州共同体の任務（欧州における政府）

第4章 EUにおける法と政治 …… 62

   Ⅰ　実践法理論としての政治　62
   Ⅱ　経済憲法　63
   Ⅲ　正 当 化　65
   Ⅳ　経済的自由権に対する政治的自由権（マルクスとハーバーマス）　67
   Ⅴ　経済と社会または資本の法に対する支配（マックス・ウェーバー）　69
   Ⅵ　ジェレミ・ベンサムの長い影　71
   Ⅶ　基本的自由と競争の制度的合理性　72
      1. 権　利
      2. 多国間国際条約における選択的制裁
      3. 基本的自由
   Ⅷ　私法の変容　75
   Ⅸ　帝国主義的資本主義　76

    1. 産業政策
    2. 域内市場の限界
  X　秩序に則った自由の制度における競争　79

第2編　ヨーロッパ競争法の展開と課題

第1章　ヨーロッパ契約社会における亀裂 …………………… 85
  I　ヨーロッパの社会契約　85
  II　加盟国における憲法構造の相違　87
  III　加盟国の主権の委譲　89
  IV　議会の説明義務　91
  V　独立の機関　92

第2章　ヨーロッパ法における競争と規制の接点 ……………… 95
  I　問題提起　95
  II　競争から規制への移行　96
  III　アメリカ法における取引拒否と不可欠設備理論　99
  IV　欧州共同体法における規制への移行　102
  V　結　語　106

第3章　グローバル化時代におけるヨーロッパ競争法 ……… 111
  はじめに　111
  I　関連市場　112
    1. 独占的な競争？
    2. 市場とネット
  II　競争法規定の国際的適用可能性　117
    1. 共同体法における国際的協同と集中
    2. 合併規制令の域外適用
    3. 競争法規定の海外関連事項への適用

Ⅲ　競争当局間の協同および国際的合併規制の展開と傾向　124
　　　　1．EUとアメリカ合衆国との間の協定
　　　　2．二国間構想の成果と限界
　　　　3．合併規制法の調整と世界的規模の合併規制法

第4章　EUにおける公企業と公共経済事業(生活配慮) ……… 137
　　はしがき　137
　　Ⅰ　国の所有と経済秩序　139
　　Ⅱ　企業家活動としての国の経済活動　141
　　Ⅲ　特別な権利または排他的権利(独占権)　142
　　Ⅳ　一般的な経済的利益のサービス　143
　　Ⅴ　「非欧州」化のコスト　148

第3編　法秩序と経済秩序の相互依存

第1章　権利の法制度との関連性 …………………………………… 153
　　Ⅰ　イエーリングの遺産　153
　　Ⅱ　慣習法と法律における目的　154
　　　　1．自由の自己制限としての慣習
　　　　2．自由の自己制約としての慣習
　　　　3．権利のための闘争における目的
　　Ⅲ　幸福に対する権利と幸福についての義務　161
　　　　　──ジェレミ・ベンサムの権利論
　　Ⅳ　権利の個人との関連性　165
　　　　1．権利と自由のパラドックス
　　　　2．法　人
　　Ⅴ　EUにおける権利　169
　　　　1．権利の主体
　　　　2．保護された利益
　　　　3．訴　権

  4. 権利と法

第2章　デヴィッド・ヒュームとフリードリッヒ・A.フォン・ハイエクにおける社会と法 179
　　　——法と競争によるエゴイズムの規制について

 Ⅰ　序　179
 Ⅱ　公正な行動のルール（私法秩序）　181
  1. 正義という徳行の人為性
  2. 私法における利己心の構築
  3. 自由に代わる福祉
 Ⅲ　自然状態の自由な制度における分業（アダム・スミス）　187
 Ⅳ　競　争　189
 Ⅴ　秩序政策的パースペクティブ　192
 要　約　194

第3章　牧草地の子羊と狼の群れの間 197
　　　——自然状態における競争概念の変遷

 Ⅰ　自然状態と自然法則　197
 Ⅱ　公共の福祉から福祉の最大化へ　199
  1. ホッブスとかれの論理的帰結
  2. ホッブスの影響の軌跡
 Ⅲ　自然的自由のシステム　204
 Ⅳ　憲法的自由（Constitutional Liberty）と経済秩序　206
 Ⅴ　競　争　208
 Ⅵ　経済の憲法的秩序の調整原則としての競争の自由と契約の自由　213
 抄　録　215

原論文の表題と出典
事項索引
人名索引

第 1 編

EU の法秩序と経済秩序

第1章　支配と法に関する欧州の基準

I　EU における共同体法の役割

　支配は正当性を必要とし、法は平等な自由を要求する。われわれは、支配の正当化を民主的なプロセスと同一視し、法を国の支配の産物として理解することに慣れ親しんできた。しかし、欧州連合(EU)においては、支配、国および法の関係が、根本的に変化したのである。たしかに、EU 条約は、その妥当性を加盟国の議会の批准に依拠している。ドイツ連邦共和国憲法裁判所はこの正当性を維持することを切望されている。強制権限が、加盟国の手に残されているという理由だけで、それは、すでに絶対に必要なのである。しかし、共同体法は、その適用範囲において法の強制を正当化するのである。欧州司法裁判所は、EU 条約を法的共同体の憲法(Verfassungsurkunde)と解する。その対象は、経済同盟と通貨同盟である。なるほど、国は、依然として欧州連合の最も重要な権利主体であるが、もはやそれだけにとどまっていない。国は、権利主体としての地位を自国の市民および他の加盟国の市民と共有するのである。

　EU は、このことにもとづいて、世界的なレベルの政治的および経済的に重要な組織になった。EU は、その地位を明確にするために、しばしばアメリカ合衆国と比較される。欧州の経済・通貨圏の大きさ、および、第三国に対する、合衆国に対しても及ぼす効果が、このことを証明する。EU は、この観点において、世界的なレベルの挑戦に対する最も重要な解答である。EU と USA との間の崩れそうな均衡は、世界貿易機構(WTO)のなかに見ることができる。欧州とアメリカの合併規制は、競争を世界市場に画定することによって適合する大合併に対して、併存的に適用することができる。規制手続は、アメリカの規制当局と欧州の規制当局との間の相互の合意にもとづいて申し合わされる

が、自己のそれぞれの法にもとづくルールを侵すことはないのである。

　しかしながら、欧州の法の独自性をアメリカ法や国際経済法と比較すれば見出すことができるという指摘は、均衡政策の範疇よりももっと重要である。USAで広まり、ブリュッセルで影響力を有するロビイストが主張する見解に従えば、欧州の法が発展すべき方向は、たった1つである。それは、つまり、アメリカ法への方向なのである。しかしながら、自己の法律の輸出を主張する楽観主義に対しては、外国の法律の経験を考慮すると大きな疑念が湧いてくるのである。1つのテーゼは、自国の法および憲法を解釈する際に外国法を考慮することは、民主主義的プロセスの基礎と合致することができない、というものである。アメリカの最高裁判所の裁判官ですら、かれらの間で見解が対立している[1]。それに対して、加盟国において共通している法の諸原則は法の一部であるという原則が、EUには妥当する。欧州裁判所は、この原則にもとづいて、共同体の高権的行為が、とくに欧州人権憲章において規定されているような基本権と合致するかどうか検討する。この諸原則は、EUとアメリカ法との比較考慮をもちろん排除しないのである。

　さらに、多数の国の国際（法上の）条約と比較する場合、EUとその加盟国が、共通の法をつくった政治的成果を明らかにする。しかし、国際法上の条約の拘束力が弱いことが、頻繁に指摘されている。それは、主として、条約に違反した場合、集団的制裁を欠いていることによる。自分が解釈する国際条約によって別の条約を破るための選択権だけを手に入れるという別のところで非常に論議を呼んだテーゼは、このことを証明する。国際法の経済分析は、この結果を国家の経済的に合理的な行為に帰せしめるためいかなる役割も果たさないのである[2]。EUでは、ルールの実現は、EU委員会が、しかし、主として、欧州裁判所と加盟国の裁判所の協力を得て実現する共同体法にもとづいている。この協力は、条約が国を名宛人とした基本的自由を市民の権利に転換することから生ずるのである。市民の権利は、加盟国の裁判所においても主張することができる。それは、商品流通、サービス供給、支店の開設、人と資本の交流の自由について当てはまる。共同体法と加盟国の法との共生は、共同体の上位の公的利益が前提である。利益衝突に直接に参加する国、企業または市民の間の利益

調整に還元することはできないのである。むしろ、共同体法が加盟国法と抵触する場合は、共同体法が優位するということにもとづいて認められる。条約違反の制裁が、WTO において行われているように、当事者に委ねられている場合は、利益衝突の解決は、結局法ではなく、力の分配が決定するのである。

　最後に、EU とその法の役割は、新加盟国を迎え入れるルールを示す。加盟しようとする国は、その国が民主主義的にかつ市場経済的に組織されていること、および、加盟時の状態で共同体法を受け入れる準備が整っているという要件に拘束されている。共同体がこの状態を保証させることを放棄すべきであるというよく知られた要求は、行われるべき決定の特性を見誤らせることになる。政治的議論においては、豊かさの格差やそこから生ずる財政的および経済的補償の給付に関する問題が、非常に重要である。しかしながら、共同体法に関しては、別の問題が前面に出てくるのである。共同体に加盟するすべての国が、加盟によって、積極的であれ消極的であれ、共同体法への参加者になる。加盟国の政府あるいは国民は、共同の立法者を受け入れることを決定することになるのである。この事実は、基本的で、かつ、理事会における票の配分、議会における議席の割当および委員会の構成とは無関係である。EU への加盟は任意なのである。加盟候補国は、主権を喪失しても加盟する利益の方が越えることを確信して志願する。それは、覇権的自由主義のまさに反対なのである。

　弁証法論者は、その正当化のためにつねにカール・マルクス（Karl Marx）の思想に依拠していた社会主義的計画経済に代わって、市場経済を導入することの喜びを新加盟国に享受させることができよう。資本主義の法に敵対的な支配制度の解放をめざす潜在力をもつ犠牲者としての社会を対決させることは、マルクスの遺産の一部である。今日では、資本主義を考える場合に、ネオ・リベラリズムを肯定し、また、「市民社会」の成長を期待することが、ヨーロッパ政治の議論には必要である。世界市民的と考えられた欧州は、正当化の試みが求められているのである。以下に引用しよう。

　　その（ヨーロッパの）最大の弱点は、その正当性の問題である。つまり、ネオリベラルな市場合理主義でも、超国家的なテクノラートの官僚主義的合理主義でも、いわん

や国内の国家利益の政治的合理性といえども、欧州の計画に必要な正当性を得させることはできない。⁽³⁾

それに合わせて、世界市民的なゆがめられた欧州または「ネオ・リベラルに固められた市場欧州⁽⁴⁾」には、政治を正当化できる能力が必要なのである。しかしながら、共同体の法は、政治的になんら支配できない経済プロセスのための単なる上部構造ではない。法は、むしろ、市場経済的制度と必然的に結びついている国および私的な支配潜在力と力の潜在力とがいつまでも欧州市民の独立と福利と合致できるように制限的に定められており、かつそのように志向されているのである。加盟国は、通貨同盟なしには自国の通貨政策の独立と通貨の安定とを保証することができない。その影響が驚くような政治的対応に導いた資本取引の自由は、世界的規模で正当に評価される通貨のために必要な条件の一部なのである。したがって、通貨同盟の導入を第三国との関係においても妥当する資本取引の自由に結びつけることが不可欠であったのである。同様に、マーストリヒト条約によって挿入された自由競争における開かれた市場経済という原則は、通貨政策上の手段が有効であるための前提として競争的市場を明確に示しているのである。

II　現行制度の正当性の基準

支配と法に関する欧州の試金石は、ここでより詳細に考察されるべきEUの文化的、法的および経済的な特殊性に由来している。それらは、以下では、欧州議会、欧州理事会、EU委員会、欧州司法裁判所の裁判権および加盟諸国間の制度的均衡に関する論議において用いられるべきではない。EUの創設国であったフランスやオランダにおいて挫折した憲法条約の代替物も問題ではない。検討すべきことは、むしろ、経済的自由権にもとづいている現在の制度の正当性である。この問題は、EUの民主主義的および社会政策的な将来に関する問題と並んで、依然としてきわめて重要な問題なのである。いずれにしても、それは、宿命的な、しかしながら現在の政治的議論からすれば生じがちな間違

いであろうし、その政治的進歩は、共同体の経済的方向が克服される場合にだけ期待できるにすぎないであろう。

1. ヨーロッパ法の発展

ここ半世紀のヨーロッパ法の発展は、計画することができず、法典化することもできなかったし、また、条件のついた行程計画にもなんら従ってこなかったのである。ヘルムート・コーイング (*Helmut Coing*) が1983年に開催されたオルデン (Orden) において述べたように[5]、それは、ヨーロッパ文化の要素としての法を前提にしているのである。ローマ私法の影響は、数世紀を越えて深く刻印された。ヨーロッパの啓蒙時代には、それは、基本権が形成される基礎となった。法律学と経済学の研究成果が相互に解放されて、市場経済秩序に関する共通の意味を初めて説明した。経済学は、法律学よりも容易に国の富から諸国民の富に向けて進まなければならなかった。しかし、私法は、国の国境を考慮せずに、市場および競争をもたらす取引を影のように守っているのである。経済と法とは、今日まで克服されていない方法論上の困難にもかかわらず、相互に固く結ばれている。このかすがいは、経済的資源の不足のために課された厳しい規律および人の福利と国の公的利益との政治的な共生によって形づくられているのである。

さらに、法を宗教と道徳から厳格に分離することは、ヨーロッパの啓蒙時代の遺産の一部である。つまり、カント (*Kant*) においては、法と道徳の分離は、いかなる市民の組織も道徳を強制することを根拠づけないし、そのような強制に対しては力によって抵抗することを正当化するのである[6]。法と道徳を分離することは、アムステルダム条約によって初めて共同体法に採択されたEU条約13条における新差別禁止法によって予期しなかった意義をもち続けている。

2. 自然状態

欧州共同体を法の共同体として根拠づけようとする政治的意図に対する歴史上最も重要な宣言は、それが何度も繰り返された平和条約であったことから導かれる。その構想は、欧州石炭鉄鋼共同体条約の前文のなかに見出される。し

かし、この展開は、ドイツの再統一をもってようやく完結したのである。それは、欧州統合のプロセスにおける質的な変化と重なっている。その変化は、半世紀もの間社会主義的計画経済としてソビエト圏内に属していた多数の国々を新しい加盟国として受け入れる扉を開いたことから起こったのである。

　法の支配に従わない場合にその展開に委ねた EU の原始加盟国と新たな加盟国の準備は、外見的には矛盾している原因によっている。つまり、第二次世界大戦の経験およびファッシストと共産主義の独裁に貢献した法の濫用である。しかしながら、自然状態のどん底を覗き見したことは、これら 2 つの経験に共通している。戦争は、イマヌエル・カントが述べたように、法のみによって克服されることができる自然状態の唯一の現象形式ではないのである。そのことは、欧州の将来に関して現在活発になされている議論のなかでは、法による平和という考え方が、欧州が統合してから 50 年経った後にはもう古くさくなってしまいもはや正当化に役立たないといわれるときに思い起こされてくる。しかしながら、自然状態は、なんら幸運にも克服できた危険の想い出でもまた、文明の恵みが明るく照らす光のなかでは重荷も軽々と背負うことができるとする仮説でもないのである。法のない自由に逆戻りすることは、いかなる社会においても、またすでに国家相互の関係においてもまったくありえないことではない。それは、法的に秩序づけられた社会においても、国家の権力であれ、社会の権力であれ、権力という誘惑のなかに現在も生き続けているのである。

3. 市民社会の基礎

　EU の政治的および法的特殊性は、欧州の社会契約 (contrat social) の概念によって特徴づけることができる。この概念は、欧州連合の起源と現在の状態に相応している。それは、新しい政治的特質に導くことになるが、しかし、依然として 1 つの条約に依拠している。自己決定と支配とを同時に正当化する概念は、ジョン・ロック (*John Lock*) からルソー (*Rousseau*) そしてカントまでうやまうべき伝統なのである。それは、共同体の法と共同体に妥当する規範的に形成された目的の体系的解釈を可能にする。本条約の主体は、国家のほかに市民である。市民は、共同体の機関と国に対して、内容が明確で政治的出来事に拘束されな

い共同体法の規定を適用して、自己の権利を裁判上実現することができるのである。

　欧州連合をかかる伝統のなかで解釈する可能性は、まったく異なる理由から疑問視されている。しかし、自由権を正当化する力に対する批判は、そもそも経済的自由権を正当化する力に対する批判と区別しなければならないのである。

　トーマス・ホッブス (Thomas Hobbes) が述べるように、自由が法の沈黙から生ずる場合は、社会秩序に関するいかなる諸原則も、そこから生まれる自由権から導き出すことはできない。偶然ではない服従においては、カール・シュミット (Carl Schmitt) は、自由がないものを創設するのではない、と述べる。

　おそらく、抑圧された政治と普遍的な人権の名において経済的自由権を正当化する力に対して主張される反論は、まったく別なものである。ジョン・ロックの伝統においては、個人は、国に対して権利を有するだけであり、義務は負わないのである。したがって、公権力に対する個人権を他の人間に対する義務に転換することが重要となる。その場合、荒々しい批判が、市民社会の基礎、つまり私的自治によって創設される市民の権利と義務に対して向けられる。これらの市民の諸権利の使用価値は、理性的な議論によって正当化されなければ、私的自治の享受によって使い尽くされてしまう。「所有個人主義 (possessiven Individualismus)」には、社会的義務に対する意味と人間の尊厳とに対する等しい尊敬とがまったく欠けている。かかる仕方で、法律行為上の私的自治にもとづく私法のルールと制度とは、世界的レベルでその信用を維持することができる。リヒャルド・エプシュタイン (Richard Epstein) は、その理由をつぎのように要約している。つまり、「われわれは、慎重な疑いを最大限信頼することができる。この懐疑は、まず最初に、人間の行動の一般的ルールに対する共通の知見を考慮して (法がなければ可能にはならないであろう)、つぎに、人間の価値評価に対する共通の不知を考慮する。このことは、なぜ任意な交換が、経済的資源を転用する最も重要な方法であるかを説明する」。筆者の恩師のフランツ・ベーム (Franz Böhm) は、この概念を私法社会の認識に用いる。EUの加盟諸国に共通の市民社会の基礎がなかったならば、共同体法上実現された域内市場は可能ではなかったであろう。計画経済的社会主義は、その妥当範囲において私法秩

序を広範囲に無機能にさせてしまった。それを回復することが、新加盟国には、欧州の法共同体に参加するための前提条件となるのである。

4. 差別禁止と保護

域内市場の人権政策との間で起こりうる衝突は、社会政策上の対立だけではない。それは、同時に、基本的自由に関する憲法上および人権法上の正当化に関係するのである。それは、欧州司法裁判所の長官であるバシリオス・スコウリス (*Vassilios Skouris*) の言葉を借りれば、経済的基本権なのである。[12] この序列は、人権法上根拠づけられた差別禁止法の適用と解釈とが問題となる場合、共同体法上きわめて重要となる。その基礎は、アムステルダム条約によってEU条約に採択された13条1項である。本条の規定は、共同体に委譲された権限の助けを借りて「性、人種、民族的出自、宗教もしくは世界観、障害、年齢または性的志向を理由とする差別化と戦うために、適切な措置をとること」を共同体に授権するのである。本条約は、そのような差別と戦うためにいかなる予防措置が適切であるか定めていない。加盟国を名宛人とする指令においては、それは、市民相互間の差別を禁止するために、適切かつ必要な手段であることを前提条件とする。[13] 雇用と職業における差別禁止指令は、労働法上の適用分野の特殊性のためにここでは度外視しておく。商品と役務を受けまたそれを提供する際の人種と性にもとづく差別を対象とする指令は、域内市場との一貫した関係をつくり上げるのである。この適用分野は、欧州裁判所の判例によれば、商品取引およびサービス取引の自由に含めることができる取引にもとづいて定められる。したがって、その禁止の名宛人は、主として企業であって、市場における地位またはその行為の市場に対する影響は考慮されないのである。「威嚇的」損害賠償請求が、制裁として定められている。

当該指令を国内法化するための種々のドイツの草案は、その広い適用範囲を継受して、3条で掲げられたすべての差別の標識を広範に考慮している。[14] 共同体法をきっかけとする基本問題は、ドイツの立法手続をはるかに越えている。それは、妥当している指令の理由づけおよび将来の指令の形成に関連している。

差別化の標識および委員会の政治的行動に由来する道徳的な訴えは、[15] 強力で

ある。しかし、そのような差別化に抵抗する道徳的感情は、法の強制によって適用すべきであろう、ということを意味するのではない。むしろ、法と道徳とを慎重に区別する原則が想い起こされるのである。

　私法の主体に対する損害賠償請求と差止請求によって制裁が課される差別の禁止は、契約自由の本質的内容を的確に捉えている。そのような規制の正当化は、介入、保護目的および回避されるべき危険との均衡を要求する。市場力のない企業から受けることが予測される差別の危険は、よく知られているように、簡単にはわからない。われわれは、パン屋が作るパンがわれわれの肉体的な健康を配慮するからではなく、かれが自分の利益を得るためであることを気遣う必要はないのである（アダム・スミス）。

　契約自由の法的正当性は、自己決定および締結された契約の拘束の原則から生ずる。経済的には、契約の自由は、価格の自由の映像である。平等取扱原則は、国家権力と経済力の所有者については正当であっても、通常の私法取引において私法主体に適用する場合は、原則として、私的自治と両立できないのである。

　指令は、差別化の指標について契約の締結が拒絶された場合、損害賠償請求権を根拠づける。被告は男であっても女であっても、まったく明確な手がかりがないことがしばしばであるため、明確な動機を示すことによって証明の負担を軽減している。このためには、被告の名声、被告の事業の方法またはその性格について陳述することになる。しかし、私法の自由の内容とその経済的機能は、まさに契約上の権利と義務が人の評価や当事者の高潔さと無関係に生ずるかまたは生じないことにもとづいているのである。

　「共通の価値」は、差別化禁止法と道徳が共に掲げる根拠である。[16]ニクラス・ルーマン（*Niklas Luhmann*）は、適切に特徴づけられた戦略を確認する。つまり、価値への関連づけが正当化され、そして、同時に諸価値の衝突の決定―したがってあらゆる決定―を受け入れやすくする可能性が切り開かれる。[17]指令は、その理由書において「一般的人権として法の前の平等とひとの差別化からの保護を」前提とする。[18]法の前の平等と一般的人権との基本的な差異は、顧慮されていない。人間相互の関係における平等の原則は、権利と義務の内容と限界に関する

問題の繰り返しにすぎないのである。自由な社会は、人間が比較自己愛において不平等と感じるので、対立社会なのである。結合の自由が保護される欧州社会においては、競争する集団と団体の多様性とは、意見と利益との正当な対立から生ずる。この構造は、一般的ルールの下で平等な自由を保障する法に対して挑戦することとよく似ているのである。

　指令は、差別の犠牲者の私法上の法的保護を規定するだけではない。加盟国は、それを越えて、差別禁止規定に利害をもつ団体、組織およびその他の法人を支援し、その訴訟提起権を認める義務を負っているのである。しかしながら、われわれは、それらが集団的に認められる場合、個人の権利において生じる質的変化を無視すべきではないであろう。社会的集団が、道徳的に動機づけられた権利を行使する際に、国よりももっと思慮深いと考えるのは間違っている。

　20世紀の思想が植えつけられた社会とのあの苦い経験よりもずっと前に、ジョン・スチュアート・ミル (*John Stuart Mill*) は、ますます増大する個人に対する社会的統制という世界的レベルの危険についてつぎのように指摘した。すなわち、それは、立法によって促進される場合は、ますます重荷になる。つまり、「支配者としてであれ、または同胞としてであれ、自己の意見と好みを他者に対し行動ルールとして押しつける人間の性向は、人間的本性の最善のそして最悪の特性によって強力に助長される。その結果、力がないことによる場合を除けば、ほとんど効果的に制限することができなかった[19]」。

　経済人は、力やまたは特権をもっていないので、あまり危険な同胞ではないのである。

Ⅲ　差別禁止指令における矛盾

　差別禁止指令においては、域内市場に参加するすべての企業を社会的規制の下におく傾向が明らかにされる。そのことは、今ここでとりあげる経済同盟と通貨同盟の構造的な特徴と矛盾する。

1.　国家主権の共同体への一部の委譲

EU条約は、最初から、そしてまたそれを実施する際にも、国家法と国際法の伝統的基本概念に関する理解に基本的な変更をもたらした。不可分でかつ転用不可能な主権という概念の崩壊が、その最も重要な例である。しかし、それが唯一のものではないのである。統合の中核分野—通貨同盟、域内市場、競争法と助成金法および外交政策の一部—において、国家は、主権の役割をルールに縛られた行為者の役割と取り替えた。市場に関連するかまたは市場に影響を与える行為について、これらのルールは、競争下にある企業の行為に適用できるルールと類似する。国家は、高権の担い手という真紅の衣を脱ぐべきか、または、政府として私法に服すべきかどうかについてはもはや自由に決定できないのである。

2. 加盟国の自己拘束

同様に、欧州計画の非現実性は、その目的、つまり、法的に秩序づけられた経済共同体の助けを借りて政治的統合を実現するという企てに起因しているのである。経済共同体における政治問題を理解できない者は、経済共同体がフランスの議会で挫折した欧州防衛共同体の代用であったことを思い出すべきであろう。われわれの隣国にあっては、自己防衛の権利を一方的に放棄するためには、戦争の記憶は、容易に納得できる理由とはならなかったのである。

よく記録されたEUの成立時代の発展史は、今日まで影響をもつ勢力とその反対勢力とを認識させる。つまり、コンラッド・アデナウアー (*Konrad Adenauer*) とヴァルター・ハルシュタイン (*Walter Hallstein*) にとって、政治的理由のためにはフランスとの関係で共通の制度が重要であったのである。ルードヴィッヒ・エアハルト (*Ludwig Erhard*) は、深く市場の力について考慮を払い、また統制経済に対する危険を懸念していた。この緊張関係が、たとえば、競争政策と産業政策との関係においてEUの発展を伴ったのである。その成功に貢献のあった諸原則は、政治活動の増加ではなく、独立の、法のルールに拘束された制度を志向している。

ドイツ連邦共和国憲法裁判所とドイツ連邦銀行に関するドイツの経験が典型的であるが、独立の制度というものに対する信頼は、共同体の組織構造に対し

て及ぼしたおそらく最も重要なドイツの貢献であった。「政治的無関心」が重要なのではない。むしろ、国家の自己拘束が重要なのである。国家は、便宜主義に陥りやすいことを知っており、一定の分野で国がその形成に助力した共同体の組織のために国が短期的な自己利益を主張することをやめさせる準備をする。共同体条約の条文のなかでは、その輪郭しか公式化されているにすぎないが、「法を遵守しなければならない」欧州裁判所は、その一部である。EU委員会は、共同体利益を独立して維持しなければならず、欧州中央銀行は、価格安定を維持する金融政策について責任を負っているのである。

3. EUにおける公的サービスの規制

EUにとって基本的な国籍にもとづく差別の禁止は、旧来の国家エゴイズムの存在を克服するものである。つまり、この禁止は、共同体の市民が加盟国の法秩序と経済秩序に同じように出入りすることを保障する。国家が自由にする公共財を自国民だけに限定することは、その保障と相容れない。域内市場を創設する自由もこの差別禁止に由来しているが、もはやこのことに制限されるのではない。その自由は、由来国の原則によっても、国の法律の相違から生ずる制度に無差別に適用することができるのである。由来国の原則が、すべてのサービス給付について実施されなければならないとするサービス指令に対する政治的抵抗は、原則とその実現との間に生じうる隔たりを明らかにした。欧州議会は、その隔たりをあまり埋めることがなかったのである。

域内市場と競争との限界は、ある分野で明確になった。つまり、ラテン系諸国では「公的サービス（公益事業）」の一部であって、われわれのドイツでは政府がサービスを規制する生活配慮の分野である。フランスでは、「公的サービス」は、主権の核心の一部である。エネルギー産業は、ここで解答されるべき問題の爆発力を説明しよう。ここで考慮されるべき経済上、安全保障政策上および地政学上の利益の束のなかに、結局のところ政治的なるものの最も有力な力に対する証拠を見ることができるのである。しかしながら、かつて石炭政策として始まったヨーロッパのエネルギー政策の歴史を見るならば、手に負えないと思われる政治的問題を解決する場合、共同体法の助けを借りれば片付けること

ができるという十分な根拠がある。テレコミュニケーションは、この課題を生活配慮と公的サービスの旧来の分野でも解決できることを証明する。しかし、もうほとんど記憶から消え失せてしまった電話独占が終わってしまっていることさえも、生活配慮、競争のモラルハザードおよび規制緩和に対する欧州の熱狂という大義名分の下では悲しまれてくるのである。国庫の簿記規則によって、法律上、新しいすべての通信技術を対象とし、ドイツ連邦ポストが自分で定義をした公的利益のため、自己のあらゆる活動を財政的に援助することを認める助成金を必要とする場合、憲法上の保護の下で公共料金を値上げできたような独占は、もうなくなったのである。

4. 個人の権利の積極的自由と消極的自由

　企業は、自己の基本的自由を利用することによって、域内市場と公正競争の制度に参加する。開かれた市場と競争との機能的な相関関係は、経済学的には明らかであるが、規範的には自明ではない。法原則としての競争は、ヨーロッパの政治的議論のなかでは、それを国家の措置に適用する場合は、非常に古い偏見を呼び起こす。ヘーゲル (*Hegel*) は、アダム・スミス (*Adam Smith*) とリカード (*Ricardo*) の「国家経済」とを対比させるなかである留保を予見した。かれは、経済の制度において現れる理性に対して、「主観的目的と道徳的認識の悟性が不満と道徳的欲求不満とを発散させる」分野を対置した。[20] ヨーロッパにおけるまたヨーロッパのために政治もしくは道徳について究明している批評家には、不満がある。個人的なそして否定的な権利としての基本的自由は、彼らの批判の的である。その権利は、域内市場に対する政府の介入を禁止できるという意味において、消極的に作用する。欧州裁判所は、共同体法に違反する措置に関する選択肢について判断する義務を負っていないのである。社会主義計画経済制度においては、計画に反した展開は、国家の仲裁裁判所の課題であった。この課題は、域内市場では、公正な競争の原則に引き継がれているのである。

　消極的自由と積極的自由との対比は、現在の非常に大きな論争の１つに関係する。つまり、それは、政府の介入禁止による自由という個人の権利の保護と個人を超える目的を提供する際に実現されるべき真の自由を保障する積極的権

利との間の関係である。消極的な自由は、われわれの独立を保護し、正しく理解された積極的自由は、われわれのより良い自我を要求する。イザイア・ベルリン (Isaiah Berlin) は、積極的自由が、つねに支配のための口実となる危険な状況にあることを明らかにした[21]。かれがいうところによれば、前世紀の独裁的政治体制は、より良い自我をその恭順な人間と服従した他人のために定義することが容易であった。したがって、消極的なだけの自由によって定義された消極的統合から積極的統合に移行することはしばしば要求されたが、細心の注意が必要なのである。EU でさえも、平等原則の原動力および消極的自由と積極的自由の二律背反から逃れることができないでいるのである。

基本的（消極的）自由と並んで、法とルールとの調整は、域内市場の一部である。それは、学問的表現を用いれば、欧州官僚主義の典型になった共同体立法に対する広範な批判の源泉である。批判のすべてにおいてつぎのことがいわれる。つまり、市場の限界は、加盟国の旧来の優位としばしば矛盾した優位との対決において見つけ出されなければならない、という指摘である。競争と強行的な公益との間の均衡を見出すことは、共同体と加盟国の大きな挑戦の1つである。規制制度の競争は、部分的な解答しか与えることができない。政治的な決定基準は、EU の機関に対する個別授権の原則、相当性と補完性の原則および加盟国の強行的公益のための留保から生ずるのである。ベンジャミン・コンスタント (Benjamin Constant) の警告は、肝に銘じなければならない。つまり、「それにもかかわらず、基礎を自由と平等におく大国は、しばしば統一された制度の優越について錯覚に陥る」[22]。

5. EU における開かれた市場と競争

EU は、1つの経済共同体であり、なんら社会共同体ではない。さらに、社会的保障制度は、ほとんど完全に加盟国の専属的権限なのである。域内市場と国の社会制度が並存することは、しばしば耐えがたい矛盾として感じられた。つまり、共同体のレベルでは、解決されなかった将来の課題として。それに対して、加盟国のレベルでは、経済政策の形成能力の喪失と社会制度に対する国の責任との間の矛盾である。フリッツ・シャルプフ (Fritz W. Scharpf) は、消極的

統合と積極的統合との対立を克服する1つの提案を行った[23]。つまり、かれは、ソーシャル・ダンピングを防止することを願うのである。それは、当該加盟国において社会給付の減少に導くことに役立つ国境を越えた競争の効果である。競争的規制緩和と税金による特典は、禁止しなければならない。その基準は、加盟国間で合意されるべき国の社会的支出額の下限である。そのためには、福利と社会的支出額との間の相関関係を統計的に算出し、加盟国がこの相関関係に依拠して確定しなければならない。この提案は、共通の社会水準を達成し実現することが現実的でないものと考えているのである。かれは、ドイツの高い社会水準を域内市場における競争から守ることは見込むことができないとは考えていない。さらに、かれは、規制の異なる制度の下において不公正競争に関する判例法が域内市場と公正競争の制度の目的とを意味するということについても考慮しないのである。

EUは、われわれの社会制度を新たに組織する負担をわれわれから取り除くことはできないし、また、そうすることはないであろう。予測することができない条件の下で、再分配する社会制度は、協議事項ではないし、それは望ましいことでもない。それにもかかわらず、EUは、「法の静かな、しかし強力な影響力」を確認するのである。それは、同時に、開かれた市場と競争とが義務づけられている経済同盟と通貨同盟のための枠組を形成する。ヨーロッパにおいて政治的挑戦を求める者は、ここでは、広大な、まだまだ耕さなければならない原野を見出すであろう。

(1) Atkins v. Virginia 536 US 304 (2002).
(2) *Posner*, International Law: A Welfarist Approach, The Law School, The University of Chicago, September 2005. は、このことについて包括的に論じる。
(3) *Beck/Grande*, Das kosmopolitische Europa, 2004, S. 234.
(4) *Habermas*, Das postnationale Konstellation, 1998, S. 149.
(5) Orden pour le mérite für Wissenschaften und Künste, Reden und Gedenkworte, 19. Band 1983, S. 55-69.
(6) Kants handschriftlicher Nachlass. Reflektionen zur Moralphilosophie, Akademieausgabe, Bd. 19, Reflektionen, 8051, S. 594.
(7) Verfassungslehre, 1928, Neudruck Berlin 1954, S. 200.
(8) この伝統においては、"life, liberty and property" 権が市民社会を定義する。Vgl. *John Locke*,

Two Treatises of Government, Chapter VII, Of Political or Civil Society, London 1832, S. 383 et seq.
(9) *Weiler*, Constitution of Europe, Cambridge 1999, p.356. *Habermas*, Zur Legitimation durch Menschenrechte, in: ders., Die postnationale Konstellation, 1998, S. 182. も、人権を国家の権力独占の監督に固定させることに反対。
(10) *Habermas*, Die postnationale Konstellation, 1998, S. 142, auch S. 185.
(11) Skepticism and Freedom, A modern case for classical liberalism, Chicago and London 2003, S. 42.
(12) Das Verhältnis von Grundfreiheiten und Grundrechten im eruropäischen Gemeinschaftsrecht, DÖV 2006, 89, 93.
(13) Richtlinie 2000/43 EG des Rates vom 19. 6. 2000 zur Anwendung des Gleichbehandlungsgrudsatzes ohne Unterschied der Rasse oder der ethnischen Herkunft, ABl. vom 19. 7. 2000 L 180/22; Richtlinie 2000/78 EG des Rates vom 27. 11. 2000 zur Festlegung eines allgemeinen Rahmens für die Verwirklichung der Gleichbehandlung in Beschäftigung und Beruf, ABl. EG vom 2. 12. 2000 L 303/16; Richtlinie 2002/73 vom 23. 9. 2002, zur Änderung Der Richtlinie 76/207 des Rates zur Verwirklichung des Grundsatzes zur Gleichbehandlung von Männern und Frauen hinsichtlich des Zugangs zur Beschäftigung, zur Berufsbildung und zum beruflichen Aufstieg sowie in Bezug auf die Arbeitsbedingungen, ABl. EG Nr. L269/15; Richtlinie 2004/113 EG des Rates vom 13. 12. 2004 zur Verwirklichung des Grundsatzes der Gleichbehandlung von Männern und Frauen beim Zugang zu und bei der Versorgung mit Gütern und Dienstleistungen, ABl.EG vom 21. 12. 2004 L 373/37.
欧州司法裁判所は、2006年2月23日の判決において、ドイツ連邦共和国は、指令2000/78 EG を期限内に国内法化することを怠ったと判決した。
(14) Entwurf eines Gesetzes zur Umsetzung europäischer Antidiskriminierungsrichtlinien, 14. 12. 2004, Bundestagsdrucks. 15/453; Entwurf eines Gesetzes zur Umsetzung europäischer Richtlinien zur Verwirklichung des Grundsatzes der Gleichbehandlung, Mai 2006.
(15) Europäische Kommission, Grunbuch, Gleichstellung sowie Bekämpfung von Diskriminierungen in einer erweiterten Europäischen Union, Mai 2004.
(16) Präambel der Grundrechtscharta der EU.
(17) Das Recht der Gesellschaft, 1993, S. 97.
(18) 引用した指令において同旨の理由書。
(19) On Liberty, in: Alan Ryan Mayer (ed.), Mill. The Spirit of the Age, On Liberty, The Subjection of Women, New York, London 1997, S. 52.
(20) Rechtsphilosophie § 189.
(21) Two Concepts of Liberty, in: Henry Hardy (ed.), Liberty, Oxford 2001, p.166-217.
(22) Political Writings, Cambridge, 2003, p.73 et seq.
(23) *Scharpf*, Regieren in Europa, 1999.

第2章　ローマかマーストリヒトか

I　加盟国の憲法に対するマーストリヒト条約の影響

　EUに関するマーストリヒト条約は、「欧州の統合を新たな段階に高める」ことになる。本条約は、政治統合への始まりとして祝福されたり、非難されたり、またはデンマークで起こっているように、選挙権者が拒否している。その場合、マーストリヒト条約が、加盟国の憲法秩序に対してどのような影響を与えるのかという問題が中心にある。それに対して、同様の重要性が、EUですでに妥当している憲法に対する効果に帰せられるのである。つまり、EC条約は、—欧州司法裁判所の言葉によれば—「法的共同体の基本的憲法」なのである。この広範囲に及ぶ30年間の法の発展を統合する確定は、欧州司法裁判所がすでに審議していた欧州経済地域に関する条約の合憲性に関して作成されなければならなかった1991年12月のある鑑定書に見られる。本条約は、その判断のために提出されたその一部が欧州司法裁判所によって否定された。欧州司法裁判所は、欧州共同体と欧州経済地域においてパラレルに法が発展することを保障するために、欧州司法裁判所の構成員と欧州経済地域諸国出身の裁判官とで構成されるべき混合欧州司法裁判所の構成に関し違憲であるとして異議を唱えた。欧州共同体の諸機関がヨーロッパの将来に対する基本的な条約の締結に際して自己の固有の憲法を遵守しなかったかまたはそのことを知らなかったという状態は、それを超えた意味をもつ憲法問題であることを示している。それは、まず最初、法的共同体のすでに実現された憲法とこの憲法の改正に適用される規制との間の矛盾である。これは、—マーストリヒトにおいて行われたように—政府の会議によって準備されるのである。基本法の変更内容に関する公けの議論は、それが仮調印された後に初めて行われる。各加盟国に妥当する規定の

批准は、欧州共同体レベルでの適切な手続に代わる。現在公けになっている議論は、憲法政策上のジレンマを際立たせる。加盟国のその時々の憲法に対する影響が完全に中心になる。それに対して、現行の欧州共同体の憲法に関する賛否は、まったく問題にならないのである。

II　規制権限の衝突

　ドイツの議論においては、われわれドイツ人は、よきヨーロッパ人であるということ、条約という作品の欠陥に対して大らかであること、その不明確さが優先すべきであるという(1992年8月15日付フランクフルト・アルゲマイネ新聞)政治目的の下でヨーロッパの将来のために新たな道を踏み出すことが要求されている。ドイツ国内と多数の加盟国の政治家は、ドイツにはヨーロッパに対する二者択一はないと警告する。東西の問題に集中するか大国として自ら独り歩きすることは許されないのである。欧州の統合が初めて目前に迫ってきたかのような、ドイツ連邦共和国が最初から決定的に——つねに決定的に——参加してきた欧州共同体のこの40年間の歴史がまったくなかったかのような印象を抱くことができる。マーストリヒト条約の承認を平和的態度と再統一したドイツの権力政治的放棄のさらなる証拠として評価することは、政治的には間違いであって、また長期的には危険である。しかし、このことを欧州統合に結びつく政治目標の下で光をあててみると、この警告の論拠は、あまり説得的ではない。「発展する世界の力」(ワイデンフェルド *Weidenfeld*)としてのヨーロッパが問題なのである。マーストリヒト条約をそのようなパースペクティブの下で考慮すると、外交政策と安全保障政策の目的は、「長期的観点にもとづいて」定式化されることが明らかになる。ユーゴスラビアの市民戦争における加盟国と欧州共同体の恥ずべき役割に目を向けると、短期的観点にもとづく要求と現実との間のギャップが際立って現れてくるのである。

　外交政策と安全保障政策において拘束できないことは、経済・通貨同盟に関する規定によって埋め合わされるべきである。ジャック・ドロール (*Jacque Delors*) は、そのことを欧州議会でつぎのように定式化した。「委員会は、将来

の科学技術の支配を欧州共同体の政治的な、とくに外交政策の行為能力の前提であると見做した」。したがって、欧州共同体の政治的な潜在力の展開のために、「産業」そのものを利用することが問題となる。つまり、内部では、助成金および協同と集中の促進によって、外部に向かっては、「海外からの巨人」に対抗してこれらの潜在力を投入することによってである。いずれにしても、新たな「技術超大国」との戦いのなかでもちこたえ続けることが望まれるのである。この関係で、欧州統合の歴史において経済統合に対してつねに与えられてきた政治的役割を想い起こすと、このプロセスの基本的思想が、それによってその逆にされてしまう。欧州統合の初めには、経済力と産業上の潜在力を政治的に中立化する努力が払われた。この政策は、ドイツの再軍備に対する隣国の不安に対応しただけではなかった。むしろ、それは、同様に、——われわれのパートナーによって広範には気づかれることなく——ドイツ経済の秩序政策的方向づけに相応したものである。これも、「ドイツ経済の属人的な (ständischen) 構造」のみじめな経験に照らして、カルテルの禁止および市場支配的地位の濫用の禁止がそこに入れられる秩序の枠によって経済力の政治的中立化をめざしたのである。マーストリヒト条約は、それと反対の道をゆく。欧州共同体の政治的行為能力がその助けを借りて達成されるべきその共同体政策の目的と手段は、欧州共同体がその最も重要な経済的および政治的成果をその実現に負っている「憲法」の諸原則を危殆化する。欧州共同体法のなかにしっかりと係留され、欧州司法裁判所が徐々に具体化した当該原則は、民主主義的正当性を広範に欠いているという事実によって、同時に、欧州共同体の最も重要な規範的正当化となった。

　国に関係する欧州共同体法の司法審査可能な規定の直接に妥当する、したがって、とくに、商品取引の自由、サービス取引の自由、支店開設の自由および移転の自由の保障が、この原則の一部である。さらに、競争法の直接に妥当する規定がこれに加わる。これと抵触する場合に欧州共同体法が国の法律に優位することは、そのことに必然的に結びついている。最後に、欧州共同体の権限と加盟国の権限とを機能的かつ一般的に区別することが、重要な原則の一部である。歴史的成果は、主権をもつ国が相互の間で、またその市民との間で欧

州司法裁判所および自国の裁判所が欧州共同体法を適用してきたことに従ってきたという点にある。それによって欧州共同体法の核心部分における発展は、加盟国の政治的影響を免れてきたのである。判例は、なるほど、加盟国の伝統的構造と法慣習にあまりにも広範に介入してきた。しかしながら、それにもかかわらず、判例は、裁判所、経済界、政治および市民によって受け入れられてきた。それでも、この受容は、欧州統合という漠然とした理念にもとづくのではないのである。決定的なことは、むしろ、国境を越えた経済取引を妨げる加盟国の規制に対しEU条約の自由の保障を適用することが客観的かつ一般化できる基準に依拠できるという状況である。これらの基準は、加盟国の裁判所が適用することができるのである。

　経済秩序の観点の下で法の発展の一部分を考察すれば、これまであまり顧慮されなかった二面的価値が明らかになる。欧州共同体法の展開にあっては、加盟国の法律との関係が問題になる限りにおいて、まず第一に、中央の強化が重要になる。しかしながら、かかる考察は、さらに重要な効果に対して、つまり、国の規制の廃止と結びついた経済的決定の非集中化に対し考慮していないのである。まず、市場が国の規制に代わる。しかしながら、通常は、法律の接近と中央の規制に対する欧州共同体の権限が、同時に、欧州共同体法の適用可能性から生ずる。それによって、憲法上の諸問題の質が変更する。新しい憲法の政治的および法的な挑戦は、欧州共同体の機関を欧州共同体法に拘束することにある。問題は、つぎのようにいえる。つまり、いかなる実体法上の、したがっていかなる内容上の拘束が、欧州共同体の形成的な措置に関する欧州共同体法から生ずるのかという問題である。競争は、欧州共同体の規制権限に関する制度とどのように関係するのであろうか。マーストリヒト条約は、この問題の克服にはあまり役に立たない。むしろ、それは、加盟国と欧州共同体との強力な法的にはほとんどコントロールできない規制権限のために先鋭化するのである。

III　憲法の法的基礎の政治化としての補完性の原則

　憲法を変更する性格をもっているマーストリヒト条約の規定は、通貨同盟の

ほかに、本章で考察する経済同盟に関する新たな権限と原則にも関係する。マーストリヒト条約は、とくに、政治分野、産業、汎欧州ネットワーク、研究および開発に関して新たな権限を創設する。新しい原則は、補完性、収斂および連帯の原則である。ドイツの側からは、欧州共同体の権限と加盟国の権限の制限に関する補完性の原則に決定的な重点がおかれる。1992年6月26日・27日のリスボンでの欧州理事会は、最終コミュニケにおいて、将来および現行の欧州共同体法に対する「法拘束的な原則」という決定的役割を強調した。それによれば、欧州共同体は、考慮された措置の目的が加盟国のレベルでは十分に達成されることができず、したがって、措置の範囲と効果について欧州共同体のレベルでより良く達成できる限りにおいてのみ、活動する。加盟国は、補完性の原則によって欧州共同体が一方的に拡大ばかりしてきた権限を制限することを欲している。この原則は、あるべき姿に導くことができるのか、欧州共同体の現行の憲法に対して及ぼす効果をどのように測定するのか問わなければならないのである。共同体法と加盟国の法律との関係に関する原則的意味は、欧州共同体の政策のための資金調達に対する影響と区別しなければならない。

　欧州共同体法のレベルでは、まず最初、欧州共同体法の直接に妥当する規定が加盟国の法律に対して優位するということに対し補完性の原則がどのような効果を及ぼすかが問題となる。とくに、誰が、欧州共同体の措置が補完性の原則と合致するかどうか検査する権限をもつのか決定しなければならない。もし――理事会が強調するように――一般的に適用できる法原則が問題となる場合、欧州司法裁判所のほかに、加盟国の裁判所も権限をもつことになろう。この場合、遅くともこの点で、欧州司法裁判所の裁判官が、補完性の原則を域内市場の分野において矛盾、混乱し、そして危険であると見做している理由が明白になる。政治的決定の影響から免れまた免れるべき欧州共同体法の核心を問題にすることが実際に有用なのである。さらに、欧州共同体の立法権限と加盟国の権限との関係が問題となる。マーストリヒト条約は、機能的に制限された欧州共同体権限の制度について影響を及ぼさない。しかしながら、欧州共同体の政策目的とその実現手段とを区別しても、欧州共同体の権限の限界づけにはあまり役に立たない。想起しなければならないことは、すでに現在対応する限定的な欧州

共同体の指令権限である。それは、そのことによって法律の接近の手段と目的でもって広範に規定することを阻止することもできなかったのである。

　国家、企業、団体および社会集団の協同は、産業政策ならびに研究と開発という政策の新しい目的がその助けを借りて実現されるべき手段の一部である。それにもかかわらず、協調的産業政策の手段は、競争規定に直接に対立する。すでに現在、自己がコントロールする関係企業の協同によってその不十分な権限を埋め合せようとするEU委員会の傾向を認識することができるのである。

　補完性原則においては、欧州共同体の憲法の法的基礎を政治化することによって危殆化しようとするマーストリヒト条約の傾向が明らかになる。欧州共同体と加盟国との間の力の均衡は、司法審査の対象になりうる基準によって規制されるのではなく、個別事例において政治的妥協に委ねることになるであろう。

Ⅳ　マーストリヒト条約における諸原則

　補完性の原則の重要性は、欧州共同体法と加盟国の法律との関係に対する影響に論じ尽くされるのではない。産業政策、汎欧州ネットワークならびに研究と開発について当てはまるように、欧州共同体が融資すべきような政策に対する原則においても同じ様に重要なのである。この分野では、融資が個々の加盟国のレベルでは十分に達成されることができないことが、「欧州共同体の産業」の強化を志向する欧州共同体の政策の本質に属する。加盟国の一国だけでも、欧州共同体の利益になる計画に対して自ら資金調達できないことを証明できれば、それによって、共同体の補助金交付が正当化されるのである。それは、すでに上述した補完性の原則をこの分野で広範に根拠のないものにする権限の正当化なのである。その上、補完性の原則は、欧州共同体の基本法のなかに取り入れられるべき別の新しい原則と競合する。それは、収斂と連帯の原則である。

　「経済成長の高い程度の収斂」および「経済的および社会的結束と加盟国間の連帯を促進すること」は、将来の欧州共同体の課題であるといわれる。加盟国の経済的能力が徹底的に相違しているので、収斂の原則は、通常、補完性の原則よりも優位に立つであろう。―個々の加盟国が自ら行った―競争を阻止す

るような補助の禁止に違反する計画のために資金を調達することに寄与すべき加盟国の欧州共同体法上の義務が指示されている。

　補完性、収斂および連帯の原則の適用は、欧州司法裁判所の裁判官による内容上のコントロールを広範に免れる政治的裁量を前提にする。マーストリヒト条約は、欧州共同体の民主主義的正当化をほとんど改善しなかったのである。加えて、本条約は、規定された法的共同体への欧州共同体の発展が依拠している規範的正当性を危険にさらすのに役立つのである。

V　経済管理機関の創設

　EEC条約は、農業および流通のほかには市場を調整する手段を放棄することで、欧州石炭鉄鋼共同体条約とは実質的に区別される。公正競争の制度が、高権的に監視された市場秩序に代わることになる。市場経済の最も重要な憲法の政策的原則の核心、すなわち国家と社会との間における権力分立と同じ様に、社会における権力分立の原則が、そこに存在するのである。とりわけ、憲法政策的には、高権的権限と企業家的取引との厳格な分離および秩序の枠組と分権的な企業家的計画との厳格な区分が重要なのである。それに対して、マーストリヒト条約は、欧州共同体のために、企業家的機能と高権的機能が結合される組織形式を展開する道を開く。それは、「欧州の利益の表明」という助けを借りた欧州共同体レベルである種の公的サービスを導入することによって、ならびに、研究・技術政策目的のために「共同企業」を設立するもしくは欧州共同体の研究、技術的発展と実施のためのプログラムの秩序に適った実行に必要な「別の構造」を創設する欧州共同体の権限によって行われることになる(130a条)。

　EU委員会は、EC条約235条にもとづく法令によってマーストリヒト条約を批准することを見越して、汎欧州社会ネットワークの分野において欧州の公的サービスを導入することを企図する。「欧州の利益の表明」は、委員会が決定した計画に対して「なされる」。この表明は、ある計画に対して「その枠組にもとづいてなされ、それゆえ、一定の投資者をめざすべきではない」のであ

る。計画と投資とを区別することは、EU委員会が計画を自己の権限で継続的にコントロールしそして完備させる権限を要求することを明らかにする。その場合に、委員会が従う目的は、提案された法令を解説する覚書から導き出さなければならない。採算可能性について審査する場合は、金融上の狭い意味における収益性にだけ依存すべきでないとされる。つまり、「たとえば、一定の計画される分野（距離の短縮化、既存の社会的基盤において停滞を解消すること、一定の地域の経済的発展、特定の経済活動の地方分散化など）に対して一般的に明確な遡及効果をもつような外部的効果が考慮に入れられるべきである。計画が、全体的に基本的であると判断され、そしてその場合にとくに欧州共同体の全体的関係が考慮されるならばされるほど、これらの前提は、それだけますます充足される」ことになる。EU委員会の組織的コントロールの下でも投資決定の政治化は、明確に定式化することができないのである。

同じ様な展開は、欧州共同体のレベルでの公的企業または他の組織の設立可能性によって開かれるのである。

しかし、それによって加盟国において欧州共同体法とEU委員会の行為によって克服されるべき組織が、共同体レベルで新たに創設されるべきである。たとえば、テレコミュニケーションの分野で広く普及したように、高権的機能と企業家的機能との結合は、段々と解消されるべきである。欧州司法裁判所も、判例において加盟国の純粋の高権的行為と企業家的行動とを区別している。加盟国におけるさまざまな公法上の組織形態に対し共同体法を等しく適用させることが可能であるにすぎなかったのである。それに対して、欧州司法裁判所によるコントロールに対するのと同様に、市場によるコントロールを免れる組織を創設することは後退である。欧州共同体は、それによって高権的行為と企業家的行動との間の政治的コントロールと当該経済部門の自己統制連合団体との間に関して正確には定義されない中間領域に位置づけられる固有の経済管理機関を創設するであろう。

一般的な考え抜かれた解釈によっても取り除かれないような衝突は、EU条約の新規定の基礎になっている競争の矛盾した理解から生ずる。競争は、基本的な命題と同じ様に、非常に簡単な言葉であるが、いたるところで、しかし競

争によってのみ確かめられその結果について判明しないところでも、われわれは、競争するのである。研究と開発に投資する場合に最大なものは、それを甘受した不確実性である。選択の過程を予見して計画することができないので、最大の成果を見込める条件を確保することになる。マーストリヒト条約を読めば、あたかも賢者の石を発見したかのような印象を抱かせる。研究と開発のための計画大綱においては、共同体の措置をもって達成されるべき科学的および技術的目的をその時々の優先順位と同じ様に設定することになる(130i条)。欧州共同体の計画大綱に対する企業、研究機関および大学の正当な参加割合も、行政官庁が期待する見通しの一部なのである(130j条)。しかし、この問題を決定する競争は、もはや市場または加盟国のさまざまな科学制度の間では行われないのである。成功と失敗については、ブリュッセルの委員会の執務室にある包括的質問表にもとづいて決定されることになろう。

第3章　EUのガバナンス構造の変遷

　欧州を国家単一体または国際条約を単に寄せ集めたにすぎないそれとしてでなく、1つの単一体として思考しようとする努力のなかには、パトスが、実用主義と痛烈な嘲りとを織り交ぜながら、これまでまだ耳にしたこともない不協和音を発している。ユーロに対する懐疑論者は、地位の高い共同体の代表者と同じように、見出す価値のある「ヨーロッパ精神」について好んで語る[1]。欧州のアイデンティティは、ド・ゴールの決まり文句であった。それは、政治的にもまた経済的にも英米の優位を制限するためのものであった。EU条約は、マーストリヒト条約およびアムステルダム条約以後、性急な連邦国家への夢かまたは悪夢に抵抗するために、加盟国のアイデンティティを呼び覚ました。欧州議会が早ばやと認めた共同体の民主主義の赤字に伴って、欧州憲法（europäische Verfassung）に関するあらゆる議論が生じた[2]。新たなヨーロッパの不確実さは、まず最初、資本主義、とりわけ英米産の資本主義が視界のなかに入ってくるかつてのイデオロギッシュな前線に通じる入り口に繋がっている。このような背景の下では、欧州共同体およびその法律の正当性を確認することは容易ではないのである。

I　経済共同体の基本法

1．諸原則

　ドイツ連邦憲法裁判所は、マーストリヒト判決において、欧州共同体はマーストリヒト後も経済共同体の中核であり続けることを強調した[3]。それと同時に、おそらく、欧州共同体が真の国家性（Stattlichkeit）の心髄から適切な距離をおいて発展したこと、および将来もそうであり続けることができることを強調すべ

きであったと考える。このことを確認することは、同時に、共同体法上も重要な内容をもっているのである。欧州共同体の基礎を形成するEU条約は、マーストリヒトとアムステルダム後にも連合の基礎である（EU条約（EUV）1条3項）。欧州連合の目的の1つは、共同体の財産を守り、そしてさらに発展させることである（EU条約（EUV）2条5項）。欧州裁判所の判例や理事会の命令および指令にもとづいて発展してきた共同体の法秩序もその一部である。この法秩序は、差別禁止、4つの自由および公正な競争の制度と共にEUの経済憲法（Wirtschaftsverfassung）を形成するのである。この共同体の基礎に関する特徴は、若干のことを指摘するだけで十分に示すことができる。

　EU条約の司法審査可能な加盟国を名宛人とする規定、とくに、加盟国の裁判所が取引の自由に関する規定を直接に適用できることが、まさに基本的である。このことによって、加盟国の義務が、加盟国における市民の権利の対象になる。このことが当てはまるのは、商品取引の自由[4]、サービス提供の自由[5]、支店開設の自由[6]および労働者の移動の自由[7]である。

　取引の自由に関する判例は、差別の禁止から制限の禁止へと発展したことによって特徴づけられる。判例によれば、加盟国の強行的な公益のために、規定されていない例外も、例外なく適用できる制限に対して適用される。この利益を裁判所が承認する限りにおいて、域内市場の確立は、必ず法の調整（Rechtsangleichung）を前提とするのである。81条と82条（85条と86条を除く）の競争に関する規定は、「その性質上」直接に適用することができる。なぜなら、規定の名宛人は企業であるからである[8]。ただし、そのことは、81条1項および82条の禁止規定について当てはまるだけであって、81条3項の例外規定には妥当しないのである[9]。

　12条（6条を除く）は、内国人に認める権利を加盟国の構成員に対して拒否している国の法律上の差別規定を適用してはならないことを国の裁判所に対して請求する権利を加盟国の市民に対して直接に与える[10]。

　原始共同体法の規定の直接適用可能性は、これと抵触する加盟国の法律に対して共同体法が優位することを必然的に根拠づけるのである[11]。

　共同体法の解釈に関しては、共同体法の下で、国の措置が永続性を有するか

あるいはその正当化のために主張される公益が永続性をもつかどうかという審査に際して、厳格な均衡性の原則 (Verhältnismässigkeitsprinzip) が適用されるということが基本的である。審査しなければならないことは、当該措置が加盟国の目的を達成するのに役立つかどうか、および、それが絶対に必要かどうかということである。さらに、共同体法は、基本条項で定められた共同体の目的と共同体の使命に照らして解釈しなければならない。そのことは、とくに、市場開放を指向した規定の公正な競争システムとの体系上の関係について当てはまる。[12]

最後に、ドイツ連邦憲法裁判所との衝突を度々もたらした原則を強調しておかなければならない。それは、共同体の法律行為の解釈およびその有効性に関して拘束力をもつ裁判をする専属管轄権が、欧州司法裁判所にあるという原則である。[13]

この原則に照らして、共同体の利益がそれを保障すると考える場合、マーストリヒト条約とアムステルダム条約は、欧州共同体の経済基本法の適用を妨げるのではなく、通貨同盟に関する規定によってそれを強化したものと考えることができよう。アムステルダム条約は、実際に、自由競争を伴う開かれた市場経済の原則を遵守して経済政策を推し進めることが、共同体および欧州中央銀行の任務であることを初めて宣言する (4条1項)。新たに定められたEU条約 (EUV) 2条も、共同市場および経済同盟と通貨同盟の創設が、共同体のその他の課題よりも優先することを確認する[14]。それにもかかわらず、自由の保障の具体化が、その側で競争に対して好意的である経済政策の深化とその展開に向けられた共同体政策と結びつく継続的発展に関してわれわれとかかわりあいをもっているという印象はあてにすることはできないのである。むしろ、マーストリヒト条約とアムステルダム条約によって変更もしくは補充された原始共同体法、この機会に採択された議定書および公表された宣言は、欧州共同体の将来の方向に関する不確実さがさらに一層広まったことを認識させるのである。

2. 基本法政策上の衝突

マーストリヒト条約とアムステルダム条約には、基本法はかく定めるべきではないという1つのモデル事例が存在した[15]。

統合政策上の優先順位は劇的に変化したのである。われわれは、もはや共同体を強化することが問題なのでなく、今や、加盟国を共通の政策形成に参加させるように強化することがより重要であるという状況の下にいる。この傾向は、補完性の原則（Prinzip der Subsidiarität）（EU 条約（EUV）5 条 2 項）と分権化の原則の表現のなかに見られる。しかし、EU 条約は、当初から、また今日に至るまで、核心においては、加盟国の経済中心主義およびこれと往々にしてパラレルな加盟国の産業の独占化利益を共同体利益のために打破することを志向してきた。補完性の原則が、域内市場と競争システムを経済的および法的に実現するのである。すなわち、それは、経済的には、開かれた市場とそのようにして可能になる分権的なそして国境を越える企業活動によって実現され、法的には、取引自由を分権的に、つまり加盟国の裁判所が実現できる市民の権利に転換することによって行われるのである。

とりわけ、マーストリヒト条約とアムステルダム条約によって呼び起こされ、また欧州共同体を東欧に拡大することを介して補足的に重要となった基本法政策上なされてきた論争においては、欧州共同体の経済憲法の核心についてあまり注意が払われていない。新たなかつ深化された意味は、欧州通貨秩序（Geldverfassung）を創設する歴史的には一回限りの決定から明らかになる。それに対して、加盟国の権限は、—経済政策を含む—他のほとんどの分野において存続し続ける。政治同盟の可能性を問題にしない場合、加盟国が、EU 条約（EUV）105 条において束ねられた目的と合致しうる経済政策および社会政策を推し進めるかどうかということが決定的になるのである。この場合に、外見上は、2 つの立場が妥協できずに相互に対立している。欧州中央銀行の理事のオトマール・イッシング（Otmar Issing）は、高い失業と結びついた労働市場が柔軟性を欠いていることを「通貨同盟のまさに致命的な危険」と考える[16]。これに対して、補足的あるいは修正的な社会秩序を要求することは、誤った方向に導くのである。かれの言葉を引用すれば、「社会的水準を最高のレベルに調整することやヨーロッパのレベルにおける統一的な給与の取り決めではなく、生産性や労働市場の状況における地域的な差違や部門別の相違を考慮した賃金が求められている」。

社会システムにもとづく刺激の不足が、驚くほど高い持続的な失業の決定的原因であるとされる。

　新しい資本主義批判は、これに相対している。この批判は、アングロ・アメリカ製の資本主義に対するものであるが、いずれにしてもグローバル化から生ずる福祉国家の主権を制限するという克服されるべき先鋭化を域内市場の競争秩序のなかに見ている。[17]欧州共同体は、福祉国家というヨーロッパの伝統を志向する場合にだけ、民主主義的正当性を獲得することができるとされる。

　憲法(Verfassung)について経済理論が描写する場合には、なるほど開かれた市場の原則が固守されているが、共同体の現在の憲法は中央集権化を支援するものとして、つぎのように述べられている。すなわち、そのことは、欧州共同体のすべての機関について妥当する。つまり、加盟国との関係で共同体法の射程距離について裁判する欧州司法裁判所、共同体の立法について発議権を有するEU委員会、そして、同様に、欧州議会についてである。補完性の原則を実現するためには、アキ・コミュノテール(acquis communautaire)を放棄することが絶対に必要なのである。いかなる事項が共同体の権限に属すべきであるかという審査は、加盟国の議会の代表者をもって構成される第二審裁判所に委ねるべきである。それに対して、欧州司法裁判所には、加盟国の裁判官の高官から構成される上級審を配置すべきである。この裁判所は、共同体法と加盟国法との間の優先問題について裁判すべきである。[18]加盟国には、発言と退出というハーシュマン(*Hirschmann*)のモデルを類推して、退出権も留保すべきであるとされる。

　しかしながら、この立場は、福祉国家の選択肢と異なるという理由から、EU条約の基本的理念(idee directrice)を見失っている。つまり、それは、市民とその国家を共通の目的に統合する社会契約の理念である。[19]共通の目的は、EU条約ととくに自由の保障を遵守しかつ実現することでなければならない、加盟国、欧州共同体の機関および個人の権利と義務から生ずる。欧州共同体の法律と機関とは、衝突する場合は、衝突する個々の国および個人の利益に対して共通の目的を貫徹することができるように形成されているのである。

　欧州共同体の諸機関相互の関係および加盟国との関係において、その組織と権限および手続に適用される実体的共同体法と諸原則とは、非拘束的に併存し

ているのではない。欧州共同体の権限と正当性について共同体法に帰する基本的意味は、EU条約(EUV)5条1項において直接に表現されている。それによれば、欧州共同体は、EU条約で割当てられた権限と定められた目的との範囲内で活動する。欧州共同体は、その組織を介して行為する。欧州共同体は、自己の権限の範囲において、欧州共同体に帰属する権限を越えて行使することができないのである。

3. 国境のない経済？

しかしながら、この共同体法上の境界線は、欧州共同体機関の正当性に関する論争においては、まだその周辺で論じられているにすぎない。

最も重要な説明は、経済共同体としての欧州共同体もほとんどすべての生活領域に影響を及ぼすということである。このことは、とくに、多くの加盟国の伝統においては、市場の合理性とそこから生ずる経済的にやむをえない事情によって伝統的に守られるべき分野に当てはまる。したがって、欧州共同体もその範囲が明確に画された個々の権限の担い手としてではなく、常に存在する政治勢力としての市民によって代表されるのである。ドイツ連邦共和国大統領ラウ (Rau) は、この点についてつぎのように語っている(「正当性の根源の明確化」1999年4月11日付フランクフルト・アルゲマイネ新聞)。すなわち、権限のカタログを備えたEUの欧州憲法は、ブリュッセルからこれまで疎外されてきた。そしてこのことに対する責任はないのであるが、市民、地方自治体および地域を明らかにするためには、とくに必要ではない。どのような種類のものであっても、欧州の国家性という道は、開かれていない。また、一般的な判断によっても、見通しうる将来においても明らかにされることはないであろうが、欧州共同体の政治的正当性を求める声は、広範にわたって、国家権力の正当性に関して妥当する基準を志向する。しかし、そのことは、二律背反に導くのである。産業社会の統制可能性に関する旧い問題がまた新たに提起されているが、現在では、それが、二重の平面で、つまり、個々の加盟国のレベルと同じ様に、共同体のレベルでも提起されている。権限が主権の中心分野に性急に再度移行するという危険に対処するためには、欧州共同体の公権力の正当性を共同体法と

欧州共同体の諸機関との関係に特徴的である相互作用と対立させて究明することは適切なのである。

　欧州共同体においては、種々の正当性の原則が、これまで知られていなかった多様性と複雑性のなかで重なりあっている。共同体の国際法上の源泉は、これにもとづいて生ずる共同体の憲法によって覆われ、また部分的に排除されるのである。すでに述べたように、憲法は、欧州共同体の権利主体が加盟国の外でも加盟国の市民であるということによって特徴づけることができる。それに対して、市民が欧州議会選挙に協働することは、法的および政治的理由から重要でなくなる。欧州共同体の高権力の正当性に関して欧州共同体法に帰せられる重要な役割は、共同体の機関の地位に対する影響を明確にすることである。欧州司法裁判所には、そのことは自明である。欧州理事会にあっては、民主的に選挙された加盟国の政府による正当性が重要となる。それに対して、加盟国から独立しているEU委員会の地位は、共同体法によってのみ正当化されるのである。そのことは、欧州共同体の立法の発議権ならびに加盟国および企業に対する共同体法の実施について当てはまる。この規範的に描かれた大綱については、さらに説明を要しよう。

　欧州共同体法においては、取引の自由を代表とする目的と関係のない規定と介入されるべき裁量決定権を授権する規定とを区別しなければならない。後者について重要な例を提供するのは、農業政策である。[20] 政治的には、ますます明確になっている、その限界を考慮する任務が相応する。この限界は、判例が政治に奉仕することを欲しない場合、政治の正当化を判例から導き出すことができるのである。

　機関の独立性に対する前提要件は、明確に定められた任務に拘束することである。その任務は、EU委員会の場合には、本来は、法的に区別された市場経済秩序政策を展開し、欧州共同体法を実施することにある。しかし、政治の現実においては、EU委員会が政府の任務を自然に手に入れており、もはや欧州共同体法を実施することに引き戻すことはできない。加盟国が欧州共同体を加盟国の政治の補充と助成とに制限することを欲したのと同じ程度に、EU委員会の力が増大してしまったことは、この展開がもたらした皮肉な結果といえる。

欧州共同体の補完的機能は、EU委員会が金融支援をもとに遂行する。EU委員会は、この方法をもって初めて、法律的にもはやコントロールすることができない補助金のばらまき官庁になりさがったのである。

II　法律と判例による正当化

共同体法の適用分野において、欧州共同体の権限を根拠づけかつ制限するのは、直接に適用できる原始共同体法の規定である。欧州司法裁判所がEU条約を「法律共同体の憲法」と呼ぶのは、それと同時に判例の最も重要な効力を要約したものである。[21] 欧州司法裁判所の判例のこの中心的役割は、マーストリヒト条約とアムステルダム条約によっても基本的には問題とされなかった。[22] しかしながら、加盟国の意思が、欧州共同体法の解釈に関する判例を条約の補足および条約に付属する議定書によってその進路方向を指示しておきたかったことについては否定できないのである。

1.　原始共同体法の変更

これに関する最も重要な例は、一般的な経済的利益の役務に関するEU条約(EUV)16条の新規定である。同条によれば、これらの役務の機能能力を確保することは、EUの「共通の価値」に属する。この原則は、EU条約の適用範囲において加盟国と欧州共同体とに対して向けられる。したがって、事柄の性質上、86条2項(90条2項を除く)の解釈に決定的な影響を及ぼすのである。つまり、この規定の適用範囲は、新16条と同一である。解説も、この規定の目的について思い違いをさせないように、つぎのように説明する。

　　公的役務に関する7条d(現行16条)は、欧州司法裁判所の判例を制限的に配慮するのではなく、とりわけそのような役務の平等な取扱い、水準および持続性の原則に関して、国内法化しなければならない。

この解説ですら、なお、判例に一定の解釈を与えようとする意図を認識させる。公的役務の平等な取扱いが前提にされることによって、本来の問題、私的

経済的に提供される役務の多様性が先決されるのである。

この規定が施行される前に、最初の影響が欧州司法裁判所の判例に現れたかのように思われた。いずれにしても、90条に関するオランダ、フランスおよびイタリアにおけるエネルギーの独占ならびに37条に関するスウェーデンにおけるアルコール取引の国家独占に関する欧州司法裁判所の判例は、従来争いのなかった諸原則の重要な修正を認識させる。[23]

同様な機能は、議定書においても認められるのである。この議定書は、EU条約に附属され、共同体法を公法上の放送施設に適用するための「解釈規定」を定めている。議定書の23号は、公法上の放送に対してその特別な任務に対応できるようにするために資金を融資する権限を加盟国に付与する。ここでは、上述した法律行為の共同体法上の射程距離を議論することは重要ではない。欧州司法裁判所による解釈の独占に対して介入したい加盟国の政治的意思を確認することができる。加盟国が、EU条約を変更する権限をもつことについては疑いがない。その限りにおいて、加盟国は条約の主人なのである。欧州共同体の偉大な成果の1つにこのような仕方で介入することが、果たして憲法政策上賢明であるのかどうかは別問題である。独立の欧州司法裁判所による解釈において加盟国について顧慮する法秩序が問題となる。

2. 干渉条項

欧州共同体の欧州司法裁判所の判例における目的論的解釈に帰せられる大きな意味は、新たな政治の実現のために法解釈を利用することを加盟国に促したことにある。そのことは、「条約の他の規定にもとづく自己の活動の際に」一定の目的を考慮することを欧州共同体の機関に指令する干渉的な指示によって起こるのである。この手段に対する例としては、文化 (151条4項)、雇用政策 (127条2項) および産業政策 (157条3項) がある。男女の平等の地位 (3条2項) と環境保護 (6条) については、EU条約の原則部分において、3条1項にもとづいて共同体の共通の活動が指示される。

これらの指示は、なるほど3条においては言及されているが、しかしそれに対するなんら独立の実施権限を認めていない欧州共同体の使命の実現に貢献す

べきなのである。しかし、このことは、目的の衝突に導きうる。この衝突は、競争関係にある EU 条約の目的に割当てられている序列を考慮に入れて決定しなければならないのである。この目的の序列は、その規範化の厳密さの比較、その実施に役立つ政策の独立性およびその実現方法から導き出される[24]。区別する解釈上の必要性は、たとえば、関税同盟と域内市場に関する規定を (EU 条約 (EUV) 2 条、3 条 1 項 a 号と c 号、4 条 1 項) エネルギー、災害防止と観光 (3 条 u 号) の分野では、むしろ通信に関して言及されている「措置」と比較する場合、明白になる。この説明によれば、横断的指示が異なる法律効果をもっているにもかかわらず、一般原則は、EU 条約 5 条 1 項における個別の授権の原則から導かれるのである。これによれば、欧州共同体は、EU 条約で割当てられた権限および法的目的から生ずる限界の範囲内において活動する。たとえ、上述した諸規定が条約の 1 つの目的を強調するとしても、そのことによって、これらの規定が目的の実施権限を同時に根拠づけるのではない。目的それ自体は、加盟国の法的義務を創設するものではなく、また個人の権利もなんら根拠づけない[25]。権限規定の解釈においては、競合する諸目的は、それらが原始的目的と合致する限りにおいて、考慮できるにすぎないのである。

3. 欧州共同体機関の原始共同体法への拘束

　欧州共同体の機関も、欧州司法裁判所の解釈によれば、原始共同体法に拘束されていることは、原則的に争いがない。そのことは、83 条 (87 条を除く) にもとづいて、とくに、81 条と 82 条 (85 条と 86 条を除く) で規定された原則の実現に関する命令または指令に妥当する。EU 委員会は、「EU 条約 (EUV) 85 条、86 条の適用のための規定の現代化に関する白書」[26]のなかで、81 条 3 項に従来適用されてきた届出制度と免除制度とを廃止することを、つぎのように提案している。つまり、それは、欧州理事会の命令にとって替えられるべきであり、この命令において、81 条 3 項における例外規定が、直接に適用されるものと宣言するのである。そうすれば、決定権限のある部署が、まず最初、免除のための前提要件が存在しないことを確認したときに限り、1 条 1 項について裁判することができるのである。したがって、許可を留保する禁止の制度から合法的

な例外の制度への移行が問題となるのである。加盟国のカルテル庁のほか裁判所が裁判について権限を有することになろう。したがって、以下では、企図された命令が、81条および欧州司法裁判所によるその解釈に合致するのかという問題をもっぱら取り扱うことにする。

ドイツの独占委員会とドイツ連邦共和国政府とは、一致して、合法的例外の制度が81条3項の文言と合致しないという見解に立つ[27]。EU条約の沿革と命令17号も、81条は合法的例外を認めている禁止として解釈してはならないことを示している[28]。しかしながら、最終的に決定的に重要なのは、競争法上の禁止規定の直接適用可能性に関する欧州司法裁判所の判例である。1980年7月10日の判決は、これについてつぎのように判示する。

　本法廷は、1974年1月30日の判決(Rs. 127/73) (BAT/SABAM, Slg. 1974, 51) において、85条1項と86条で規定された禁止は、事柄の性質上、各々の直接的効果の間の関係において生ずるのが適切であり、加盟国の裁判所が守らなければならない権利は、その個人に直接に発生する、旨判示した。この権限を命令17号9条を援用して加盟国の裁判所に否定することは、条約自体にもとづいて裁判所に帰属する個々の権利を奪うことを意味しよう。したがって、委員会がこの命令2条、3条または6条にもとづいて手続を開始した事情の下では、85条1項の直接的効果が主張された国内の裁判所に対して自ら決定を下すことを排除することはできない[29]。

EU委員会が提案した命令は、81条1項の禁止から直接的な適用可能性を奪うものであろう。なぜなら、81条3項の例外の要件事実は、直接の適用可能性を充足しないからである。第一審裁判所は、欧州司法裁判所の承認を得て、81条3項の適用が、広い判断と裁量の余地を前提としていることについて決定しなければならない。本条にもとづいて規定の適用を免除できるかどうか審査する場合、欧州司法裁判所は、手続規定または根拠規定が遵守されたかどうか、構成要件事実が適切に確定されたかどうか、および、明白な判断の誤りと裁量を誤って行使したかどうかについてのみ審査するのである[30]。委員会の白書に関するある論文において、委員会の高官は、白書の内容を実質的に繰り返すだけで、白書で主張された法律見解に対し異論が述べられた欧州共同体法上の根拠については考察していない[31]。その高官は、前述した判例を考慮することな

く、規定が裁量の余地を、しかし政治的判断の余地ではなく、認めていることを根拠に、81条3項の直接適用可能性の要件が充足されている、旨主張している[32]。しかしながら、そのような区別は、欧州司法裁判所の判例から導き出すことができない。むしろ、判例からは、81条3項が判断する部署に対して判断の余地と共に広い裁量の余地も認めていることが明らかになるのである[33]。81条3項が司法審査の対象にならないとの根拠は、同時に、81条を合法的な例外のある禁止として解釈する場合に、カルテル禁止の実際上の効果を排除するものと考えうる根拠を示している。EU委員会は、81条3項を引き合いに出す企業が主張・立証責任を負うとする欧州司法裁判所の判例に真っ向から対立して、白書においては、競争制限的合意が81条1項に違反するという推定を81条から導き出すことができないことを認めている[34]。それによれば、民事訴訟法においては、81条3項の前提要件が存在しないことについての主張・立証責任は、カルテル禁止を主張する者が負うことになるのである。このことは、そのこと自体によって、委員会が説明するカルテル禁止の分権的な適用は不成功に終わってしまうことを予測する十分な理由となる。

III 憲法の衝突

憲法政策上の議論における中心的役割、つまり、欧州共同体法の展開に関する欧州司法裁判所の裁判官の解釈に帰せられる役割は、あまりにも異なったことから、一部では相反する反作用に導いた。欧州司法裁判所のドイツ連邦共和国憲法裁判所との関係における最終決定権という未解決の問題が、いたるところで議論の出発点を形成するのである。

ドイツ連邦共和国憲法裁判所は、マーストリヒト判決においては、欧州共同体のそのような法的行為を自己の権限によって破棄できる権限を留保した。それは、ドイツ連邦議会が同意する権限の委譲によっては補填されない[35]。ここでは、憲法上の文献において拡がってきている議論には触れないで、つぎの見解を指摘することにとどめることにしよう。つまり、ジェイムズ・マディソン (*James Madisson*) が、個々の加盟国の国の裁判所との関係において最高裁判所の最終決

定権を根拠づけた見解である。そこでは、かれは、以下のように主張する。すなわち、分割された高権のそれぞれの制度においては、権限の衝突があるであろう。これらの衝突に対し平和的でかつ拘束力を有する解決を図るために事前の対策を講じていない政治的制度は、憲法に基礎をおくすべての秩序という最初の原則に違反している。それは、「法と秩序」を不確実性と混乱および権力に替えることになる。しかし、ドイツ連邦共和国法の解釈と適用については、自分自身のために決定しましたドイツ連邦共和国憲法に違反する法律の発布をする権限が個々の加盟国に与えられる場合、ドイツ連邦共和国の構成員のあらゆる均衡が崩される。この効果は、それがいかなる国家機関によってもたらされるか、つまり、立法機関によるのか、行政機関によるのかまたは裁判所によるのかどうかとはまったく関係がないのである。

　共同体の高権的行為に服することを拒否する加盟国の一方的な留保は、共同体の法秩序と合致しないのである。欧州司法裁判所の判例との関係において「計算の誤り」であると認めるようにフローバイン(J. A. Frowein)が提案する場合、それはなんら単なる断念なのではない。権限に違反した共同体法にも妥当することは甘受しなければならない、と主張される。これは、いかなる法共同体も裁判官の最終決定の際に避けることができない認識である。ドイツ連邦共和国もドイツ連邦共和国基本法の決定に際してこのことを回避することはできないのである。

　憲法を経済理論に適用する場合、「欧州憲法グループ」は、欧州共同体法の一様な解釈と適用および憲法の衝突に対する決定とを区別することを提案している。この意味における憲法の問題には、とくに、共同体または加盟国の高権的行為について、もしそれが憲法にもとづく権限の分配に違反するならば、その効力を否定する権限がある。「再審裁判所(Court of Review)」、つまり、ある種の欧州憲法裁判所が提案される。その構成員は、加盟国の最高裁判所に所属しなければならない。しかしながら、加盟国の高権的行為に対して条約の自由の保障を適用する際には、欧州共同体法の適用に関する裁判は、権限の問題と区別することができないのである。欧州共同体法の解釈と適用とを権限問題に結びつけることによって、初めて、独立の法秩序が徐々に判例法によって発展す

る可能性が認められるのである。いずれにしても、その権限が機能的に限界づけられている欧州共同体では重要なことである。権限問題を明確に画することについては、加盟国の法律規定を基本法の序列を基礎に位置づけることもなんら十分な接点を提供しないのである。ある法律規定が加盟国の法秩序の序列のなかで占める位置は、そこにおいては基本的な相違を示しているが、共同体法との関係において有すべき序列に関しては、必ずしもなにか重要なことを表すものではない。想起すべきことは、国によるテレコミュニケーションの独占に関して、ドイツ公法に関する文献において、共同体法によって廃棄することまでも考えられた憲法の序列だけであろう。

加盟国の高位の裁判官から構成される補助的な欧州憲法裁判所は、結局、欧州司法裁判所が克服しなければならなかったのと同じ問題に直面することになるであろう。

IV 制度競争から「ソーシャル・ダンピング」へ

域内市場は、域内に国境がない地域として、阻害されない競争の制度と結びつき、とりわけ経済学においては、制度競争として解釈される。仕向地原則から原産地原則に移行する場合、共同体における競争の目的が商品と役務の需要と供給だけではないこと、むしろこの競争のなかに加盟国の機関と法秩序も引き込まれることが明確になろう。カシス・デ・ディジョン (Casis de Dijon) 事件における欧州司法裁判所の裁判のように、非常に広範にわたる効果をもつことはまれである。マンフレード・シュトライト (Manfred Streit) は、制度競争を1つの手続として特徴づける。すなわち、既存の制度が備えている問題解決の資質を比較して検査することを私的競争者に可能にする手続である。それは、同時に、政策上の競争者に魅力的な制度的革新を展開するきっかけを与えるのである (発見手続としての制度競争)。それは、私的競争者が制度的な備えを事実上置き換えることによって惹き起こされるのであるが、しかし、潜在的な補充によっても惹き起こされる。したがって、制度競争は、旧制度の準備と旧制度の準備の供給者としての政策競争者に対して支配的な影響を及ぼす (支配手続とし

ての制度競争)とされるのである。[40]

　ここでは、別の箇所で強調した制度競争の限界と欧州共同体における法の調整との関係については取り扱わないでおく。[41]商品と役務の自由の制限とを区別しないで適用できる措置に依拠して、加盟国の重要な公益によって正当化できる場合、唯一の方法は、法の調整を介して域内市場に導くことを強調できるにすぎない。

　この関係においては、制度競争の有効性から導き出される、広範にわたる憲法政策上の効果を考察しなければならない。経済と政治との間に根を張っている制度競争の影響の仕方とその必然的な限界については、十分には説明されていない。市民の拡大された選択可能性と同時に、制限された国家の行為可能性との間の緊張関係が決定的なのである。したがって、制度競争にもとづいて、市場と国家の有効性の限界に関し新たな議論が誘発されることになってもなんら驚きではない。1つの議論は、制度競争のなかに国境を越えた制度的な展開のための推進力をみる。この議論においては、制度競争の条件の下ではもはや社会的統合と連帯とを保障できない場合、国家の民主主義的正当性が脅かされるというテーゼが対立している。[42]そのことから、欧州統合に関してつぎのような広範な結論が導き出されるのである。すなわち、共同体法の助けを借りて創設された欧州共同体の競争秩序は、消極的な統合にもとづく。競争秩序は、国の政策に役立つ選択を介入禁止によって制限する。しかし、政策は、欧州のレベルでは、「積極的な統合」というシンボルの下で、同等の形成可能性を取り戻すことができないのである。つまり、欧州の行為自由は、積極的な統合措置にあっては、国益が分かれ、反対する加盟国の同意を容易に得ることができない分野において制度的に制限される。そのことは、とくに、生産コストが個々の消費者の直接的な利用と無関係に増加するかまたは資本投資について税金によって利子率が軽減される市場を修正する規制において重要である。たとえば、環境保護における生産と場所に関連づけられた規制、社会政策や集団的労働関係の分野における共同決定ならびに再配分を目的とした税法上の規定である。したがって、消極的な統合に釣り合った規制を定めることが重要である。欧州の福祉国家が、自己の生存のために、経済競争の要求に適合させてゆくことを

学んだ程度において、相互に従属すること、共通に傷つくことおよび共通の価値のための義務負担を考慮に入れる仕方で競争に耐えることも学ばなければならない。規制を緩和し、欧州の社会的義務を免除された資本主義というアングロ・アメリカ形式に零落してゆくことに対しては、かかる仕方で阻止できるにすぎないのである。

　国家の政策決定を規制競争という横暴から解放するためには、不正または破滅に向う制度競争に対する共同体法上の禁止は、必要であろう。その場合は、構成要件と法律効果、実体法上の規制と実施の態様とを区別しなければならないのである。

(a)　**構成要件**

　まず、構成要件については、つぎのように考えることができる。すなわち、まず最初、国家の最低限の社会的任務に関する加盟国の合意が必要なのである。社会的最低条件に関するEU条約上の合意は、豊かさと加盟国間で確認できる社会的使命との関係において調和した相互関係が考慮される場合、可能である。そこから、福祉国家の相対的な重要性が構造的および制度的相違にもかかわらず国の豊かさが高まるに応じて増大するという潜在的な合意が、導かれる。したがって、福祉国家を切り刻むことは避けなければならないという明示的合意が可能となる。それは、国の社会的課題の全体をその相対的な豊かさのランクに相応しい低い限界値へと引き下げさせる。その場合、これにもとづいて第一義的に企業と資本を隣国から流出させる目的を有するようなすべての戦略は、禁止しなければならないのである。これに属するのは、とくに、競争的租税特典または競争的規制緩和である。これらのすべての場合に、抽象的基準は、定言的命令である。上述した措置が─行為する政府の評価を想定する場合─集団的な自己加害となるかどうか検査しなければならない。この観点の下で規制制度における公正な競争規制に関する欧州司法裁判所の判例法を展開しなければならないのである。必要なのは、条約の原始法における明確な正当性である。この委任は、EU委員会が国の助成金のコントロールのために権限を付与する規定よりも具体的である必要はない。ヨーロッパ法の限界が、60年代初めの

基本的決定以来絶えず拡大されてきたのと同じプロセスで、新たな法分野を開拓しなければならない。かかる仕方で、欧州司法裁判所と加盟国の裁判所は、ソーシャル・ダンピングのあらゆる誘惑と戦うための強力な手段を展開できるのである。

　まず第一に、国家間の社会的な最低基準を根拠づけるためにカントの定言的命令を利用することは誤りに導く。定言的命令を個人の自己立法に関係づけることは矛盾する。「一般的立法」としての資格を得る格律の一般化は、個人の自治を正当化する。この原則を社会的な関係に転換することは、カントにあっては、倫理的共同団体に導く。国家の法秩序と国家間における法原則を実施することは、そのことと厳格に区別しなければならない。[43] 定言的命令には国家とその市民に適用されるべき法律規定に連なる道は通じていないのである。不当な社会的競争に対する規制を設ける試みにおいて、それが問題となるだけである。しかも、そのような規制を志向できる法原則も、明白なものはどこにも存在していない。真実は、社会保障給付を相対的な将来見出されるべき共同体の最低額を保障できるように加盟国間の経済的競争を制限する政治的な要求が問題となるのである。主張している構成要件事実は、欧州共同体の加盟国間との関係において福祉国家の集団的な自己加害に対する回避として要約することができる。

(b)　**法律効果**

　右の構成要件は、共同体の競争秩序の発展につれて非常にうまく成功したことが明らかとなる手段でもって実現されるべきである。もし可能であるならば不当な規制競争を直接に適用可能な、司法審査可能な禁止の対象にするという観念は、域内市場および公正な競争制度における法発展の方法論的基礎を見誤ることになる。個々の福祉国家的措置が、共同体の利益と合致しないことが明らかとなる基準を展開するために、欧州共同体における福祉国家的規制の調整と矛盾しないかどうか照合することがまさに必要になる。経済的自由権の保障と福祉国家的最低限の扶助の請求との間には質的な相違も存在している。欧州司法裁判所が自由な商品または役務取引に関する障害または競争制限を有効で

ないものと認める場合、裁判所は、それによって禁止された措置によって排除された競争の効力を有効にする。しかし、福祉国家の分野では、禁止の構成要件事実の事例において、競争と比較できる自己操縦を考慮することができないのである。この場合には、むしろ、廃止されるか減額されるべき給付請求権の維持が問題となる。例を挙げるならば、ドイツ連邦共和国における老齢者扶助を2年のインフレ補償額に制限することは、福祉国家的欧州共同体の最低条件と相容れるのであろうか？ そのことについて、どのような比較が必要なのであろうか？ 私的な事前の備えの制度と強制保険の制度とは一体どのような方法で比較できるというのであろうか？ 税制の特典は、直接の出捐とどのように比較し、さらにまた加盟国との関係において重要な競争能力に及ぼす効果についてどのように査定するのであろうか、という問題である。域内市場の創設におけるEU委員会と欧州司法裁判所の有効性について触れることの重要性は、加盟国における市民が、制限から解放された域内市場に参入する権利を有することに求めることができる。その限りにおいて、一般的規定の下での自由の実現が重要なのである。この目的に資する規定は、司法審査の対象にすることができる。それに対して、不当な制度競争は、それが可能ではないのである。

　たとえば、競争規制の緩和のように、不当な制度競争の例示として挙げられた構成要件事実を詳細に考察すれば、阻害されない競争制度に対する反対提案が問題となることが明白となる。アイロニーに関する意味または弁証法もまた、不当な制度競争をなくすためには、競争秩序という利用手段を用いることができるという提案を配慮させる。国による競争の制限を共同体法上禁止することは、ほとんど不可能なのである。この禁止においては、現状を比較の基準の基礎とする場合、これがすべてに対して、「自己加害」に導くことについて、加盟国は、容易に合意に達することができない。国による世界的規模で統合されたテレコミュニケーションの独占およびこれについて権限をもつ労働組合は、100年以上にもわたって、独占を廃止するすべての者にとって自己加害となり、また見通すことができない労働の場の喪失に導くであろうということについて一致していた。あらゆる市場の開放とすべての新たに発生する競争とは、現状と福祉国家的機能の現状を危殆化するのである。しかし、われわれが欧州にお

いて経済的自由地域が開かれる新たな可能性のすべてを禁止し、そしてそれが福祉国家的機能を変えてゆくような影響を及ぼす制度を確立する場合、われわれは将来に別れを告げることになろう。ドイツが行っているように、労働関係に非常に強く結びつけ、また使用者と労働者の社会的給付に関する同率資金の提供が重要な構造原則となっている社会制度においては、競争上の展開は、同時に、必ず、社会制度に対して影響を及ぼす。すべての競争が、不当でない競争であっても、競争者の自己加害に導き、またその社会的給付能力を弱めることができるのである。そのことは、すべての規制緩和についても相応する。したがって、競争が社会制度に対して否定的効果をもつときに禁止される場合、秩序原則としての競争は、全体的に排除されるのである。

V　EU委員会と「コミトロジー」

1．共同体法上の地位

　EU委員会の地位は、いかなる国の権力分立理論にも適合しない。EU委員会の委員は、その任務を共同体の福祉とはまったく無関係に行使する（213条2項）。EU委員会は、発議機関として欧州共同体の立法に協働する。理事会がEU委員会の提案にもとづいて執行する場合、この提案の変更は、原則として、全会一致で決議できるにすぎない（250条1項）。EU委員会は、監視機関として、欧州共同体の加盟国に対する行為について監視する（226条）。最後に、EU委員会は、行政官庁として、企業および加盟国に対し直接的な効力をもつ競争規定を適用する権限をもっている（81条から84条）。欧州司法裁判所のコントロールの下で行使される欧州共同体法上拘束された権限が問題となることは、監督法および行政法上の立法的権限に共通している。EU委員会の権限とその使命とは、本来、原始的共同体法の手続と法原則と調和する。そのことは、若干の中心分野では、――たとえば、競争規定および合併コントロールの適用、補助金のコントロールまたは法調整の一部にあっては――、今日でもなお当てはまる。しかしながら、法的現実においては、欧州司法裁判所が承認したEU委員会の地位は、持続的に変更されてきたのである。EU条約211条は、その4項で、

理事会が発令した規定を執行するために委譲した権限を行使する EU 委員会の権利と義務を定める。理事会は、この可能性を包括的に利用したが、同時に、補充的な協働権と支配権は留保した。この目的のための手段は、その実施の際に加盟国が委員となっているさまざまな委員会の協働に EU 委員会が拘束されるという基準に従って権限を委譲するにすぎないというすでに早くに慣行化されてきた実務であった。

　理事会の権限を他の共同体の機関に委譲する際に妥当する限界は、欧州司法裁判所が共同体の機関相互の制度的均衡の原則にもとづいて展開してきた[44]。それによれば、裁量の余地のある権限をその時々の管轄内においてこれらの権限の行使と支配に関して条約で定められている他の組織に委譲することは、それ自体、禁止されているのである[45]。そのことと区別しなければならないのは、理事会が設置した内部委員会が、EU 委員会の決定に協働することである。それは、1987 年 7 月 13 日の理事会決定で定められている(「コミトロジー決定」)[46]。内部委員会は、諮問的性格をもつことができるにすぎない。問題となるのは、管理委員会または規制委員会である。理事会であれ、あるいは EU 委員会であれ、管轄機関の最終決定が認められている限りにおいて、欧州司法裁判所の判例によれば、当該内部委員会の協働についてなんら疑義はない。その場合、欧州司法裁判所は、条約自体に基礎をもつ措置とこれらの措置を実施するために役立つ派生的な権利とを区別している[47]。155 条が理事会に対して発令した命令の実施を EU 委員会に委ねることを授権する場合、この権限の行使の方法について定めることも認められよう。そのような許された方法は、行政手続でもある[48]。このことによって、EU 委員会の独立性が介入されるのではない。内部委員会は、反対する場合に自己の意見に従って決定できる権限をもつ理事会に代わって決定するのではない[49]。

　内部委員会制度は、最初から欧州議会との衝突に導いたのである。加盟国が代表者を派遣した内部委員会の協働は、加盟国の固有の協働権を危殆化するものと考えられた。一貫した目的は、EU 委員会の独立性について加盟国が介入することなく内部委員会に対する固有の支配権をコントロールできることにあった[50]。欧州議会が持続的に反対したにもかかわらず、内部委員会制度は、単

一欧州議定書(Einheitlichen Europäischen Akte)の可決後に、既述した理事会のコミトロジー決議によって正式なものに格上げされた。内部委員会における議決権の割合は、加盟国が理事会において有する議決の重要性に関連して定められる。管理委員会を欧州司法裁判所の助けを借りて中立化しようとした欧州議会の試みは、失敗に終わった。欧州司法裁判所は、最初、議会に訴えの提起権を認めなかった。しかし、欧州司法裁判所は、この法律見解を1990年5月22日の判決で修正した。EU条約には訴えの提起権に関する明文規定がないにもかかわらず、制度的均衡を維持するため、それぞれの機関は、他の機関の権限に注意を払いながら自己の権限を行使することを要求する。欧州議会の訴えの提起権は、この訴えが欧州議会の権限の保護だけを志向し、かつ欧州議会の権限の遵守を主張する訴えについてその理由に根拠がある限りにおいて、認めることができる、と判示された。

それにもかかわらず、欧州議会は、結果において、管理委員会と規制委員会とを共同体法上認めることをやめさせることはできなかったのである。

EU委員会は、274条で保障された予算の執行における自己責任を確保するため、管理委員会が自己の問題に介在することに反対した。しかしながら、欧州司法裁判所は、委ねられた権限の行使に関して規定された方法を定める理事会の権限が、執行に関する規定の制定が問題となるかまたは個々の法律的行為が重要であるかということにかかわりなく妥当するという判例を固守した。執行行為が同時に予算計画の範囲内でその方法を拘束することになるという状況が、権限の分配および管理委員会のそれに対する協働を定める理事会の権限を変更することはないのである。

2. コミトロジーと共同体内部委員会制度の無人地帯

欧州共同体の政治的実際において内部委員会に生じている重要性は、欧州議会、EU委員会と理事会との間の権限の衝突およびそれらの間で見出されたEU委員会と議会との間の協力に関する妥協のなかに不十分ながらも現れている。政治学の文献では、共同体における意思形成の新たなレベルを特徴づけるために、「コミトロジー(comitology)」という用語が用いられる。その意思形成は、

欧州共同体の機関の制度的均衡には関係せず、また欧州共同体と加盟国との関係に妥当している規定の適用を受けないのである。内部委員会のこの中間地帯では、委員会が講じたその責任を負担すべき措置について公衆から身を守るか、あるいは広範にわたりコントロールされないように事前に形成するかもしくは認めさせるために、委員会の官僚、加盟国の官僚および社会的または経済的団体の代表者が顔を合わせる。内部委員会制度の法事実的および経済的重要性に関してのみ合致があるにすぎない。(58) 内部委員会の正確な数は、その構成、機能、資金の工面とその方法、手続および決議と同様に、公表されていない。それらの委員会のおよその数は、400 から 1000 超にわたっているのではないかとされている。支援、規制および管理との間に根をはった内部委員会による欧州共同体の意思形成には、おぼろげにもその法的資格を付与することができない。この政治的実務のためにささげられた解釈は、それだけ一層有益であり、そのためますます野心が込められてくる。加盟国の代表者で占めている内部委員会が問題となる限りにおいて、内部委員会は、加盟国の主権を留保することができる。補完性の適用事例を内部委員会の協働にみる場合、そのことが相当するのである。(59)

しかしながら、曖昧な政治的現実に対する楽天的な解釈は、それを超えてはるか先に進んでいる。内部委員会制度とそのネット組織には共同体の新たな憲法上の原則が見られることが、つぎのように、主張されている。すなわち、政府間の統合と超国家的統合との間に根をはっている手段である。コミトロジーは、ザインとゾルレンとの対当関係を克服するのに適している規範的な観念である。ヒエラルヒー的でない統治形式（governance）として討議される政治的プロセスは、新たな種類の合理性によって特徴づけられるのである。欧州の目的を実現するためには、力から理性への移行、「根拠に裏づけられた」行為が重要なのである。(60) それに応じて、問題を審議によって解決する方法を憲法上の基礎におくことが重要である。(61) このことに成功すれば、決定の担い手の動機は、もはや重要ではなくなる。経済的および配分的利益が重要でないことが、コミトロジーの特徴の１つなのである。(62)

実際にはすでに形成された憲法政策上の原則に関する助言としてのコミトロ

ジーは、戦略的な思考と行為とを捨て去ろうとする。しかしながら、同時に、コミトロジー戦略は、識別することができる。その戦略は、EU を特殊の政治的フォーラムとして性格づけ、正当化される自由地域を創設することを企図する。それによって、従来の支配的な、つまり、EU を法原則によって特徴づけられた経済秩序として解釈する出発点は、克服されることになる。その経済秩序は、共同体特有な水平的および垂直的権力の分立によって特徴づけられる。この経済秩序に対して、論証プロセスにおいて匿名の参加者が資格を付与された形式、機関および法規定によって市民化された欧州を創設する制度が対立している。ジョセフ・ワイラー(*Josepf Weiler*)は、非常に慎重に、このコミトロジーのなかに、なるほど不可避でかつ不可欠なのであるが、しかし特殊な憲法政策上のリスクに晒されている欧州行政の特徴をみる。このリスクは、社会的に大きな影響を与える規制について、そのような規制の意味に適合しない公的責任のレベルで決定されることから生じ、また、不平等なまたしたがって不公正な利用という条件の下で付与される特典について決定されるという規制のプロセスが最終的に問題となることから生ずるのである。[63] コミトロジーと「インフラ・ナショナリズム」とは、政府と民主主義のネオ・コーポラティスティックなモデルに近づく。[64] 手続は、内部の透明性だけでなく、手続のわずかな形式性によっても際立っている。このプロセスに参加している者ですら同じ影響力をもっていない。裁判官の支配は、まれに介入するにすぎず、必要な場合に帰属する権利を保障する。はっきりしていることは、利益代表を独占する傾向および組織化された機能的利益を政治的プロセスと行政とにおいて認めさせることができる構造の創設である。[65]

3. 補助金交付官庁としての委員会

マーストリヒト条約とアムステルダム条約は、統合の目的と手段において生じた基本的変更を明らかにした。欧州共同体の使命は、つねに拡大の連続であった。しかしながら、加盟国は、自己の固有の権限と共同体のそれとを明確に定める準備をすることができなかったのである。むしろ、いたるところで、存続する加盟国の完全な責任と権限が、強調される。重要な分野、たとえば、職業

訓練(150条4項)、文化(151条)、雇用政策(127条)においては、法律規定と行政規定とのそれぞれの調整は、明らかに排除されている。新しい目的は、まったく圧倒的に、欧州共同体が加盟国の政治に参加するか、調整するか、支援するかまたは補完することによって達成されることになる。この目的のための最も重要な手段は、財政資金である。それは、EU 委員会が、予算の枠内で、固有の権限において管理するのである(274条1項)。

　欧州共同体政策の手段としての財政支援について代表的なのは、第17編「経済的および社会的結束」である。欧州共同体は、経済的および社会的結束の強化を「構造基金(農業に対する欧州調整・保障基金。調整の細目は、欧州社会基金、地域発展に関する欧州基金)、欧州投資銀行およびその他の既存の手段」の助けを借りて運用する政策を介して援助する。構造基金のほかに、結束基金(Kohäsionsfond)が設けられる。この基金は、環境分野における諸計画と輸送の基礎的基盤の部門における汎欧州ネットワークを財政的に支援する(161条)。

　欧州共同体の目的は、他の政策分野においても、加盟国の強化された協力および共同体の財政援助によって追求されることになる。たとえば、社会政策と職業教育、欧州社会基金 (147条)、研究と技術開発(165条2項)ならびに開発協力(180条2項)である。さらに、とくにこのために、理事会と委員会とが協働して決定し、そしてこの決定を財政援助をもって実施するという共同体の任務が加わる。

　EU 委員会が財政援助をして活動する政策分野でも、それらは、内部委員会に支えられている。これらの委員会は、EU が定めるか、理事会が指定するかまたは EU 委員会が自己の権限において設置する。コミトロジーに関する議論の特徴は、財政上の責任の問題についてほとんど触れられないことである。しかし、この問題は、避けて通ることができないのである。なぜなら、まさしく、委員会とその職員は、現在乗り越えられるべき範囲における財政上の任務の遂行を歴史的理由にもとづいて十分には準備していないからである。農業政策を度外視すれば、委員会のもともとの任務は、欧州共同体法上拘束された秩序政策の展開とその実施にあった。この分野では、その正当性が欧州共同体法から生ずる。その点については、欧州司法裁判所への法的手段によるコントロール

が保障されている。しかし、財政援助による政策という新しい世界においては、別の問題が発生するのである。この問題は、官吏の合法的で尊敬すべき行為を規則として想定することができ、また詐欺と乱脈に対する闘いのために有効な措置が講じられることになるということをもって解答とするには負担がある。最後に掲げた任務は、欧州共同体の内部で、詐欺の問題を評決するための独立した単一体（OLAF）が引き受ける。このことによっては、公的財政の構造問題は、解決されていない。それは、簡単でもありまた要求も多い。偉大な懐疑論者でかつ近代財政学の創始者であるジェレミ・ベンサム（*Jeremy Bentham*）は、憲法（Constitutional Code）草案のなかで、公的資金の管理を委託された者に適用される規定を定めている。現代の経済的なエージェンシー理論は、この原則に関し多くのことを発言していない。すなわち、それによれば、つぎの事項について、最低限のことに制限しなければならない。

① 公的任務の遂行のために利用できる公的資金、
② 公的資金を委託者が利用できる時間、
③ 公的資金の使途を決定する者の数。

それに対して、委託されている権限と公的資金に関するそれぞれの個人の責任は、できる限り大きくしなければならない(66)。

この原則がいかに緊急なものであるかは、専門家の報告書においてまとめられた評価が明らかにするであろう。それは、EU委員会の辞職に導いたものであった。つまり、「内部委員会が実施した調査の過程で、ヒエラルヒーな鎖のなかで責任意識が枯渇していることがあまりにも頻繁に確定されている。責任のひとかけらでも自覚している者を見出すのは困難である。しかしながら、この責任意識が、重要な意味をもつのである。それは、第一義的には、委員会の委員とその同僚に期待しなければならない。責任の概念を真の意味内容から奪い去る試みは、危険である。責任の概念は、民主主義の本来の表現である」。

民主主義のこの理解においても、専門家は、上述した規定を民主主義の原則から演繹したジェレミ・ベンサムと同じ見解に立っているのである。

4. 行政任務の私人への権限の委譲

コミトロジーの影響の仕方に関する例は、報告書から取り出すことができる。この報告書は、欧州議会とEU委員会とが設置した内部委員会から独立した専門家が、EU委員会の批判されていた行政実務に関して作成したものである。[67] 本章との関係では、報告書の対象である委員会全員の辞職に導いた個人やあるいは制度的に誤った行為は、重要ではない。むしろ、報告書が、初めて、部外者に対して「コミトロジー」の実務を公にしたことが有益なのである。特徴的なのは、構想段階における諮問企業の決定的な協働、財政管理を含む共同体任務を私人に委譲すること、受託企業の側におけるネットワークの組織である。この関係では、観光の振興に関する理事会のアクション計画の確定、地中海プログラム、1992年に設立された「欧州共同体人道主義援助庁（Amt der Europäischen Gemeinschaft für humanitäre Hilfe）」、レオナルド・ダ・ヴィンチ補習教育プログラムおよび中欧と東欧における核の安全政策に対する欧州共同体の参加について、意見が一致している。代表的なものは、地中海地域における第三国との協力プログラムとレオナルド・ダ・ヴィンチ・プログラムである。

(a) 地中海地域の第三国との資金協力

この法的基礎は、1992年6月29日の1763・92号令（EWG）である。このプログラムの目的は、中欧・東欧諸国の援助を均衡させるために、南地中海地域との政治的および経済的協力を強化することにある。このために必要な資金の管理が、EU委員会に委ねられた。このプログラムは、推進されるべき5つの分野、つまり、地方公共同体、大学、企業、研究所およびメディアに関係する。国家の機関の参加は、—加盟国のそれであれ、または受け入れ国のそれであれ—企図されなかった。EU委員の見解によれば、「市民社会への接近」が重要だったのである。実際に起こったことは、これまで想定もされなかった種類の民営化であった。つまり、EU委員会は、この目的のために設立された地中海横断ネット代理業者に経営と資金管理を委任した。EU委員会、代理業者および上述したそれぞれのプログラムのために設立された「技術援助事務局」の代表者たちが、資金拘束委員会および管理委員会に所属する。代理業者は、共同体の資金で設立された。その社員は、EU委員会がプログラムの策定の際に相談し

た民間会社であった。この諮問委員会は、2つの事例では、同時に、専門事務局として、対象国におけるプログラムの実施とその監督に関する権限を有していた。諮問委員会は、自由にできる予算から資金の60パーセントをこの目的のために獲得した。推進された個別計画は496にものぼり、それらはネットに統合された（報告書3・1・6）。EU委員会との契約には、とくに、つぎのことが定められた。すなわち、代理業者は、欧州共同体援助金のすべてを受領し、管理する。そして、この目的のために、欧州共同体の援助に関して特典を受けたネットと技術援助事務局とが契約を締結する。代理業者は、このネットの簿記の記帳と管理、運営の監督とプログラム全体に関するシステムを構築する（報告書3・2・6）。代理業者は、契約によれば、入札を公募する義務を負っていなかった。したがって、もはや、個々の役務の給付が問題となるのではなく、高権的な共同体の任務を私人に完全に委譲することが問題となるのである。EU委員会は、合議体として、そこにかかわることはないであろう。

(b) レオナルド・ダ・ヴィンチ・プログラム

同様な構造をレオナルド・ダ・ヴィンチ・プログラムも示している（報告書5・1・1）。この計画は、1995年に理事会決定94・19号によって策定され、個々の加盟国における職業教育政策を支援することを目的とした。実施期間は5年間と定められ、このための資金として6億5000万エキューが供給された。プログラムは公募され、AGENOR株式会社という企業に委託することになった。この企業は、技術援助事務局を自由に利用できた。事務局は、毎年2000から3000くらいのプログラムの申請を審査して、約750の個別プロジェクトに助成することを任務とした。AGENORは、フランスの企業で、その主要な社員は、フランスのCESI（Centre d' Études Supérieurs Industrielles）グループである。理事会の構成員は、フランスの経営者団体の代表者、労働者団体の2名の代表者ならびに4つのフランス大企業である。広まった乱脈に対して、専門家の報告書は、レオナルド・ダ・ヴィンチ・プログラムの管理が、不十分な情報のチャンネルおよび委員会内部のトップに至るまでの支配機構の不完全さにあることを認めた（報告書5・8・1）。一体誰が誰をどのように監督したのかまったく明確でな

いことがしばしばであった、とされる。諮問企業が、権限を有する理事会を監督するのか、あるいは理事会が企業を監督するというのか(報告書5・4・4)？ここで明確にされたEU委員会実務の憲法政策上の重要性は、高権的任務を企業家的に配慮する際に利益最大化が指示される場合、はっきりしない。明らかに必要な刑法上の制裁と懲戒処分が否定されているところでは、欧州共同体の正当性にとって重要な問題に肉薄することは困難なのである。

　内部委員会が弊害を確認したすべての事例において、ことごとく相違していた説明のなかに、一致している叙述がある。すなわち、いつも新たな任務が自己の推奨かまたは理事会の勧奨によってEU委員会に委譲されたものの、EU委員会がその任務の遂行のために必要な人事を自由にすることができなかったということである。しかしながら、新たな計画の推進には、大規模な事業資金を自由に使用することができた。打開策は、述べられた管理の任務の民営化にあった。私的企業が参加するならば、「もはや公的な機能の性格が維持されなくなる」(報告書5・8・3)ような、内部委員会が求めた保障がなされることを受け入れる場合ですら、欧州共同体がとった方法については、疑念が残るのである。それは、欧州共同体の新しい任務が定められるかまたは事実上利用されるプロセスおよびその実施のために投入される資金に関係する問題である。

5. 欧州共同体の任務(欧州における政府)

　その性質からすれば、政府の任務に属する任務が、ますます委員会に委ねられてきた。そのことは、3条で欧州共同体の任務のカタログのなかに定められている分野においてだけで生じたのではない。観光が欧州共同体の任務としてマーストリヒト条約3条において規定されるはるか以前に、欧州議会と欧州理事会とは、共通の観光政策を推進したのである。法律的に拘束された秩序政策を促進するEU委員会の当初の任務と多額の資金を処分する際に広範な裁量を前提とする助成プログラムの管理との間の質的相違は、その重要性の点に見られたのでなく、過小に評価されたかまたは意識して受け入れていたにすぎなかった。EU委員会を含めた関係者全員にとっては、重要な政策分野における欧州の現在は、正当性と効率性よりももっと重要であるように思われた。その

結果、欧州共同体は、中欧・東欧における市場経済への移行および原子力発電所の装置の転換に協力したのである。後者の転換については、受け入れ国は、そのために必要な資金の1パーセント以上を用意することができなかった。その任務の遂行は、欧州共同体の側の原子力発電の経営者に委託された。なぜなら、EU 委員会は、自分では必要な専門知識を自由にすることができなかったからである（報告書7・7）。欧州共同体法の適用を配慮することが本来の任務である EU 委員会は、この新たな政策分野では事実上監督を免れた。加盟国は、自己の補助金政策について EU 委員会による厳格な監督に服するのに対して、委員会は、自己の資金援助政策においては広範に監督に服していないのである。人的資源と専門知識とを欠く任務を引き受けると共に、EU 委員会は、その側では、その協力に頼っている企業と団体とに従属することになる。直接の利害関係者が優先的に参加している欧州横断のネットワークは、公的な管理に代替する。これらの組織は、それぞれの形式的および制度的な監督を免れる。理事会、EU 委員会、議会および加盟国間の制度的な均衡は、もはや問題とならないのである。問題となるのは、ネットワークの見えない支配なのである。それは、EU 委員会と加盟国の官僚およびその時々に権限をもっている企業と団体の代表者との複雑な利害の絡み合いからその安定性を得ている。そのため、ジョセフ・ワイラーは、「インフラナショナリズム（Infranationalismus）」という言葉を使用する。それは、国家のない支配と訳すことができようか。明確なことは、それをネオ・コーポラティズムとして特徴づけることができるのである。[68] 代表的な独占の発展および独占を介して組織化された利益を政治レベルと行政とにおいて認めさせることができる組織を創ることが、その特徴となっている。不十分な透明性が、手続上および法律上のほんのわずかな正当性に関するコントロールと結びついている。公の議論は、実質的には行われていないのである。

　現在始まっている展開は、公共財産管理のそれぞれの基本的原則に反している。納税者から加盟国、加盟国から欧州共同体、そして欧州共同体から加盟国に戻ってくるプロセスのなかで特典を与えられるべき地域、企業、研究施設または農家に対して援助の手が差しのべられ、そこに到達する前に、いかに多くの手が公的資金に群がっているか欧州共同体ではほとんど知ることができな

い。私的または半官半民の代理店は、この欠陥を正すことには適していない。むしろ、濫用を招いているのが、まさにこの種の組織なのである。必要なことは、欧州共同体特有の資金援助の分野におけるEU委員会、欧州議会および加盟国の権限の新秩序とこれらの任務を規範的に拘束する秩序政策の任務とを組織上分離してしまうことである。欧州共同体と加盟国との関係における補完性の原則と分権化の原則は、新たに生じた問題の核心を捉えることができない。一定の目的に対して予算から資金が欧州共同体に割当てられる場合、同時に、この目的が加盟国のレベルで達成することができないか、または同じ効率性をもって達成することができないことは、すでに事前にわかっているのである。このコーポラティズムの新しい形式は、それが法的および政治的支配から免れるということで共通している。国民不在で、開示がなくまた十分な管理組織のない「討議民主主義(Deliberative Demokratie)」は、EUに対する信用を公衆の意識の下で失墜させることになろう。考慮されるべき弊害を除去することは、欧州の政策上ほとんど想像だにされていなかったのである。それをするには、欧州共同体の任務を専任の管理者が効果的に遂行することができ、かつ、欧州議会の政治的コントロールと欧州司法裁判所の法的コントロールの下に置くことができる事項だけに縮減することである。

⑴　*Kirchhof*, Die Gewaltenbalance zwischen staatichen und europäischen Organen, JZ 1998, S. 638-651. *Santer* を引用。
⑵　Report Drawn up on behalf of the Committee on Institutional Affairs on the Democratic Deficit in the European Community, PE Doc. No. A2—276/87 (Febr. 1, 1988); 民主主義的伝達過程の社会的条件の欠陥については、*Dieter Grimm*, Braucht Europa eine Verfassung？, 1994, S. 38 ff.
⑶　12.10.1993, BVerfGE 89, 155 ff.
⑷　25条(12条を除く)について基本的には、EuGH 5. 2. 1963, Slg. IX (1963), 5, 25—„van Gend & Loos"; 25条(30条を除く), 11. 7. 1974, Slg. 1974, 837, 852, Rn. 5—„Dassonville"; 原産地国原則への移行; EuGH 20. 2. 1979, Slg. 1979, 649, 664, Rn. 14—„Cassis de Dijon".
⑸　49条(59条を除く), 28. 10. 1975, Slg. 1975, 12, 19—„Rupile"; 25. 7. 1991 Slg. 1991, I 4007, 4040, Rn. 11—„Gouda".
⑹　48条(58条を除く), 9. 3. 1999, Slg. 1999, „Centros", IPRAX 1999, S. 360 に所収。*Peter Behrens*, S. 323-331. による注釈。
⑺　39条(48条を除く), EuGH 4. 12. 1974, Sig. 1974, 1337, 1347—„Vandoyn".

(8) EuGH 30. 1. 1974, Sig. 1974, 51, 62, Rn. 15/17—„BRT 1".
(9) 欧州共同体設立条約 85 条と 86 条の適用のために制度の現代化に関する委員会の白書（1955 年 5 月 12 日）において、禁止原則から法定例外制度への移行に成功する場合には、この問題は実際的意味を獲得する。これについての詳細は、*Mestmäcker*, Versuch einer kartellpolitischen Wende in der EU, EuZW 1999, S. 523-529.
(10) EuGH 20. 10. 1993, Slg. 1993, I 5171, 5182, Rn. 23—„Phil Collins".
(11) 基本的には、EuGH 9. 3. 1978, Slg. 1978, 629, 644—„Simmental" ; EuGH 13. 2. 1969, Slg. 1969, 1, 14—„Walt Wilhelm" も。
(12) EuGH 19. 3. 1991, Slg. 1991, I 1223, 1269—„Telekommunikationsendgeräte".
(13) EuGH 12. 10. 1987, Slg. 1987, 4199, 4230, Rn. 12-18.
(14) 同旨、*Basedow*, Zielkonflikte und Zielhierarchie im Vertrag über die Europäische Gemeinschaft, in: Lutte/Schwarze (Hrsg.), Festschrift für Ulrich Everling Bd. I, 1995, 49, 58 f.
(15) *Vibert, Frank*, How not to Write a Constitution—The Maastricht/Amsterdam Treaties, in : Constitional Political Economy, 10, 149-166 (1999).
(16) *Otmar Issing*, Staat, Macht, Währung, in: FAZ vom 21. 9. 1999.
(17) *Fritz W. Scharpf*, Regieren in Europa—effektiv und demokratisch？1999, とくに、S. 47-80.
(18) この総括は、*Vibert, Frank*: How not to Write a Constitution—The Maastricht/Amsterdam Treaties, in: Constitutional Political Economy 10 (1999), 149-166.
(19) この関係における定款の概念については、*Pernice*, Multilevel Constitutionalism and the Treaty of Amsterdam: European Constitution Making Revisited？Common Market Law Review 36 (1999), 703, 710, n. 24 ; *Mestmäcker*, Risse im Europäischen Contrat Social, in: Hans Martin Schleyer-Preis 1996 und 1997, S. 53-65. 本書第 2 編第 1 章。
(20) 目的に従属した規定の役割について詳細は、*Mestmäcker*, Regelbildung und Rechtsschutz in marktwirtschaftichen Ordnungen, Walter Eucken Institut, Vorträge und Aufsätze, Bd. 100, 1985, S. 10 ff. (拙訳)『市場経済秩序における法の課題』第 1 編第 2 章 21 頁以下（法律文化社、1997 年)。
(21) Gutachten 1/91 v. 14 12. 1991, EuR 1992, 163-177, Rn. 21.
(22) しかしながら、アムステルダム条約で加盟国の裁量に委ねられた決定を指摘しなければならない。それは、刑事事件における警察と裁判所との協力関係において生じた法律問題に関し、加盟国が欧州司法裁判所における先行手続を定めるかどうかの決定である。EU 約（EUV）35 条 2 項は、すべての加盟国は、アムステルダム条約の署名の際かまたは事後に表明する宣言によって、欧州司法裁判所の 1 項にもとづく先行判決に関する権限を認めることができる、旨定める。
(23) EuGH 23. 10. 1997, I 5789-5814 ; Kommission/Französische Republik, Slg, 1997, I 5815-5850. 37 条に関して EuGH 23. 10. 1997, Slg. 1997, I 5909, 5970—„Frazén". これについての詳細については、*Mestmäcker*, Grenzen staatlicher Monopole im EG-Vertrag, in: FIW, Erfahrungen mit der Privatisierung von Monopolunternehmen, XXXII, FIW-Symposion 1999, S. 71-82.
(24) 基本的には、*Basedow*, Zielkonflikte und Zielhierarchien im Vertrag über die Europäische Ge-

meinschaft, in: FS für Ulrich Everling, S. 48-68 ; 同 旨、 Schwartz Ivo, EG-Kompetenz für das Verbot der Tabakwerbung ? AFP (Archiv für Presserecht) 1999, S. 553, 561.

(25) EuGH 24. 1. 1991, Slg. 1991 I, 107, 123, Tz. 9. は異論の余地がない。詳細については、Mestmäcker, Beschäftigungspolitik als neue Aufgabe der Europäischen Union, in: Basedow/Hopt/Kötz, FS für Ulrich Drobnig, 1999, S. 81-96.

(26) ABl. EG Nr. 132 vom 12. 5. 1999.

(27) Monopolkommission, Kartellpolitische Wende in der EU ? Zum Weißbuch der Kommission vom 28. 4. 1999, Sondergutachten vom 10. 9. 1999, Rn. 16 ; Stellungnahme der Regierung der Bundesrepublik Deutschland zum Weißbuch der Europäischen Kommission über die Modernisierung der Vorschriften zur Anwendung der Artt. 81 und 82, 1999, o. Datum.

(28) Schulze, in: Reiner/Hoeren Thomas (Hrsg.), Dokumente zum Europäischen Recht, Bd. III, Kartellrecht (bis 1957), 2000, Einführung S. XXIV ff ; zur Verordnung 17: Bericht im Namen des Binnenmarktausschusses zu der Konsultation des Europäischen Parlaments durch den Rat der Europäischen Gemeinschaft betreffend eine erste Durchführungsverordnung zu den Artt. 85 und 86 EWGV (Dok. 104/1960-61, Europäisches Parlament, Sitzungsdokument 7. 12. 1961, sog. „Deringer-Bericht").

(29) EuGH 10. 7. 1980, Slg. 1980, 2483, 2500, Tz. 13— „Marty/Lauder".

(30) Europäisches Gericht Slg. 1995, II 289, 382, EuGH Slg. 1996, I 1613-1624—„SPO". による確認。

(31) Schaub/Doms, Das Weißbuch der Europäischen Kommission über die Modernisierung der Vorschriften zur Anwendung der Artt. 81 und 82 EG-Vertrag. Die Reform der Verordnung Nr. 17, WuW 1999, 1055-1070.

(32) 前掲 (Fn. 31) S. 1064.

(33) EuGH 17. 1. 1984, Slg. 1984, 19, 70—„VBVB" und „VBBB": 「委員会がその裁量の範囲の限界を越えたのか、明確にはわからない……」。

(34) Weißbuch, Tz. 78.

(35) BverfGE 83, 155 ff.

(36) Saul K. Padover (Ed.), The Complete Madisson. His Basic Writings, 1953, reprint 1971, Letter to Edward Everett, S. 151-161.

(37) Frowein, Legitimation und Wirkung des Rechts der Europäischen Union/Gemeinschaft, in: Müller-Graff (Hrsg.), Perspektiven des Rechts in der Europäischen Union, Heidelberger Forum für Europäisches Recht, Bd. I, 1999, S. 105, 127.

(38) European Constitutional Group 1995, A Proposal for a Europe Constitution, London, European Policy Forum.

(39) 20. 2. 1979, Sig. 1979, 649—„Cassis de Dijon".

(40) Manfred E. Streit, Systemwettbewerb im europäischen Integrationsprozeß, in: Immenga/Möschel/Reuter, FS Mestmäcker, 1996, 521-535 (S. 524).

(41) Mestmäcker, Zur Wirtschaftsverfassung in der Europäischen Union, in: Hasse/Molsberger/Wat-

rin, Ordnung und Freiheit, FS Willgerodt, 1994, S. 263, 281.（拙訳）前掲注 20・第 4 編第 8 章 153 頁以下。

(42) 代表的なのは、*Scharpf*, Regieren in Europa, 1998, S. 111 f.

(43) 詳細については、*Mestmäcker*, Kants Rechtsprinzip als Grundlage der europäischen Einigung, in: Landwehr/Götz (Hrsg.), Freiheit, Gleichheit, Selbständigkeit ; Zur Aktualtät der Rechtsphilosophie Kants für die Gerechtigkeit in der modernen Gesellschaft, 1999, S. 61-72.

(44) まず最初は、EGKS-Gerichtshof 13. 6. 1958 Slg. Bd. IV (1958), 16, 44—„Meroni" : „Gleichgewicht der Gewalten"; EuGH 16. 12. 1970, Slg. 1970 Bd. XVI 1107, 1171—„Höfner".

(45) „Meroni", S. 44.

(46) Beschluß zur Festlegung der Modalitäten der der Kommission übertragenen Durchführungsbefugnisse, ABI, EG v. 18. 7. 1987, Nr. L 197/33.

(47) „Höfner", S. 1172.

(48) „Höfner", S. 1173.

(49) 前掲 (Fn. 48) S. 1173, Rn. 9.

(50) 欧州議会の地位について詳細なのは、*Bradley, K. St.*, The European Parliament and Comitology: On the Road to Nowhere ? European Law Journal Vol. 3 (1997) 230-254.

(51) 前掲 (Fn. 45) 13. 7. 1987.

(52) EuGH 27. 9. 1988, Slg. 1988, 5615, 5644.

(53) Slg. 1990, I 2067, 2072, Rn. 22.

(54) 前掲 (Fn. 53) Rn. 27.

(55) EuGH 10. 5. 1995, Slg. 1995, I 1185, 1217 : 行政委員会タイプ II b から 1987 年 6 月 13 日の理事会決定の規則委員会タイプ III への移行は、なるほど重要でありえようが、しかし、本件においては「委員会と理事会との間の全体的均衡」には影響を及ぼさない (Rn. 26)。

(56) EuGH 24. 10. 1989, Slg. 1989, 3481, 3484.

(57) Rn. 16.

(58) 詳細については、*Voss, Alan*, The Rise of Committees, European Law Journal Vol. III (1997), 210-229 ; *Joerges/Neyer*, From Intergovernmental Bargaining to Deliberative Political Processes: The Constitutionalisation of Comitology, European Law Journal Vol. III (1997) 273. これに対して、慎重なのは、*Scharpf*, Regieren in Europa, 1999, S. 27 f.

(59) *Voss*, 前掲 (Fn. 58) S. 224.

(60) *Joerges*, S. 281.

(61) 前掲 (Fn. 60) S. 282.

(62) 前掲 (Fn. 60) S. 292.

(63) The Constitution of Europe, 1999, S. 278.

(64) 前掲 (Fn. 63) S. 283.

(65) 前掲 (Fn. 63) S. 284.

(66) Bentham's Political Thought, hrsg. v. Bhikhu Parekh, 1973, S. 203.

(67) Ausschuß unabhängiger Sachverständiger, 1. Bericht über Anschuldigungen betreffend Betrug,

Missmanagement und Nepotismus in der Europäischen Kommission, 15. März 1999.
(68) *Joseph Weiler*, The Constitution of Europe, 1999, S. 277-285.

第4章　EUにおける法と政治

I　実践法理論としての政治

　本章では、欧州統合の政治的プロセスのなかで法が果たす役割について述べる。この点について、カント (*Kant*) は、「実践法理論」としての政治についてつぎのように説明している(1)。それは、国家とその組織にもとづいても、また現行法にもとづいても捕捉することができない1つの政治である。それは、政治が影響を及ぼすことを欲する現行法のつねに不完全な自由の内容に関して働きかけることである。ヨーロッパ啓蒙時代以後は、カントが成し遂げたように、世界市民社会の必要な部分として調和のとれたカテゴリーにもとづく国家と市民に関する法を根拠づける理論は現れていない。政治理論は、EUとEUが創設した新しい権力と利益状況に対する友好的・敵対的な関係および国家の自己主張の手段としての戦争を初めから対象にしていないのである。国家は、かかるアプローチによれば、自己決定しかつ自律する市民の組織として理解することができる。国家は、EU条約が適用される領域では、欧州連合市民が参加するために開かれている。さらに、国家は、国家自身を正当化する自国の市民の権利の名宛人になる。しかし、国家は、欧州共同体法が他の加盟国の市民に保障している権利の名宛人でもある。結局、それは、道徳においては自己立法のルールであり、また、法理論においては見かけの上では俺とお前に関するルールである。それは、二重の認識から出てくるルールなのである。その1つが、まず、まったくルールというものがなく、われわれが幸福を追求するために努力を主観的に払うという普遍性であり、もう1つが、将来の不確実性である。それは、とくに、どんなに努力したところで結局はわからないわれわれの行為の将来の効果に関する不確実性である(2)。

自由権は、その行使について拘束的なルールがなければ幻影にすぎないのである。潜在者を含むすべての関係者の平等な自由という方向を志向しないルールには、その限界がなく、また、ルールと必然的に結びついている強制についても限界がない。したがって、自律的で個人的な行為を可能にさせ、それを正当化するルールは、個人の行為が社会全体に及ぼす結果に対して責任を負わすことなく、個人が自分の問題に責任のある決定を下すことを可能にさせる。抽象的なルールは、それを立法者または判例が展開しなければならないかどうかが決定的なのではない。かかるルールの社会的機能は、自由権の行使を調整し、期待を保護し、そして場合によっては失望させることにある。

　自由権は、このような仕方で、その権利から生じる秩序を正当化する。規制された自由の制度は、「無」から生じる政治的決定の対応物である（*Carl Schmidt*）。そのような前提の下で政治的決定が行われない最も重要な分野が、戦争である。したがって、戦争との二者択一としての権利は、戦争と平和に関する思想と同じ様になじみ深いのである。

　それにもかかわらず、第二次世界大戦の経験は、共同の防衛によって当事者間の戦争を不可能にし、またそれによって欧州統合の基礎を築くためには十分ではなかった。このことは容易に思いつくことができるのであるが、欧州安全防衛共同体の構想は、フランス議会の反対によって挫折した。今日でも存続している軍需経済に関する主権の留保は、その1つの影響である。この留保は、EC条約296条（EU運営条約346条）で加盟国に対する適用除外として定められている。

II　経済憲法

　平和を創設する法の役割は、結局、国際的自由取引の積極的な効果に依拠しながら、また、主権の放棄をあまり要求しないように思われる経済制度による実現をめざすことになった。決定的なことは、すでにスパーク（*Spaak*）報告から引用できるように、国際的な分業制度の確立であった。より大きな市場が期待された。それは、アダム・スミス（*Adam Smith*）の伝統に従えば、強制的合理化、

企業成長および国の独占の解体である。欧州裁判所の判例が基本的自由を憲法と性格づけたことが、法と政治の理解にとってまさに基本的になった。それは、関税同盟から共同市場に、域内市場類似の状況に、そして最後に域内市場へと発展することを可能にした。判例が認めたこの憲法としての位置づけは、判例が加盟国の市民を共同体法の名宛人からその主体に高めたこと、かつ、その限りにおいて、これらの市民が加盟国と同列に置かれることから導かれる。しかし、そのことは、加盟国が欧州共同体法において市民の権利を要求することができるということを意味するのではない。最近下されたフォルクスワーゲン判決は、株式会社において定款で定めた最高議決権は、国の議決権を制限することを正当化しない、という原則を明らかにする。[3]

　国境を越える経済取引に参加する権利を根拠づけるルールは、同時に、そこから生ずる競争に参加することに関する法である。競争は、新たな市場を創設し、限られた経済資源を再配分することに寄与する。この関係は、EU条約において、開かれた市場と自由な競争または公正な競争が問題となっていることとは無関係である。域内市場は、競争だけを前提とするのではなく、国境を越える経済取引に参加することに関する法と法律規定にもとづいて必然的に生ずる競争にも依拠している。したがって、EUには、1つの経済憲法(Wirtschaftsverfassung)が存在しているのである。

　この経済憲法は、憲法上の経済的自由(constitutional economic liberty)という意味における憲法(Verfassung)である。それは、経済的合理性を一般的ルールの下で主張する行為の平等な自由に結びつける全体秩序である。アダム・スミスは、この憲法を自然的自由の制度と名づけた。かれは、カントが法を個人権に関する潜在的な普遍的制度として根拠づけたのと同様に、この制度をもって経済学を樹立した。かれの多数の学問上の継承者とは反対に、経済と法とは別々の制度なのではなく、必然的に補完しあう制度として捉えられた。国家の限界は、両方の制度において克服されるべき制度として考えられているにすぎない。経済かまたは法に一面的に依拠したEUの経済憲法に関するすべての解釈は、かかる状態の認識に立ち帰る。

　そのような憲法の可能性は、経済に限定されるため部分的な憲法であるが、

EUの加盟国との関係においては高度な規範的かつ経済的補完性を前提とする。EUは、とくにEUへの加盟に対して適用される条件によってかかる前提を定式化している。しかし、その条件は、同時に、すべての加盟国にとって広範な国内的意味をもつ。市場経済と民主主義というスローガンは、経済と法との対立に還元することができない。契約自由と自由に処分できる財産権とを基礎に構築されている私法秩序は、経済同盟と共に導かれるべき国の市場経済の基体の一部である。この前提は、社会主義的計画経済の国であった加盟国にとくに多くのことを要求している。欧州共同体法は、一般にとくに明確なのは先決手続と法の調整においてであるが、加盟国における補完的法秩序を前提とする。筆者がここで私法秩序を強調するのは、それが市場経済秩序と結びついて私法社会に導き(フランツ・ベーム Franz Böhm)、かつ、「利益社会と共同社会」の対立と同様に、経済と利益社会との対立を克服することに役立つからである。筆者は、経済憲法においては、欧州の制度合理性という見えない手が実現すると主張するミュラー・グラーフ(Müller-Graf)の提言[4]に賛成したい。

Ⅲ　正　当　化

経済憲法は、EUの組織政策上の正当化の一部である。それは、加盟国と欧州連合市民の代表の組織によって欧州共同体機関において媒介される正当化とは区別しなければならない。「共同体の民主主義の赤字」は、欧州議会の不十分な協働権にもとづいてまたは—もっと基本的には—欠缺のある欧州の政治的な公開(ディーター・グリム Dieter Grimm)によって理由づけられることがしばしばである。デニス・ミュラー(Dennis Müller)は、先日、フライブルグにおいて、これについて「構造経済学(constitutional economics)」の観点から、EUはその成功を民主主義の赤字に負っている、と述べた。

EUの成立史と現在の構造の重要な部分は、この認識の正しさを確認する。独立の制度に対する信頼は、EUの表向きにしかすぎない非政治的特徴の一部である。つまり、EU条約においては要綱のなかで定められているにすぎない「法」を保護しなければならないEU司法裁判所、EUの利益を加盟国に対し

ても独立して主張しなければならない欧州委員会、最後に欧州中央銀行の独立性がそれに属する。いずれにしても、本章では、成功もしくは失敗または域内市場の実現、法の調整あるいは競争政策における未解決の問題については扱わない。

EUに対する根本的な批判は、基本的自由と競争による経済共同体としてのその正当化に対して向けられる。われわれは、以下で扱われるべきこの組織政策上の批判を効果のないレトリックとして処理すべきではないであろう。制度的秩序を正当化することを持続的に問題にする場合、最初に現れる効果は、その秩序がもはや守られないかまたは批判者のすべての要求を満たす必要がないと弁護することに現れる。ネオリベラリズムは、一部の学術文献においては、自ら正当化された批判を無用にするスローガンであるとされる。競争に関連づけられる本文の一節は、憲法草案においてはネオリベラリズムに対する非難に向けられている。⁽⁵⁾

組織政策上の議論においては、政治の赤字というさらに辛辣な批判が民主主義の赤字という批判に歩み寄る。欧州は、どうしても必要なその構造を政治を正当化する力に期待できるにすぎないのである。欧州のネオリベラリズム化は、世界主義の欧州を切り開くのではなく行き止まりに導く。欧州の政治は、EUの創設と共に「加盟国の政治」となり、欧州連合市民は行為能力のない禁治産者にされた。⁽⁶⁾市民社会の組織、つまり非政府組織(NGO)はその打開策を教える。それは、ネオリベラリズムなテクノクラートの計画の矛盾と統合の赤字およびネオリベラリズムのグローバルな矛盾を明らかにする。「こせこせした心の人間」⁽⁷⁾という欧州に対する中傷のなかに、経済組織と経済秩序に対する一般的非難が予告される。その非難は、もはや過ちに導いた制度だけでなく、つねに経済社会でもある利益社会への市民の平等な参加も標的にするのである。

政治と経済との関係は、カール・マルクス(*Karl Marx*)以来、相互の制度批判の対象の一部である。マルクスの基本的な批判は、アダム・スミスが根拠づけた経済制度をスミスの法的前提と社会的作用において信頼を失わせることにあった。止揚された分業の予言された社会主義的制度だけでなく、資本主義批判も全体的である。それは、ポパー(*Popper*)の意味における全体論的なものを

意味する。現在の議論においては、否定論で占められていたスローガンは新しくなって、かれが始める前に論争をやめるべきであるとする。さらに、批判的連帯化が生み出されるべきであるという方向も新しい。新しい全体的批判は、自由な秩序の法的および道徳的基礎に集中している。自由な秩序においては、経済的基本権と自由権とを政治的な基本権の下に従属させるために、前者の権利と後者の権利とが対置される。ここでも、カール・マルクスがその思想の父である。

Ⅳ　経済的自由権に対する政治的自由権（マルクスとハーバーマス）

　カール・マルクスは、宗教の自由についてほとんどまったく考慮しなかったある論文のなかで、人権を保障する政治的国家であることができる国にするために満たさなければならない前提について述べている。マルクスは、1791年のフランス人権宣言に倣って、政治的権利（droits de citoyen）とその他の人権（droits de l'homme）とを区別する。政治的権利から区別された人権は、市民社会の構成員の権利と何ら異ならない。それは、利己的なひとの権利、同胞の権利および公共団体から区別される単一体として生きる人間の権利である。自由というこれらの人間の権利の実際的な利用は、私的所有権という人間の権利である（364頁）。平等に対する権利もそれをもとに方向を決定する。そして、安全は市民社会の最も高い概念、つまり、警察の概念である。安全は、利己主義の保障である。人間が公的機関として行動する分野は、人間がブルジョアとして行動する分野に格下げされる。政治的社会を経済的社会から区別することは、公的利益を単なる私的利益およびこれに役立つ私権と区別することと一致するとされる。

　ユルゲン・ハーバーマス（*Jürgen Habermas*）は、欧州という文脈において経済的自由権の剥奪をネオリベラリズム批判として継続する。かれは、契約法の手続モデル―平等な自由の下における交換正義―法の下におけるすべての者の真の自由と平等の自由との非両立性を証明する。それについて、かれはつぎのように述べる。「自由の概念は、『規範的に引き下げられた』ひとの構想と結びつい

ている」。合理的決定者という概念は、道徳的なひとの概念と無関係である。道徳人だけがすべての関係者の平等な利益を洞察して、自己の意思を抑制することができる。合理的決定者は、自己立法の公的な実務に対して同等に参加する共和国の市民とは少し異なっている。後者だけが、政治的な人権を利用する、とカール・マルクスは述べる。特別な批判が、「私法社会」の概念に対して向けられている。「ネオリベラリズムは、市民の自由の使用価値が私的自治を享受すればもはや尽き果ててしまうという観点においても、私法社会について考慮している」。引き下げられた道徳的地位をもちながら社会的義務に対して道徳的意味をもたない単一体としての私法の主体という命題は、私法とひとにふさわしい社会を有する市場との両立可能性を否定するものである。

　アダム・スミスは、道徳と共感の名の下で相互のために要求された人間の相互配慮について、分業社会における共同生活の諸条件について教えた。「市民社会 (civil society) においては、人間は、つねにかつほとんど他の人間との協同と援助とに頼っている。人の好意を得るためには、たしかに人の一生は十分に長い。しかし、人間は永続的に同胞の援助に頼っているので、かれは、自分が同胞の好意によってのみ援助を受けられるのだという期待を抱くことはほとんどできない」。

　私的自治による自己立法という観念は、ジョン・ロック (John Locke) からカントおよび自由主義者まで市民社会の歴史と同じ歩みをしてきたが、「一般に公開されていると考えられる手続の助けを借りた自己立法の公的実務」というハーバーマスの理論には必要となる。かれは、その批判をもってネオリベラリズムだけを失格者と判定しただけでなく、経済自由に依拠する経済・通貨同盟の正当性を問題にしようとする。主権を時代遅れのものと証明するために、それをトーマス・ホッブス (Thomas Hobbes) に遡った方法もそのことに役立っている。そこで根拠づけられた法の構造から権利の優位が明らかになる。「義務に対する権利のこの基本概念上の特権が法人と法共同体という現代的構想から説明される」。義務に対する権利または義務のない権利にとっての特権は、私法にとっては異質である。権利と義務のホッブス的二律背反が存在する場合には、それはハーバーマスが承認するものと矛盾している。ホッブスにあっては、市

民は義務を負うだけでなんらの権利ももたない[13]。ホッブス的な二律背反は、国家理論上も克服されている。それにもかかわらず、ハーバーマスは、それをかれの理論のために用いようとする。それは、再び国民主権と人権との関係とされる。そこでは、人権は、理性的な政治的意思形成のためにコミュニケーションの条件を制度化する。そのようにして獲得された権利は、国民主権の行使を可能にするが、外部条件のように実行することができない。その結論ももはや驚きではない。「かかる考えは、もちろん直接には政治的市民権、つまりコミュニケーションおよび参加権についてだけ説明できるのであって、市民の私的自治を保障する古典的な自由権についてではない」[14]。

われわれは、伝統的な自由権に低い序列を割当てるために相変わらず制限された政治的手続によってある種の人権に特典を認めるような誤った道に進むべきではないのである。

V 経済と社会または資本の法に対する支配（マックス・ウェーバー）

法と政治との関係は、経済と社会の発展に関するマックス・ウェーバー（Max Weber）の有名な社会学的説明の中核をなしている[15]。かれは、経済秩序における法の理論において、独自の批判を正当化するために諸見解をつぎのようにまとめる。

> カール・マルクスは、経済的に重要な私法が資本主義の手段であるとする立場にたつ。ジェレミ・ベンサム（Jeremy Bentham）の見解は、主権と人権を否定する。なぜなら、これらの権利は、かれの功利主義的および実証主義的法理論に合致しないからである。

結局、マックス・ウェーバーは、自由取引の伝統的理論を帝国主義的資本主義によって時代遅れのものになったと考えるのである。それは、弱小国家を犠牲にするシステマティックな、国家が依拠しかつ国家自身が促進させる戦略的拡張によって特徴づけられる。

マックス・ウェーバーが法理論上根拠づけたこの部分の理論は、再度、国と欧州レベルにおける市場経済秩序に対する私法の中心的な役割を明らかにする。

社会学的分析の鏡は、それが歴史的になった場合にすら、EU が解決したかまた逆に解決しなかった法的および政治的諸問題を明確にする上で役に立つ。ワルター・オイケン (Walter Eucken) は、マックス・ウェーバーの秩序政策上中立的な研究を事実の認識とその実践、つまり政治的価値づけと厳格に区別することに起因するものとみなす。[16] しかしながら、ここで扱われるべきマックス・ウェーバーの理論は、社会科学において関連する「価値判断」に対し態度を明確にするきっかけを与えない。[17] 広範に含意された価値判断をせずに客観的認識をする努力は、実を結ばないことが明白になるであろう。

　マックス・ウェーバーは、現代社会の発展と構造に関する法の実現を独占する官僚主義国家および市場力の拡大とによって特徴づける。市場力は、資本主義のそれである。マックス・ウェーバーによれば、市場力は、競争の力を借りて自由権と私的自治から権利の内容を具体化する。公益との衝突は生じない。国家が権力者の目的をわがものにし、また国際的分野においてはそれ自体が帝国主義的資本主義の原動力になるからである。

　法の合理性と形式的な組織の原理は、経済的および社会的大組織と同様に、国家を特徴づける。私法は、19世紀の共同体法の法学において、方法論上最高度の論理的合理性に到達した。不備のないことを前提とする法制度においては、判決が抽象的な法原則を具体的事実に対して適用する。法の論理は、法的決定の合理性の保障である。ここでは、19世紀のドイツの法律学の状況が十分に記述されていないことについてだけ簡単に触れておく。[18] そのことは、マックス・ウェーバーが法実証主義の理解について、19世紀のドイツ法律学の伝統よりも持続的にジェレミ・ベンサムをよりどころにしていることによって説明される。[19] マックス・ウェーバーは、ベンサムと一致して、経済秩序の展開に関する法原則を命令 (command)、禁止 (prohibition) および許可 (permission) に区別する。とくに重要なのは、許可の法原則ないしは権限を付与する法原則である。「授権、その範囲およびその態様は、今日ではまったく一般的に経済秩序の発展に関してとくに重要である。それは 2 種類のものをそこに含んでいる。その 1 つは、いわゆる『自由権』である。つまり、ある種の第三者、とくに法律上許された行為 (住居移転の自由、良心の自由、自由な捜索活動、所有権者の処分など)

の分野において国家機構が行う妨害からの単なる保護である。さらに、権限を与える法原則は、一定の範囲内において相互に法律行為上の関係を自律的に定めることを個人の任意にゆだねる」。この任意を法秩序が認める限りにおいて、「契約自由の原則」が認められる[20]。契約自由と権限を与える法原則は、まず、市場拡大の機能である。契約の自由は、現代の社会について、関係社会であることができると特徴づけられている(399頁)。形式的権利の平等と経済的活動の自由に対する要求から生まれた抽象的規範の世界は、官僚主義化と資本主義の拡大に貢献するが、公正な社会のために寄与するのではない。人権と基本権とは、資本という財貨とヒトの利用という自由な処分のための前提条件である[21]。契約の自由については、つぎのように述べられる。

　したがって、契約自由の結果は、まず、所有している財貨を市場で賢く利用することによって、他人に対する支配力の獲得手段として「権利を制限することによって自由に」その財貨を利用する機会の可能性を開くことである。市場支配力に関心のある者は、そのような法秩序に関心を抱く者である。とくに権限を与える法原則の創設は、主としてかかる関心をもつ者の関心事である。そして、この法原則は、有効な合意の型をつくる。この型は、すべての者による利用が形式的に自由な場合に、実際には所有者だけが自由にすることができる。したがって、結果においては、所有者と所有者の自治および支配の地位を支えるにすぎない[22]。

Ⅵ　ジェレミ・ベンサムの長い影

マックス・ウェーバーは、資本の目的の下で法律上重要なすべての経済取引について、かれが承認した包摂についてカール・マルクスをよりどころにしている。かれは、すべての私法取引に一貫している権利を排除する立法者のより包括的な意思についてジェレミ・ベンサムに依拠する。カール・マルクスは、かれがジェレミ・ベンサムを市民の愚かさのなかの天才と呼んだときに、そのことについて触れなければならなかったように思われる。権利(rights)は、ベンサムの法理論にはなじまないのである。なぜなら、すべての法律上重要な行為は、啓蒙された立法者に還元されるからである。立法者の使命は、利益と不

利益とを比較衡量して、そうすることによって福祉を最大限に追求する規律を定めることにある。立法者は、同時に「苦痛(pain)」という対価を考慮するだけで、それを行うことができる。したがって、すべての権利は義務に還元しなければならないのである。「法律をつくることは、悪事を行って、善をもたらすことである」[23]。とくに、そのことから、法律上重要な行為は、その結果にもとづいてのみ判断しなければならないという結論が導かれる(結果主義 consequentionalism)。ジェレミ・ベンサムは、権利は存在しないというかれの法理論の基礎をアメリカとフランスにおける人権宣言に対して徹底的に批判するなかですばらしい修辞によって説明した。かれは、それを「悪疫に似た意味をもたない仮面をはぐ」行為と呼ぶ[24]。ここでは、法理論に対する功利主義的な根拠づけが、トーマス・ホッブスの伝統の流れのなかで統治者に対する諸権利の主張された自己矛盾と結びついている。

ベンサムの法理論の意義は、マックス・ウェーバーが行う解釈に尽くされるのではない。おそらく最も影響力のある法理論家のハート(H. L. A. Hart)に対して持続的な影響を与えている。「ベンサム理論は、非常に長い間社会的進歩の源であり続け、かつ、権利批判に関する最も重要な知的な基礎であったので、われわれは、これまでの間権利に関する理論をなんら展開してこなかった。権利理論は、功利主義と比較すれば、健全なヒトの理解について明確に詳細に論じるものでありかつ説得力がある」[25]。

Ⅶ 基本的自由と競争の制度的合理性

1. 権　利

人権に関する世界的規模の国際法上の承認を考慮すれば、権利の理論的基礎、しかも上述の伝統においての権利の否認についてこれ以上論ずることは無意味であるように思われる。しかし、表向きはそうであるとしても妥当しない。上述した権利に対する基本的批判の実質的部分は、欧州共同体法における基本的自由と競争の妥当性と解釈に関する現在の対立した見解のなかに見出すことができる。したがって、欧州司法裁判所が共同体法の直接に適用できる規定から

導き出した個人の権利は、制度に関連づけることによって特徴づけることができるので、そのことはなんら驚きではない。権利と経済的機能との間の緊張関係は、とくに競争規定について当てはまる。欧州司法裁判所は、基本的自由に関する判例と完全に一致して、直接に適用できる競争規定にもとづいて、それらの規定が義務だけを負わせるのではなく、権利も創設するという結論を導いた。そして、これらの権利は、EC条約3条1項g号の意味における公正な競争の制度をもって補完されるとする。(26) 独立した権利の意味は、加盟国と同様に、EUの機関も権利を尊重しなければならないということへの期待の保護、取引の自由と選択の自由とを創設するという結論を導く。しかし、この権利は、その適用によって権限を付与するか義務を負担させる規定の構成要件の確定ではなく、有利とか不利とは関係のない経済的効果を確定する場合に左右されるならば、空洞化されてしまう。経済政策における「より経済的なアプローチ」は、そこにおいてEC条約81条、82条を越える意味がある。現在の議論を勘案すれば、このことは自明であるということを強調する必要がある。すなわち、個人の諸権利、しかも競争規定の一部としての諸権利は、競争制度におけるその経済的な機能を考慮に入れて解釈し、そして適用しなければならないということである。

2. 多国間国際条約における選択的制裁

多国間国際条約に関する経済的分析は、権利としての基本的自由の法的および経済的合理性を確認する。欧州司法裁判所は、基本的自由の直接的適用と加盟国の遅い措置に対するその優位をいつも規制の特別な効果をもって根拠づけた。その規制は、自己の権利の確保に利害を有する個人の注意深さに由来している。(27) この制度の政治的および経済的な強さは、加盟国が承認した義務およびその解釈と実施をもはや直接の当事国には委ねないことから生じる。他の多国間国際条約と比較すれば、国際法上の義務を裁判上実現できる個人権に同じように転換することはこれまでなされてこなかったことが明らかになる。そのようにしたところで、多数の衝突する国家利益によって失敗させられることがしばしばであった。制裁に参加すれば、被制裁国との関係を損ねることになる。

この所見は、WTOについても妥当する。人権協約の歴史は、有効性を欠いた歴史なのである。

3. 基本的自由

権利について一般的に批判し、また基本的自由に対して特別に批判する理由は、最も重要な成果を明らかにする。そのことは、禁止するだけの効果に対する広く行き渡ったおそらく納得のゆく批判について当てはまる。禁止する権利は、前向きの統合と対置される。この権利は、そのような統合を阻止するかまたは困難にする。古典的な基本権と一致して、基本権のマイナス（negatorische〔negative〕）効果が、その有効性の理由である。条約に違反して制限することは、欧州司法裁判所が補償的な適合措置を考慮するかまたはそのような措置をとることなく禁止される。この可能性は、市場経済的制度を計画経済制度から区別する。社会主義的計画経済においては、経済裁判所は、予測されない展開の場合は、もっぱら経済計画に対する適合性について裁判しなければならない。市場経済制度においては、基本的自由から生ずる国境を越える経済取引に対する国の制限禁止は、まず市場と競争とを機能させることになる。しかしながら、それは、国籍にもとづく差別の禁止について無制限に妥当するにすぎない。それが欧州共同体法自体のなかで定められている場合にだけ、例外として認められるにすぎないのである。

区別せずに適用でき、基本的自由に介入する加盟国の措置にあっては、圧倒的な加盟国の公益という判例が展開してきた正当化理由を考慮に入れなければならない。筆者は、ここでは重要な衝突と利益状況については言及しない。それについては、イボ・シュバルツ（*Ivo Schwartz*）がハンブルグ大学の名誉教授資格授与式で行った講演において、包括的に分析した。そこでは、制度間競争は、法の調整に代替しないという結論が強調された。

2006年12月12日のサービス給付指令（Dienstleistungsrichtlinie）は、個別事例において判例が基本的自由を適用したことおよび判例において含まれる大綱を指令が一般化したこととの間の緊張関係を明らかにする。欧州議会と欧州理事会が採択した指令は、EUの機関と加盟国の政治的失敗を予告する。指令は、

16条において、欧州委員会の提案と異なり、原産地国主義を採らない。しかし、それは、条約締約国の法律にもとづいて域内市場で行われる商品もしくはサービスの給付は域内市場とそれ自身合致することが推定される、という欧州司法裁判所の蓄積した判例が確立してきた原則に反している。共同体のいかなる機関もまたいかなる加盟国も、基本的な裁判官法を EU の立法者から守る準備をしてこなかった。もしその機会があれば、欧州司法裁判所が判示したように、指令は判例と合致するように決定することが期待されるのである。

Ⅷ　私法の変容

　私的所有権と私的自治は、カール・マルクスとかれの現代の支持者の伝統においては、その時々の主人または権力者が自由にする手段になりさがっている。多数の加盟国においては、企業に対する公的もしくは社会的所有権は、公的利益を私的経済に対して主張するための有効な手段と見なされた。それに対して、域内市場では、私法と競争とは、公手の経済活動の判断について規範的な基準になった。

　ローマ条約に関する審議においては、加盟国における公的企業および公的部門の重要性の相違と法的地位の相違とを考慮して、その定式化について妥協することが合意された。つまり、条約は、加盟国における所有権秩序に手をつけないままにしておくが（EC条約295条）、条約の規定、とくに競争規定は、公的企業および特権または排他的権利をもつ企業に対して適用することができるのである（EC条約86条1項）。欧州司法裁判所は、政治的負担を潜在的に負っている域内市場と所有権秩序との衝突を緩和した。判例は、一貫して、EC条約は、加盟国における所有権秩序には介入しないが、所有権の行使に対して条約の規定を適用することができる旨判示する。その代表的判例は、資本取引の自由を根拠にした「黄金株」に関する一連の判決である。それらの判決は、公的企業を民営化した加盟国が基本的決定に対し拒否権をもつことを認めた。欧州司法裁判所は、コローマー（*Colomer*）法務官が提案した、国家が法的に留保する所有権について正当化することを拒否した。所有権秩序は、基本的自由に反するこ

とはできない、とされたのである。[31]

　これらの判例は、国の経済活動に関する規制が私的経済企業の行為について特徴的な基準によって拘束される制度と適合している。国と国有企業の共同体法上の性質については、これらに適用される種々の法律および組織形式とは無関係に加盟国において決定される。公用発注と助成とに関する法律は、私法取引と私的経済取引とを対比して導き出されたルールを加盟国に遵守させる。

　個人の自己立法と独立について私法と契約の自由の対応する規範的意味に関する意識は、これらの立法と判決において前提とされる、公正な競争制度における私法の体系的意味となんら適合しない。逆に、EUの機関が、私法においては、重要な政治的抵抗なしに規制するかまたは統制できる分野が重要であることを認めているように思われる。筆者は、ここでは、完備された消費者保護とEC条約13条にもとづく平等待遇指令（Gleichbehanlungsrichtlinie）を挙げる。市民の保護と監督方法は、いつものように、ここでも簡単にしか定められていない。これらの規制が市民の私的自治と選択の自由とをあまり侵害していないという印象は、当てはまらない。共同体法上支援された市民社会の諸団体は、自己に認められた訴権を徹底的に行使する。道徳的に問題とならない介入権の行使を媒介する善意の意識の下では、私的分野に対する介入は考慮していないことがしばしばである。上述の法律規定をここに挙げる理由は、ここに述べた経済的基本権と自由権に関する基本的批判との政治的関係のためである。私法のレベルにおけるまた市民相互の関係における人権の重要性は、支配的地位が規定の構成要件の一部であることにもとづくのではなく、経済的支配者からの保護の必要性にもとづいていることがしばしばなのである。

IX　帝国主義的資本主義

1．産業政策

　開かれた市場と自由取引の政策は、欧州統合の平和主義に関する出発点となった。域内市場と競争制度とは、この出発点の中心的な事柄ではない。しかしながら、資本主義的帝国主義は、マックス・ウェーバーが定義するように、

依然として欧州共同体の内部と外部の関係における大きな挑戦であり続けるのである。その特徴は、中核産業の国家的もしくは社会的支配と個々の政治的公共機関の間の国境を越える競争において政治的に保護された経済的拡大である。マックス・ウェーバーは、注目すべき予見のなかで、この傾向が、国家社会主義的な経済秩序の条件の下ではほとんど変わることがないことを付言している。要約すると、「帝国主義的資本主義は、昔から資本主義的利益の政治に対して及ぼす効果とそれと共に政治的な拡大を要求する通常の形式である」。この予測は見通すことができるうちにそのとおりになるにちがいない、と述べられる。[32]

かかる診断の現実との関連は、明白である。経済同盟における政治と法との関係においては、なによりも、経済利益が欧州共同体政策に対して及ぼす影響はまったく問題ではない。より基本的なのは、ある国の国際的評価の一部をその国の経済的潜在性において判断し、そして戦略的手段を強力な企業のなかにみるという政治的理解なのである。EUは、一時的に、この種の政治を共同体の手続において定めることを試みた。産業政策に関するある計画においては、欧州および世界市場において外国の巨大企業との競争に負けないようにするために、欧州に支配の中心がある多国籍企業が必要であるとされる。[33] この種の主導権は、これまで構造を定めていないが、欧州において法が支配しない政治の一部分があることを示している。共同体法においては、これらの衝突の一部が、EC条約86条の規定に集中している。ここで述べられている常套句は、公益事業 (service public) と生活配慮である。遠距離通信においては、技術は、競争政策がそれを可能にするよりも一層持続的に競争の力によってきた。しかしながら、欧州石炭鉄鋼共同体条約 (Europäische Gemeinschaft für Kohl und Stahl, EGKS) 以後は、加盟国の抵抗が、共通のエネルギー政策を阻止する。加盟国のエネルギー経済については、競争環境が主導的な地位をめぐる政治的闘争を制限するのではなく、ますます強化されるプロセスが特徴的である。域内市場およびとくに資本取引の自由を利用しながら事実上続けられている国の独占は、自己の市場は事実上閉鎖しておきながら、非集中的に組織され私的経済的に行われる競争市場には参入できるのである。ある新加盟国においてたった今民営化されたばか

りのエネルギー企業をある旧加盟国の公的企業が取得することは、共同体政策の首尾一貫性に対する疑念を生むにちがいない。力の戦略、とりわけ国の市場戦略が対抗措置を講じる。そのことは、それらの戦略が個々の場合に防衛的かあるいは拡張的であるかにかかわりなく、当てはまるのである。相互に強化する国の競争を一般的な規定に従って調整することは、共同体法の目的の一部である。しかしながら、域内市場は、完全には埋め合わせることができなくても実現しなければならないという原則は、本章で考慮する共同体法上の対応を制限する。民営化または統制の異なる段階でよりどころとなる共同体法の例外を正当化する理由は、存在しない。しかしながら、ある国の市場における支配的地位が他の国の市場に対して及ぼす効果を考慮する可能性は、問題となる。

　重要な経済分野、つまり軍事産業と宇宙航空においては、加盟国の利益の優位はゆるぎない。予定されている共通の防衛政策は、EC条約296条1項b号における軍需産業に関する広範囲な例外のなかで補足的な意味をもつ[34]。296条を削除することに対する長期に及ぶ政治的努力は、なんらの成果ももたらさなかった。軍事産業と宇宙工学においては、政府間産業政策への道がその輪郭を浮かび上がらせる。マルクス・ケルバー（Markus Kerber）が教えているように、張り出した部分が問題なのではない[35]。われわれは、マックス・ウェーバーの言葉を借りれば、むしろ経済的に同様に重要な帝国主義的資本主義の現象形式のように、防衛政策的現象形式と関わらなければならない。

2. 域内市場の限界

　欧州司法裁判所は、欧州共同体の第三国との外部関係に域内市場の規制を適用することを最初から拒否してきたのである。欧州共同体における世界貿易機関（WTO）の義務は、その性質と体系化のゆえに、原則として、欧州裁判所が欧州共同体の機関の行為の合法性について判断する規範の一部ではない[36]。そのことは、欧州共同体のWTO義務違反がWTOの係争仲裁手続において拘束力をもって確定される場合ですら妥当する。その理由は、直接の適用可能性が審理によって解決に到達し（Rn.48）、かつ、―付言しなければならないように―場合によっては制裁を適用する権限を当事者である立法機関および行政機関か

ら奪うからである。判例は、部分的に激しく批判されているが、一般に重要な問題を指摘している。決定しなければならないことは、ある規定の直接適用可能性を根拠づけるためには、当該規定の司法審査可能性のほかに、その前提条件を確定することである。WTO の範囲では、一番最初の問題は、すべての加盟国が自己の WTO の義務を同じ前提の下で自国の市民の権利に転換する準備ができているかどうかである。さらに、欧州共同体においては、基本的自由は、単独で存在しないのである。この自由は、とくに法の調整が立法者の権限に属する憲法 (Verfassung) の一部である。この二者択一は、欧州かまたは自由取引かという要塞となるのではない。その二者択一が共通の法秩序なのである。それは、EU においては 50 年後ですらもまだ危険にさらされているかもしれない財産なのである。

X 秩序に則った自由の制度における競争

EU においては、競争は、最初からその経済憲法 (Wirtschaftsverfassung) の支柱であった。われわれは、現在では、バロッソ欧州委員会委員長 (Jose Manuel Barosso) が、若干の極端論者を除いて、競争それ自体が社会の高い目標であると認識している者がいるということをまったく知っていなかったことを知っている (2007 年 8 月 14 日付フランクフルト・アルゲマイネ紙)。おそらく、競争は一定の目的のための手段であるけれども、目的それ自体ではないというフランス共和国大統領の意見に対する反響が重要である。常套句となった定式は、アムステルダム条約の新 3 条から公正な競争制度を共同体の目的とすることをとっぱらうために開催された 2007 年のブリュッセルでの会議で十分に明確になった。

目的と手段との関係は、法と哲学の合理的な方法の日常的な対象である。しかし、一定の目的それ自体だけで真実を期待させた時代は、もうとっくの昔に過ぎ去っている。目的を優先させるために、現代では手段と目的とを相互に対比させる場合、その定式の意味は、誰が当該目的を決定するのかということだけによって左右される。われわれは、競争を適用する場合、競争の目的を決定

できる権限をもつと思っている者が目的に対する優位を要求するものと確信できる。さらに、競争を1つの目的それ自体と考える者が、競争が自然の出来事であるということを受け入れなければならないものとは思ってもいないことに気づかなければならない。かれらは、競争は経済的な自由の結果であって、また、競争はそこから生じる自由権に対して介入しなければありえないものではない、と考えるにすぎない。幸運にも、欧州司法裁判所は、競争それ自体を1つの目的と見做す極端論者である。欧州司法裁判所は、コンティネンタル・カン事件判決において、公正な競争の目的が競争規定と結びついて強行的に妥当する旨判示した。[38] 欧州司法裁判所がとくに依拠する EC 条約 81 条 3 項 b 号の規定は、1つの一般的法原則を含む。それによれば、競争を制限する契約自体は、消費者が生じた利益に適切に与ることができ、かつ技術的または経済的進歩を促進するのに絶対に必要である場合には、禁止を免れることができないのである。その理由は、条約がすべての商品または営業上の給付について共同市場における機能的な競争という最低の基準を保障しようとしているからである。しかし、関連する商品の重要な部分について競争を排除する場合には、公正な競争の制度と合致しないという効果が生ずる。そのことによって、条約は、競争それ自体を市場力から保護しなければならないことを認めているのである。[39]

(1) *Kant*, Zum ewigen Frieden, Akademieausgabe (AA), Band 8, S. 370.
(2) *Kant*, Kritik der praktischen Vernunft, AA, Band 10, S. 164 f.; hervorgehoben von Gerhardt, Immanuel Kants Entwurf zum ewigen Frieden, 1995, S. 150/151.
(3) EuGH 23. 10. 2007. Kommission/Deutschland 判例集登載未収.
(4) *Müller-Graff*, Die Zukunft des europäischen Verfassungstopos und Primärrechts nach der deutschen Ratspräsidentschaft, Integration 2007, 232-237.
(5) *Richter*, Die EU-Verfassung ist tot, Es lebe der Reformvertrag, EuZW 2007, 631, 632.
(6) *Beck/Grande*, Das kosmopolitische Europa, 2004, S. 239/240.
(7) 前掲書. S. 290.
(8) *Popper*, Die offene Gesellschaft und ihre Feinde, 7. Auflage 1992, S. 95.
(9) *Karl Marx*, Zur Judenfrage, in: Marx Engels Werke (MEGA) Band I, Berlin 1958, S. 347-377.
(10) *Habermas*, Postnationale Konstellation, 1. Auflage 1998, Neudruck 2005, S. 142 (原文における強調).
(11) *Smith*, Wealth of Nations, Glasgow Edition 1976, p. 26.

(12) *Habermas*, Postnationale Konstellation (Fn 12), S. 172.
(13) *Hobbes*, Leviathan (ed. Molesworth), London 1839, p. 163.
(14) 前掲書. S. 176.
(15) *Max Weber*, Wirtschaft und Gesellschaft, Grundriss der verstehenden Soziologie, 5. revidierte Auflage, hrsg. von Johannes Winckelmann, Tubingen 1976.
(16) *Eucken*, Grundsätze der Wirtschaftspolitik, 7. Auflage, 2004, S. 340 f.
(17) Max Weber の立場については、次の諸論文を挙げなければならない。Die Objektivität sozialwissenschaftlicher und sozialpolitischer Erkenntnis, in: *ders.*, Gesammelte Aufsätze zur Wissenschaftslehre, 3. Auflage 1968, S. 146-214; Der Sinn der Wertfreiheit der soziologischen und ökonomischen Wissenschaften, ebd., S. 489-540.
(18) *Hofer*, Freiheit ohne Grenzen? Privatrechtstheoretische Diskussionen im 19. Jahrhundert, Tübingen 2001. がこれについて包括的である。
(19) これについては、*Max Weber*, Wirtschaft und Gesellschaft, 14, S. 502.
(20) *Max Weber*, 前掲書., S. 398.
(21) 前掲書. S. 726.
(22) 前掲書. S. 439. 論述は一般的に妥当し、前述の労働法に限定されない。
(23) *Bentham*, The Limits of Jurisprudence defined, New York 1945, p. 139 (edited by Charles Warren Everett).
(24) A critical examination of the declaration of rights, in: Bentham's Political Thought, edited by Bhikho Parekh, London 1973, p. 257-290; これについて詳細は、*Mestmäcker*, Mehrheitsglück und Minderheitsherrschaft, ベンサムの人権批判については、in: *ders.*, Recht und ökonomisches Gesetz, 2. Auflage, 1984. S. 158-174.
(25) Bentham and the Mystification of Laws, 36, Modern Law Review 16, 17 (1973).
(26) EuGH 20. 9. 2001, Slg. 2001 I, 6297 Rn. 19 Courage.
(27) EuGH 5. 2. 1963, Slg. 1963, 5, 26 van Gend und Loss; 15. 7. 1964, Slg. 1964, 1251, 1270, Costa/ENEL.
(28) *Goldsmith/Posner*, The limits of international law, Oxford 2005, p. 135. が詳細。
(29) *Schwartz*, Rechtsangleichung und Rechtswettbewerb im Binnenmarkt, Zum europäischen Modell, EuR 2007, 194-207.
(30) Richtlinie 2006/123 EC des Europäischen Parlaments und des Rates vom 12. Dezember 2006 über Dienstleistungen im Binnenmarkt, ABI. EG 27. 12. 2006 L 376/36.
(31) EuGH 4. 6. 2002, Slg. 2002 I 4781 Kommission/Frankreich.
(32) *Max Weber*, Wirtschaft und Gesellschaft, Fn. 14, S. 524-526.
(33) EG-Kommission, Die Industriepolitik der Gemeinschaft, 18. 3. 1970.
(34) *Karpenstein*, in: Schwarze (Hrsg.), EU-Kommentar 2000, Art. 296 Rn. 1 und 12.
(35) *Kerber*, Braucht die Rüstungswirtschaft eine Ausnahme vom Wettbewerb? Plädoyer für die Abschaffung des Artikels 296 EU-Vertrag, europäische Sicherheit, September 2005, S. 58-61.
(36) EuGH 1. 3. 2005, Slg. 2005 I, 1465, 1519 Rn. 4.

(37) *Petersmann*,Welthandelsrecht als Freiheits-und Verffassungsordnung, ZaöRV 65 (2205) 5433, 576-580 は、EuGH の判例を包括的に紹介する。

(38) EuGH 13. 2. 1969, Slg. 1969, XV, 15 Rn. 11 Continental Can.

(39) *Mestmäcker*, Die Beurteilung von Unternehmenszusammenschlüssen nach Art. 86 des Vertrages über die Europäische Wirtschaftsgemeinschaft, in: von Gaemmerer/Schlochauer/Steindorff, Festschrift für Walter Hallstein zu seinem 65. Geburtstag, Frankfurt am Main 1966, S. 322 ff.; in: *ders*, Recht und ökonomisches Gesetz, 2. Auflage 1984, S. 582, 601.

第 2 編

ヨーロッパ競争法の展開と課題

第1章　ヨーロッパ契約社会における亀裂

「わたしは、以下ではヨーロッパについて話をしたいと思います。先ほど受賞の答礼講演をされたラッペ氏 (*Rappe*) の考察に引き続いて、ヨーロッパの範囲における社会的市場経済の原則についても触れるつもりです。ヨーロッパは、40年来、その組織化された部分においてそのアイデンティティを捜し求めてきました。この期間は、わたしには幸運にもこれまで学術活動を行うことができた時期にまったく正確に相応しています。50年代にフランクフルト大学で法律学を学んだ者にとっては、ヨーロッパ条約において形づくられた理念から距離をおくことは困難でした。ヴァルター・ハルシュタイン (*Walter Hallstein*) は、早くから法の共同体としてのヨーロッパ共同体について述べていました。わたしの恩師であるフランツ・ベーム (*Franz Böhm*) は、モンタン・ユニオンの範例による組織化されたヨーロッパに対するルードヴィッヒ・エアハルト (*Ludwig Erhard*) の懐疑については賛意を表していました。また、かれが主張していた秩序政策がヨーロッパ化されることができること、そしてまたヨーロッパ化されなければならないということについてはなんら疑いを抱いてはいませんでした」。

I　ヨーロッパの社会契約

EUがその枠内でついに見出した構造形態は、ヨーロッパの社会契約 (europäischen Gesellschaftsvertrag) について論じることを可能にさせる。なるほど、ルソー (*Jean-Jacques Rousseau*) の場合のように、全体、つまり、われわれが国家と呼んでいる道徳的および団体的組織体の分離できない部分になるためには、各市民が共同体意思という最高の指揮に服することは問題にならない。しかし、われわれは、おそらく、国家法の概念を越えて、加盟国の市民が共通の目的で

結びつく社会契約について論じることができるであろう。それは、共同体の機関に対すると同様に、個人が、EU条約およびとくに個人の自由の保障を遵守し、また具体化することを自分の国に対して要求できる請求権から生じる。欧州司法裁判所が市民の基本権に関する加盟国の基本的義務についてさらに展開したので、われわれは、共同体の憲法（Verfassung）について述べることができる。かかる仕方で、条約の経済的自由権、いわゆる4つの自由と国籍にもとづく差別の禁止が憲法とされる。共同体法が加盟国の法律に優先して適用され、政府は共同体法の解釈と適用に対し直接にはなんらの影響力をもたないということが、これらの権利の発展の必然的な結果なのである。

　加盟国が高権を共同化して委譲した分野は、今日までは、経済分野にとどまっている。それゆえ、ドイツ連邦共和国憲法裁判所は、EUがマーストリヒト条約以後も本質的に経済共同体であり続けることを正当に強調した。それと共に、加盟国からの観点からは、単なる経済的権限と言及されなかった国の一般的権限との相違が際立っている。この相違が結果においてどのように現実的なのか、通貨同盟はいつ考慮されるのか問題にすることができる。しかしながら、経済的なものに限定する場合にも、EUにおいては、憲法の理論的基本問題が関係するのである。EUの固有の法秩序は、同じ価値を有する対応物をヨーロッパのレベルにおいて見出すことはできず、加盟国において民主主義的に正当化することは困難である。さらに、EUには、経済に限定した妥当分野と共に、現在、欧州共同体、加盟国および経済の関係としての経済秩序（Wirtschaftsverfassung）という問題がある。EU条約が定めているように、EUの経済秩序は、自由競争を伴う開かれた市場経済の原則に拘束されているのである（3a条1項）。そのような秩序がどんなに高すぎる理想であって、また衝突が絶えることがないか、徐々に欧州共同体の政策のなかで意識されてきた。欧州共同体の経済秩序を決定的な原則について社会の発展と国家性の核心を政治的なものに還元しようとする理論の下に照らして考察すると、われわれは、政治的なものの二重の中立化とかかわりあうことになるのである。つまり、一方では、加盟国における民主主義的プロセスとの関係における共同体秩序の中立化であり、他方では、市場経済の秩序と欧州中央銀行とによる経済的なものの中立化である。

かかる状況を個々の加盟国の観点から考慮すれば、原則的な法理論上の相違と憲法政策上の相違とが明らかになる。しかし、この相違は、完全にはあるいはそうでなくても民主主義的正当化に還元することができない。欧州共同体のレベルで斟酌しなければならない衝突は、むしろ、われわれがさまざまな歴史的経験にもとづいて定め、またそれによって民主主義的に正当化される憲法とかかわることから明らかとなる。ドイツ連邦共和国の特殊性は、短期的な政治のプロセスから独立した諸機関が他の加盟国よりももっと大きな重要性をもっているという点にある。そのことは、フランスやイギリスと比較すれば、たとえば、ドイツ連邦共和国憲法裁判所やドイツ連邦銀行について妥当する。ドイツ連邦共和国の憲法秩序においては、連邦銀行法の規定にもとづいては十分には理解されない序列が連邦銀行に割当てられているのである。他方では、機関の決定がもはや市民の信頼をあてにすることができない場合、政治的機関の意思形成から独立したいかなる組織も継続して存続することができないのである。

　EUでは、欧州の統合という理念が法治国家と市場経済原則とを結びつける。政治的日常においては、この関係が、欧州司法裁判所の地位だけでなくEU委員会の地位も説明していることがしばしば無視されている。EU委員会の構成員は、EUの一般的繁栄とはまったく無関係に活動するのである（157条2項1文）。EU委員会の正当性は、欧州共同体法の適用を配慮する使命と符合する。EU委員会は、加盟国と同様に、欧州司法裁判所による欧州共同体法の解釈に拘束されるのである。

II　加盟国における憲法構造の相違

　域内市場の実現の際に共同体と加盟国との間で生ずる衝突は、その構造において、通貨同盟においてはかなり明確に予測できる衝突に広範に相応する。通貨同盟のない欧州共同体は、単なる自由取引圏になりさがってしまうこと、そして、統一通貨のない域内市場は存続することができないというのは、政治的レトリックである。それにもかかわらず、欧州共同体の成果は、そのことによっては正当に評価されず、そして、欧州共同体が通貨同盟とまったく無関係に解

決しなかったために、40年後にまた新たに生じてきた諸問題が過小評価される。そのことから、同時に、共同体が東や南に向かって拡大する場合に新たに生ずる問題に関するヒントを期待することができる。

　欧州統合が歴史的に成功したという場合、それは、域内市場という成文化された原則および公正な競争という制度にもとづく国境を越える経済取引に対する非政治化である。なるほど、そのことによって惹き起こされた経済的および社会的変化は、持続的に加盟国の経済秩序に対して影響を及ぼすが、しかし、国と経済との関係にとって決定的である構造に関係するものではない。市場経済秩序においては、国は秩序の枠組を保障するが、同時に、国の経済政策的行為の余地は制限すべきである。しかしながら、市場経済秩序原則と民主主義的に正当化された政治的決定との間には、予定調和は存在しない。むしろ、国の使命の中核分野およびそれと共に支配と自由に対する理解とかかわっているのである。一方では、国が主権を喪失することに対する懸念が表明され、他方では、社会的に決定されるべき優位に対し経済的なものが優先することに対して不平が述べられる。両者の見解はともに、ヘーゲル（*Hegel*）を引き合いに出すことができる。ヘーゲルによれば、私法におけるのと同様に、そこに残っている偶然性は、欲求の制度、つまり市場経済の制度から生ずる社会的現実の一部である。偶然にさらされた「存在」に対して「配慮」を払うことは、国の使命である。(1)競争から生ずる不平等な生活状況および貧富間の対立は、主権にもとづいて真正面に向き合い、国において客体化された自由と一致できる程度に引き戻すべきなのである。ドイツでは、エルンスト・フォルストホーフ（*Ernst Forsthoff*）が、これにもとづいて、現代の大衆社会において個人が支配することができない市場経済秩序と国の生存配慮原則とを対置した。(2)

　共同体レベルで予想することができる衝突は、一方では、共同化された権限と決定とが規定どおりに加盟国の主権を制限することによって特別な特性をもつ。主権は、国の内外に向けられた国の属性と見做される。つまり、主権は、伝統的には最高かつ唯一の権力として特徴づけられるのである。しかしながら、加盟国の共同体との関係と加盟国の内政に及ぼす共同体の影響とを捉えようとする場合は、この概念は不十分であることが判明した。加盟国は、その憲法上

の構造において同質でない。むしろ、EU 条約は、国の同一性と共に、この異質な構造を保障するのである（F 条 1 項）。そのことから、これらの加盟国における構造にもとづいて国の使命を共同化することは、異なって作用するものと結論づけられる。それによって、統合の過程においてその使命が共同化される加盟国の機関に目が向けられる。代表する利益と憲法原則とを共同体に認めさせることも加盟国の機関である。そこでは、外交上の権限は剥奪されない。むしろ、共同体の政策が同時に国内の政策になっていることが明らかになる。加盟国の民主的な自己理解を共同体に対して誰がまたいかなる原則にもとづいて認めさせるのかは、共同体の憲法構造に関して理解しやすい。その場合は、フランス、イギリスおよびドイツ連邦共和国との間に代表的な相違が現れるのである。ここでは、この相違は、ユーロに対する疑念を広めるために強調されるのではない。むしろ、欧州経済・通貨同盟が直面している挑戦を特徴づけることが重要である。

Ⅲ　加盟国の主権の委譲

フランスでは、理事会における多数決による決定にもとづいたド・ゴール将軍（*de Gaulle*）の拒否権の発動とその後のルクセンブルグにおける妥協が成立して以来、誰が生活にとって重要な国家利益を確保する義務を負っているのかという問題についてはいかなる疑念もなかった。衝突事例において、共同の意思によって正当化された国家の使命を共同体において貫徹するのは政府である。ルソーは、それについてつぎのように述べている。「したがって、わたしは、主権は共通の意思行使にほかならないので、それは決して譲り渡すことができず、また主権者は、自分だけが代表することができる集団的な実体であると考える。権力はおそらく譲渡されるが、しかし意思はそうではない。主権が譲渡されないという同じ理由から、それと区別することもできないのである」[3]。したがって、われわれは、統合の限界が問題となる場合、フランスの政治家や学者が誇り高く過激で急進的なかつ共和主義的伝統をもち出してきても驚くべきでない。このような背景の下では、共同体の政治的な機関、つまり欧州の発券

銀行の任務の範囲における理事会の権限について、フランス側から提案された場合にのみ、首尾一貫しているのである。

　この衝突の原則的なものは、現在では、——一般公衆にほとんど気づかれることなく——域内市場と競争制度の中心分野において現れる。ここでも主権が経済的統合に対する内在的限界として対置される。その衝突は、欧州裁判所の判例によって解決されるのである。判例によれば、共同体法は、国家独占、とくにエネルギー経済における国家独占の存続と形成に対して適用される。判例は、限界事例において、独占権の廃止を示す。フランスでは、この判例は、公的サービス制度と衝突することになる。ヘーゲルの意味においては、いかなる企業家的活動が市場と無関係に公的利益に直接に関係づけられるべきかという問題に関して自由に決定する際に、国は経済に優越するということはまったく明白である。専門家の注釈における言葉を借りれば、このことはつぎのように述べられる。つまり、「公的サービスの使命は、それぞれの歴史的時期における支配的な政治的優位に対応する。すなわち、それは、市場から引き離された、国の主権にもとづく使命であり、そして——このために——市場に委ねることができない使命である」[4]。

　欧州および公的部門が中心的役割を果たしている加盟国における公的経済に関する政治的反作用は、共同体の市場経済的基礎を変更することを目標とする。公的部門の広がりと機能に関する決定において加盟国の主権を回復するために、欧州共同体(EG)条約(90条)の変更が求められる。独占権の維持と新たな創設も当然そうである。同時に可決された一般的な経済利益のサービスに関するヨーロッパ憲章は、憲法の要求を強調することになる。

　欧州共同体の独立委員会は、「欧州における生活配慮の給付」に関する1996年11月9日付公示をもってこれに対して応答した。この委員会は、現在では、連帯的な生活配慮のための給付を欧州的な社会モデルの中核と見なす。しかし、それ以上なのである。つまり、この給付は、単なる経済的なものを越えて共同団体の確固たる基準と文化的同一性という認識可能な構成要素を明らかにする。その場合は、市場を介してもたらすことができる給付が問題になることは確かである。この考え方を共同体法において認めさせるために、マーストリヒ

ト第2回政府会議において、3条が列挙している目的を補充することが提案された。それによれば、「共同経済の給付を促進するために分担金を調達すること」は、共同体の使命である。この提案の理由づけは、マーストリヒト条約以来欧州共同体法において広まるような、一方では、そしてまた他方では、という言い方である。一方では、欧州共同体の権限が保障されるが、しかし、他方では、それにもかかわらず、主として加盟国が活動する分野が問題となる。この方法は、何度も要求された通貨同盟に関する安定基準の幅広い解釈をどのようにして実行に移すことができたかについて認識させるのである。

　欧州共同体の憲法の現実においては、EU委員会が条約の番人として、域内市場の創設においてすでに達成された発展と競争とにかかわり、また欧州的な社会モデルの範囲において加盟国の主権を強化するために条約の修正に努力することは、少なくとも通常ではない。意外にも、社会では——欧州レベルにおいては——経済とは反対の態度をとる。社会という名前の下で正当化されるべきことは、とりわけ「独占的基盤」にもとづいてもたらされる給付である。判例において判断しなければならなかったこれらの諸事情を考慮する場合、生活を独占の存在のために公衆の負担にさせるときは、即時に行われる給付は、おそらく連帯的であるということができる種類の給付である。

Ⅳ　議会の説明義務

　イギリスでは、欧州に対する批判は、議会の主権と議会による立法の独占ということを根拠とする。これに対して、市民の自由が判例によって守られまた促進されるという理念は、ドイツ連邦共和国憲法における基本権とEU条約における自由の保障に基礎をおいている。この観念は、イギリス法思想にはこれまでの間ずっと広くなじまれてこなかった。トーマス・ホッブス（*Thomas Hobbes*）によれば、市民の自由は法律の沈黙から生ずる。[5] 議会は、法によるのかどうか、また法がいかなる自由を制限するかについて決定する。議会すらも会期を越えて拘束力をもつ決定をすることはできない。それに対して、欧州共同体設立(EWG)条約は、適用について期間の制限を設けなかったのである。こ

のことを背景にすれば、欧州共同体のいかなる加盟国もイギリスのように厳しく欧州司法裁判所の判例を批判した国がなかったことは容易に推測できる。大陸では、司法が統合の推進力と保障と見做される。それに対して、イギリス政府は、欧州司法裁判所の判例を閣僚理事会、つまり欧州共同体の政治機関によって内容的に加盟国の本来の意思を越えているかどうか審査させることを提案した。欧州共同体法の司法審査可能な規定が直接に適用される欧州共同体の憲法的性格をもつことに関する真の基本的意味は、イギリスの文献では、悪性の癌のような病気であると診断されている。EU条約では、イギリスのイニシアティブによって、加盟国は、新たな使命を欧州連合に委譲する限りにおいて、欧州司法裁判所の権限を認めていない。そのことは、裁判所のコントロールが及ぶ伝統的な中核的分野についてすら妥当するのである。つまり、内部の安全保障のための協同についてである。ただ、現行の欧州共同体法は、上述の根本的な疑念にもかかわらず、イギリスにおいても誠実に適用されることについてはここで注釈しておかなければならない。

V　独立の機関

ドイツ連邦共和国では、連邦政府が、ドイツの政治において統合の原則的限界を示すのではない。この役割は、主権の権限の分野ではドイツ連邦共和国憲法裁判所に与えられている。連邦銀行の総裁であるハンス・ティートマイアー (*Hans Tietmeyer*) は、通貨は国の主権の核心分野の一部であって、また通貨政策は経済政策に関する中心的行為とそれを決定する分野の一部であると正当に強調した(6)。それにもかかわらず、ドイツ連邦銀行は、主権のこの核心分野において通貨同盟の準備のために決定的に参加しているのである。ドイツ連邦銀行が、価格の安定を確保するために欧州共同体レベルでもまた通貨同盟の準備においても自己の任務を貫徹する場合、ドイツ連邦銀行に対して権力濫用であると非難すべきではなかろう。このようにして、ドイツ連邦銀行は、ドイツ連邦共和国の憲法秩序のなかで自己に与えられている任務を全うするのである。

ドイツ連邦共和国の憲法における独立機関の中心的役割について、他のEU

加盟国にはパラレルな機関はあまり存在していない。ドイツでは、ナチスによる国家権力の濫用の経験が、2回のインフレと同じ様に影響している。欧州の統治構造の重要な諸要素、とくに、欧州の発券銀行の地位は、ドイツ連邦共和国の憲法秩序と類似しているが、他の加盟国ではドイツ連邦共和国よりももっと明確に認められるのである。この説明は簡明であるが、同時に対立を孕んでいる。EU が本来の民主主義的に直接に正当化される機関に依拠することができない限り、EU は、実質的には、一般に承認された自由の保障と政治的に中立的な機関による正当化とに頼らざるをえないのである。加盟国の政治的優位と共同体の秩序原則との間に衝突が生ずる場合には、特有のアンバランスを予期しなければならない。加盟国の民主的に正当化された経済政策と財政政策とに対して、政治的に多様な基準を設けている欧州の諸機関が対置しているのである。ドイツ連邦共和国における同様な組織が幸運にもうまく作用してきたという状況だけでは、他の加盟国における組織が補充的な信頼を獲得することはないであろう。

　最後に、EU の現在の憲法および将来の通貨同盟について触れ、わたしの結びとしたい。通貨同盟なしには欧州共同体は単なる自由貿易圏になるというよく耳にする論拠は誤りであり、かつ迷わせるものである。むしろ、欧州共同体は、先に述べた理由から、加盟国における修正主義的傾向に対して確証されてきた成果を守ることに最大限の努力を払うということが正しい方向である。EU における統治権限の増加とマーストリヒト条約における経済共同体という重要な要素の相対化とは、同一の方向を示すものである。マーストリヒト条約で定められているように、欧州共同体の財産の保障は現状の単なる保障にすぎないものとして考えられる。それは、その間にヨーロッパ政治の挑戦となった。東欧および東南の欧州諸国の EU への加盟と共に、この挑戦は、新たな現実性を得る。われわれは、加盟候補国に 40 年前の統合プロセスを取り戻すことを期待する。これらの諸国に民主主義と市場経済を宿題として出すことは容易である。しかし、これらの国々とその市民とを近いうちにヨーロッパ社会契約のなかにうまく取り込むことができるかどうかは、まったく別の問題である。

　通貨同盟と共に、独立の発券銀行の機能能力が厳しく試される。発券銀行は、

加盟国では、ドイツ連邦共和国において連邦銀行が獲得したような信頼をあてにすることができない。欧州中央銀行 (ECB) の独立性は、経済政策の諸目的に対する通貨政策の独立性を意味しない。それが価格安定の目的に合致する限りにおいて、それに対応して、共同体における一般的経済政策を支えることは欧州中央銀行の使命である (105条)。この経済政策は、加盟国の調整された経済政策と欧州共同体のアクションから構成されている。通貨政策手段を「欧州共同体における一般的経済政策」に合わせるという使命は、かなり包括的である。衝突が生ずる場合、欧州中央銀行は、参加国と同じ位の多くの民主的に合法化された諸国間で相違している経済および財政政策に向き合うことになる。これらの実験は、経験するに値しない。われわれは、ヨーロッパでギリギリのかつ政治的に中立的なカネをあてにできるかどうかについて最初の逆推論が認められる決定をまず初めに下さなければならない。それは、通貨同盟の開始に関する収束の基準が、政治的な解説をしないでも (「構想されている簿記」の) 条件を満たすかどうかについて確定することである。長期的観点の下では、すべてのヨーロッパの公文書において表明されている民主主義、市場経済および安定的通貨との関係が事実上存在していることを排除することはできない。しかし、この場合は、通貨同盟だけでは十分とは言えないであろう。

(1) *Hegel*, Grundlinien der Philosophie des Rechts, Edition Hofmeister, 1955, §§ 192, 188.
(2) 基本的には、*Forsthoff*, Die Verwaltung als Leistungsträger, 1938.
(3) Vom Gesellschaftsvertrag oder Prinzipien des Staatsrechts, in: Martin Fontius [Hrsg.], Jean-Jacques Rousseau, Kulturkritische und politische Schriften, Bd. I, S. 400 f.
(4) *Rapp*, in: Telecommunications Policy 1996, 391, 392.
(5) Leviathan, or the Matter, Form and Power of a Commonwealth, Ecclesiastical and Civil, Ed. Molesworth, 1839, S. 206.
(6) *Tietmeyer*, Wahrungsstabilität für Europa, Beiträge, Reden und Dokumente zur europäischen Währungsintegration aus vier Jahrzehnten, 1996, S. 468.

第 2 章　ヨーロッパ法における競争と規制の接点

I　問題提起

　欧州共同体法と加盟国の法律との関係は、マンフレード・ツレェーグ（*Manfred Zuleeg*）と筆者が、相互に別々に論じているが、しかし広範に重なっている問題である。しかし、ここでこの問題を再度とりあげるのに値しないことは、欧州共同体法が進展してきたことの現れといえよう。憲法条約案も、現在では、場合によっては、それについてきわめて思弁的な考察のきっかけを与えるのである。

　本章の考察対象である競争と規制との関係は、EU においてはもはや秩序政策の問題にとどまらない。欧州共同体法においては、テレコミュニケーションとエネルギー経済においては、ここ十数年の間に、第一次的法律上の競争規定と指令とによって規律された規制との間の境界を確定することが一貫して問題になってきた。第一次的共同体法が補充的共同体法に対して優位することが、2つの法分野を1つにまとめるかすがいなのである。したがって、特別法上の規制が競争制限に関して一般に適用される規定に対して優位するという加盟国法では単純で自明であるルールは、ここでは妥当しない。これらの法状況は、競争と規制との概念上の相違をぼやけさせ、とりわけ競争規定と競争分野に特有な規定および同様な行政法上の手続によって実現されるということに導く。欧州司法裁判所とアメリカの最高裁判所が最近下した2つの判決は、判決の基礎にある事案を限界づける場合の基本的問題を検討するための好例を提供する。

II 競争から規制への移行

　競争と競争に関する規制との対立は、反競争制限的規定と規制との対立につながる。法事実上は、まず、反競争制限的規定が圧倒的に禁止的性格をもち、したがって将来禁止される行為を積極的に定めないという否定的な効果をもつことによって特徴づけられる。その目的は、競争制限によって影響を受けない市場関係を創設することにある。それゆえに、実体法上の判断基準とその実施に役立つ措置は、その側で公正な競争という要件に相応しなければならない。それに対して、規制の基準は、内容的には企業家に要求される行為を定め、事前規制の助けを借りて最初からかつ継続して監視することである(3)。競争法への移行は、一度は規制が競争と競争規定によって少しずつ補充される分野において生じる。テレコミュニケーションの規制については、関連市場において有効競争が存在せず、かつ、企業が相当な市場力を有する場合にのみ当該企業に特別な義務を課すことができるという原則が妥当する(4)。相当な市場力とは、枠組指令14条においては支配と等しい地位であると定義されている(5)。相当な市場力がない場合には、原則として、一般的競争法がそれに代わるのである。しかしながら、このようになるのは、「立入り拒否および同様な効果をもつ不相当な条件が、最終消費者の段階における持続的な競争を志向する市場の展開を阻止するかまたは最終利用者の利益と矛盾する場合(6)」、国の規制当局が、請求があるときにネット部門と所属施設への立入を認めることができるという留保の下にある。ドイツの立法者は、ドイツのテレコミュニケーション法(TKG) 19条1項において、企業が相当な市場力を有する場合にも、規制当局の立入義務に関する裁量決定権を定めている(7)。この短い指示は、競争規定との関係において、規制から競争に移る場合に考慮しなければならない限界づけの問題がかなり多様であることを認識させるのである(8)。国の独占から規制による競争に移るということは、ネットを利用するサービス市場が、独占権の放棄後にも、独占者と競争するだけであって、かつ、ネットへのアクセスを強要できるにすぎないということによって特徴づけられる(9)。ネットは、アクセスしたい企業にとっ

ては、つねに、ネット経営者が支配する川下市場なのである。

　規制から競争に移ることと競争において現れる規制に移行することとは、競争法上の禁止が個別企業に対する一定の行為の命令によって実施される場合には、区別しなければならない。アメリカの最高裁判所は、Trinko 事件におけるこれらの構成要件事実について、競争に対する過度の規制 (false positives) から生じうる危険を強調した。この規制は、反トラスト法が契約の相手方を選択する自由における個別企業の行為自由または個別企業の価格政策に介入する場合、通常の結末である。裁判所は、「過剰規制」の危険を考慮して、反トラスト法の規律要求を 1996 年テレコミュニケーション法における規制から切り離した。しかしながら、シャーマン法 2 条における独占化の禁止の狭い解釈は、それが妥当することが 1996 年テレコミュニケーション法 (601 条 (b) (1)) に留保されているが、同時に、競争をつくり出すことを志向するテレコミュニケーション法における規制の目的によって根拠づけられているのである。

　同様な問題は、欧州共同体法においては、主として、支配企業に対する欧州経済共同体設立条約 (EGV) 82 条における濫用禁止の解釈において提起される。ここでは、濫用禁止の目的が、支配企業の権利と義務的な地位に関して決定する。支配企業は、濫用禁止という優位する目的を価格規制にみる場合には規制企業になる。かかる地位は、後に欧州司法裁判所の裁判官になったルネ・ジョリエ (Rene Joliet) がアメリカの公益事業法 (Public Utility Regulation) と対比してつぎのように主張した。[10] つまり、86 条 (現行 82 条) は、反トラスト法とは反対に、価格規制によって実現しなければならない消費者保護の一手段である。ルネ・ジョリエは、欧州経済共同体設立条約 86 条は、シャーマン法 2 条における独占化の禁止とパラレルに解釈しなければならず、そして、主として支配市場において残っている競争の保護に貢献すると筆者が主張したテーゼにはっきりと反対した。支配企業も公正な競争制度への独立した参加者である。[11] 支配的市場において残っている競争の保護は、欧州司法裁判所の判例がコンティネンタル・カン判決以後欧州経済共同体設立条約 82 条の解釈において支配する原則である。[12] しかしながら、規制への移行は、実務においても現れている。[13] それは、とくに、支配的な個別企業の取引拒絶が濫用となりうる事例について妥当する。

これらの構成要件事実は、通常、不可欠施設理論（essential facilities doctorine）の概念によって特徴づけられる。[14] EU委員会とアメリカの反トラスト法分野の文献は、この理論を採用した。しかしながら、共同体法においては、この理論を生んだ国におけるよりももっと重要な意味をもつことになった。その理由は、第一次的共同体法、とくにテレコミュニケーションとエネルギーの現在における規制分野においても欧州経済共同体設立条約82条のすでに強調したまったく争いのない適用可能性にもとづいている。第二次的法律上の接続義務が存在しなかった限りにおいて、欧州経済共同体設立条約82条の意味における契約締結の強制に導く濫用をテレコミュニケーションとエネルギーのネットへの接続拒絶に見出すことには納得することができた。しかし、EU委員会は、はるかにそれを超えている。テンプル・ラング（Temple Lang）は、EU委員会の職員として、すでに1994年に規制と欧州経済共同体設立条約82条との一般的重複を原則としてつぎのように定式化した。

　　不可欠設備の無差別な利用を提供する義務を適用する場合は、利用の拒絶と差別は、それ自体違法である。知的財産権の場合を除いて、利用提供義務は、なんらかの濫用が行われた場合に課される1つの救済策にすぎないだけではないのである。[15]

したがって、不可欠設備のすべての場合において、違法と制裁とを区別することは明確に拒否される。しかしながら、「不可欠設備」は、ネットワーク産業においてだけ存在するのではない。欧州司法裁判所が個別企業の取引拒絶を欧州経済共同体設立条約82条の意味における濫用と判断したすべての事例は、法事実と経済との著しい相違を示す。[16] EU委員会は、この判例にもとづいて、欧州経済共同体設立条約82条における濫用禁止を広く解釈することを主張する。独占的地位が存在するところでは、とくに、生産構造が業界の標準として定着している場合、自己の市場での競争を競争の促進によって生み出す支配企業の義務が存在する。この標準が著作権法上保護されている場合には、ライセンス義務が存在する[17]、とする。仮命令を下したIMS Health決定は、欧州司法裁判所長官によって破棄された。[18] 欧州司法裁判所長官が認容した欧州司法裁判所の決定においては、Magill事件と不可欠施設理論について以下の相違点が強

調される。つまり、
① 市場への参入は、支配企業の直接的競争のために強制されるべきである。
② 支配企業が競争を阻止するか妨害する第二市場は存在しない。
③ 著作権の保護目的は、支配企業が市場で獲得する成果と同一である。
④ ライセンスは、新製品が現れることを妨げず、権利保有者の合法的な企業家的自己利益に相応する。

これによれば、著作権によって保護された支配的地位に対して欧州経済共同体設立条約82条を適用する前提である「特別な状況」は、存在しなかったのである。EU委員会は、この決定後に行政手続を中止した。同一の事案が私人の訴えによって係属していたフランクフルト地方裁判所は、欧州司法裁判所によるIMS Healthのライセンス拒否が欧州経済共同体設立条約82条に違反するかどうかという問題を提示した。先決問題は、本書で中心的に扱う2004年4月29日の欧州裁判所の判決に導いた。アメリカ最高裁判所は、Trinko事件において同様な問題について決定しなければならなかった。この2つの判決はヨーロッパ共同体設立条約82条の解釈における基本問題について新たな議論をもたらした。[19]

Ⅲ　アメリカ法における取引拒否と不可欠設備理論

アメリカ法にもとづく不可欠施設理論が欧州共同体法において獲得した重要性に直面して、あらかじめ法比較の誤解について指摘しなければならない。文献においては、アメリカ合衆国最高裁判所のTerminal Railroad Association v.United States事件判決が不可欠施設理論とシャーマン法2条の意味における独占化という特別の構成要件事実の根拠と見做されている。[20] 不可欠施設理論によれば、不可欠設備または支配的企業による社会の不可欠設備に対する支配は、単純な利用の拒絶それ自体がカルテル法上の力の濫用に関する根拠になるという原則がこの判決から導かれる。[21] しかしながら、最高裁判所がこの判決とそれ以後の判決において重要な施設の利用の拒絶を反独占違反と判断したと解する通説の見解は正当ではないのである。最高裁判所は、この見解を繰り返し

て、最近では2004年1月13日のTrinko判決で否定している[22]。この誤解された解釈は、実体法上の違反とエクイティー（Equity）手続における救済（Remidy）との相違を考慮に入れなかったことによる。この点に関して、最初のTerminal Railroad判決は明白である。14の鉄道会社の共同子会社は、St. Louis駅を支配し、この会社は、路線施設とミシシッピー川の運輸と橋梁を所有していた。最高裁判所は、合併はシャーマン法1条と2条に違反すると判断した。共同子会社の解体かまたは共同で支配する設備の無差別な利用を提供する義務が、可能な排除措置であると考えられた。裁判所は後者の無差別の利用を決定した。しかしながら、もし上述の利用規制が有効でないことが判明したときは、共同子会社の解体を命じるという権限が留保されていた。裁判所は、反トラスト法違反が確定された場合、エクイティー上の救済手続に妥当する原則を適用した[23]。法律に違反すれば、救済手続において下される裁判上の処分が当然行われる。しかし、救済は違反をそのまま映し出す鏡ではないのである。このことは、最高裁判所が、Trinko判決において、下級審裁判所の判決で承認された不可欠施設理論を承認するかまたは拒絶することを再度拒否した理由について明らかにする。

　Trinko事件では、独占化の禁止は、1996年テレコミュニケーション法と並行してテレコミュニケーション・ネットへの接続拒否に適用できるかどうかが問題となった。原告は、Local Exchange Carrier（LEC）がシャーマン法2条に違反して地方ネットの接続を提供することを拒否した、と主張した。シャーマン法の原則的適用可能性は、テレコミュニケーション法によって明確であり、しかも肯定的に答えている（601条1(b)(1)）。それにもかかわらず、最高裁判所は、地方ネットへの接続の拒否は独占化禁止に違反していないという結論に到達した。このことは、個別企業の行為に適用する場合に、独占化禁止の包括的に根拠づけられた狭い解釈から導かれる。反トラスト法は、取引の相手方の選択の自由の原則を尊重する。とくに、企業は自己の競争者を助力する義務を負っていない。この原則の例外は狭く解釈しなければならないのである。そのことは、とくに、規制が反トラスト法違反を根拠づけるべき行為態様—ここではネットへの接続—を対象にする場合に当てはまる。判決はシカゴ学派への復帰かまた

は後退として批判された。しかしながら、その限りにおいて、少数意見も述べられなかったこの判決に直面して、慎重さが必要である。

　アメリカの最高裁判所は、独占化の禁止がいかなる前提の下で個別企業の競争上の行為の自由に対して介入するかという基本問題について、つぎのように述べた。すなわち、

　　独占力をもっているだけにすぎず、そして独占的価格を付随的に請求することは不法ではない。それは、それ以上に、市場制度の1つの重要な要素なのである。独占価格を請求する機会は、—少なくとも短期の間は—一番最初の「ビジネス洞察力」を引きつけるものである。それは、技術革新と経済的成長をつくり出すことへの冒険に誘引する。

　最高裁判所は、報償および奨励制度の観念を特許と著作権に由来しているといわれる規制された独占に対し拡大しなかった。「企業の慧眼」、つまり企業の鉱脈をもって合法的に獲得した独占的地位を Alcoa 判決とその性格づけについて言及する。適法な独占をめぐる競争も反トラスト法が保障するにちがいない競争である。そのことは、前シカゴ学派の、そしてシカゴ学派がその他の点では厳しく批判したラーネッド・ハンド (*Learned Hand*) 裁判官の Alcola 判決から導かれる。つまり、「競争を強いられている競争の成功者は、買付申出が成功するときにひっくり返されるべきではないのである。合法的に獲得した独占的な地位も獲物であることができる。その他の点では、独占化の禁止の狭い解釈は、個別企業による取引拒絶にそれを適用する際に、強固に受け継がれてきた原則を志向する。取引の相手方の選択の自由は、価格の自由と同様に、競争の本質に属する。競争の自由という現象形式に対する介入は、積極的な行為の禁止を必要とし、そして特別な危険に結びつけられる。競争の機能能力とそのような命令を「中央の計画当局」として監視しなければならないが、それには裁判所はあまり適任ではないのである。同時に、規制との関係は、潜在的な「誤った積極性」に関係しているのである。

　反トラストと規制との並行的な適用可能性に関して決定する際には、規制が同時に競争の保護に役立つのか、かつ効果的に適用されるかどうかを考慮しな

ければならない。このことが当てはまる場合には、規制の効果可能性を考慮しなければならず、場合によっては、裁判上の手続で適用されるべき反トラスト法の効果可能性に対して慎重に考慮しなければならない。反トラスト法とテレコミュニケーションにおける規制との関係に関する非常に変化に富みかつ部分的には緊張に満ちた歴史を見れば、決定に適している制度の解決可能性と有効性とにもとづいて判断しなければならないという実際的な相互の補完権限が支持される。それについての最も重要な例は、同意判決にもとづいて、アメリカ電信電話会社の分割および和解判決の適用の権限をもつ裁判所による全体の産業に対する広範な規制である。[26] グリーン (Green) 判事の説明によれば、「もし規制がこれらの反競争的慣例を効果的に予防しているならば、AT&T 判決は不要であったであろう」[27]。裁判所は、Trinko 事件において、連邦コミュニケーション委員会による競争者に対するネットの開放に1996年テレコミュニケーション法を適用することに関して詳細に意見を表明しているのである。それは、判決の制限的な射程距離を支持する部分である。規制が1996年テレコミュニケーション法の制定後に存在していなかった場合、同一の事案は異なっていたであろうし、独占化の禁止の適用可能性について決定しなければならなかったであろう。とくに、法律は、テレコミュニケーション産業に対する既述した包括的な裁判上の権限を打ち切ることを目的にしていたのである。

IV 欧州共同体法における規制への移行

支配企業が競争者、消費者および供給者に対して自己の利益を主張できるという原則は、共同体法においても妥当する[28]。しかしながら、この原則は、「支配企業が自己の行為によって有効でかつ公正な競争を阻害しない」という特別の責任を負わせる。この原則は、競争者に対しても妥当する[29]。事実上の競争構造が危殆化されるかどうかが基準である。有効競争の保護をめざした欧州経済共同体設立条約82条の目的をつねに考慮する利益考量は、支配企業による取引拒絶の中心である。欧州司法裁判所の判例においては、全面的または部分的に著作権にもとづいている Magill、IMS Health 判決を支配する立場の2つの

先例的な判決が関係する。ここでは、著作権の所有者は、第三者にライセンスを与える義務を負わないという原則が妥当するのである。(30)この原則は、「特段の事情」がある場合には、ライセンス付与の拒絶に対して欧州経済共同体設立条約82条を適用する可能性を排除しない。欧州裁判所は、新聞社の競業者の宅配制度に対する利用請求権に関するBronner事件において、(31)著作権の特殊性に言及することなく、著作権法上の事案であるMagill判決を引き合いに出した。同判決においては、著作権法上の問題は、結局副次的な意味しかなかったということで説明することができよう。欧州司法裁判所は、利用拒絶がヨーロッパ共同体設立条約82条の意味における濫用を根拠づける要件をBronner事件判決においてつぎのように要約している。すなわち、「設備の利用拒絶(本件では販売制度)は、サービスを求める者による川下市場(本件では日刊新聞市場)における競争を排除することに役立たなければならない。その拒絶は、客観的に正当化することができない。設備の代わりになる事実上または潜在的な代替物は存在することはできないのである(Rn.51)」。

認定された事実関係は、コピーをつくることができない設備の利用と川下市場との間には密接な関係が存在するにちがいなく、したがって必然的に異なる市場が問題となるという意味において明確であるように思われた。ヤコブス(*Jacobs*)法務官が定式化したように、川下市場が完全に支配企業の手中にある場合に限り、82条違反が考えられる(Bronner Rn. 65)。申立人が利用を求めた川下市場は、潜在的市場であることもできるのである。その利用が新製品の供給を可能にし、当該製品について著しい需要が存在する場合、そのことが当てはまる(Magill事件判決)。かくして、川上市場に依存するか、または利用が求められる川上市場がいかなる前提の下で承認できるかは決定的ではないのである。支配企業がすでに開放した事業取引を中止するか(商業力、遠距離通信マーケティング)、または共同子会社が利用を認める際に差別する場合(Terminal Railroad事件)、そのことは明確である。欧州司法裁判所は、IMS Health判決において、すでに市場への参入に対する需要があれば川上市場が存在している、と判示した。

この訴訟の基礎となっているのはつぎの事実関係である。つまり、IMS

Health は、製薬業界のために著作権法上保護された情報システムを開発した。いわゆる Brick 構造 1860 は、地方で組織された分野（Bricks）に接続する。この情報システムは、製薬業界にとっては自己の販売制度の組織化と支配とに役立つ。参加企業は、情報システムの開発と改善とに加わった。潜在的競争者は、別のシステムの助けを借りて当該市場に参入することを企てたが無駄に終わったので、強制的実施権を求めた。EU 委員会は、要約すれば、つぎのことを認めたのである。つまり、当該企業は、ドイツ連邦共和国においてデータ・システムの提供に関する事実上の業界水準となっている Brick 構造を開発した。著作権保護はあらゆる競争を排除する。したがって、この企業は当該システムの利用に対する実施権を付与する義務を負っている。支配市場と異なる市場は、重要ではない（Rn. 70 と Rn. 180）とつぎのように述べられている（Rn. 180）。すなわち、

> IMS は、長期にわたる製薬業界との共同研究の結果、Brick という信頼できる構造を考案し、それが地方のデータ・サービスの提供に関する事実上の業界水準となり、フランクフルト裁判所の判示によれば、知的財産権である。IMS は、現在では、客観的な正当化なしに、この構造をライセンスすることを競争者に拒否することによって地域のデータ・サービスに関する市場からすべての競争者を排除している。

欧州司法裁判所は、先決手続において、法務官と一致して、[32] 2 つの区別された市場の必要性を固守したが、一定の活動を行うのに不可欠な製品またはサービスに関して潜在的市場または仮説市場だけでも確定できればそれで足りることを認めた。そのような市場は、当該製品またはサービスに対する事実上の需要が、その製品またはサービスが活動に不可欠な企業の側で存在する場合には、承認しなければならない。その製品またはサービスが不可欠である企業の需要は、市場を創設する、と判示される。欧州司法裁判所は、この仮説市場または潜在的市場を別々の生産段階とも呼ぶ（Rn. 44）。IMS 事件では、Brick 構造 1860 に関する著作権ライセンス市場が問題となった。その場合、消費者のために市場がつくられるべきであるデータ・サービスの提供に関する川下市場は、それと区別しなければならない。

欧州司法裁判所の公式化を基礎にする場合には、川上の製品が川下の製品の供給のために不可欠な要素であって、したがって、関連する構成要件が著作権法上保護されたサービスまたは製品に限定されていない 2 つの異なる市場が存在することが決定的である。欧州経済共同体設立条約 82 条の適用分野は、事実上の独占についても考慮される。テレコミュニケーションまたはエネルギーの分野における規制された市場の開放を始めるときに対応する 82 条の適用分野が明確になる。しかしながら、両者の基本的な相違について想起しなければならない。そのことは、とりわけ、テレコミュニケーションにおいて、部分的には、エネルギー分野においても従来は国の規制かまたは特権付与によって排除されていた市場を開放することが重要である、ということから生ずる。それに対して、IMS-Health システムは、EU 委員会自身が述べたように、長時間かけて開発されており、企業の側では企業家的能力に基礎づけられる。製薬産業の協同は、予測することができる販売組織に対する業界の自己利益によって説明される。それは、市場と競争とがもたらすべき発展である。他の者が蒔いた種から実った果実を収穫することが競争法の一般的原則であることができるのは容易ではないのである。

　したがって、取引の拒否またはライセンスの拒絶はいかなる要件の下で欧州経済共同体設立条約 82 条に違反しうるのか個別的に検討することが必要である。関心をもつ企業の製品またはサービスに対する需要が区分された境界線とは無関係に、支配企業との関係で「市場」がすでに創設されている場合、ヨーロッパ共同体設立条約 82 条を適用するには、求められた製品またはサービスが川下市場で活動するために不可欠かどうか、かつ、接続しなければ川下市場ですべての競争が排除されてしまうかどうかということが決定的である。IMS-Health 事件では、フランクフルト地方裁判所に提起した後に、利用者が基礎構造の開発に含める度合いがライセンス拒否という濫用を正当化できる事情であるかどうかについて決定しなければならなかった。この問題は、法務官と欧州裁判所が肯定した。つまり、製薬業界を集中的に参加させることは、従属性、とく技術面での従属を正当化する (法務官 Rn. 83, 84)。したがって、金融上の条件を提供することを代替構造の提供者に強いることができるであろう

し、そのことは、利潤のない活動を避けられないものにする (Rn. 29)。これは、大きな金融上および経済的効果について述べるものである。高度の技術を要する製品またはサービスを提供するいかなる企業も、顧客の協同がなければ市場を開発することができない。利用者の協同なしに統一技術を確立し、かつさらに開発できることは、電気通信独占時代のドイツ連邦ポストの特権であった[33]。これは、とくに高度な独占化の程度に対する間接証拠である。したがって、基礎構造の開発に製薬業界を含めたことは、独占力に対する間接証拠ではなんらない。むしろ、それは、市場能力に相応し、同時に、IMS-Health の市場力を垂直関係に制限することに適しているのである。

V 結　語

　欧州経済共同体設立条約 82 条の範囲においてつねに必要な利益考量は、支配企業の自己利益と競争に対する公益との間の対立に還元することができないのである。アメリカ最高裁判所は、Trinko 事件において競争法が支配企業の選択の自由を制限する場合に考慮しなければならない危険を指摘した。個人の競争の自由の正当化されない制限において生ずる全体経済的損失は、この危険の一部をなすのである。しかしながら、市場力基準は、この危険を排除しないで縮減する[34]。企業家的自己利益に対する競争上の評価に関する重要な基準は、支配的地位の法的および経済的基礎から導かれるのである。判例は、取引拒絶を説明し、かつ、正当化するかもしくは正当化しない客観的な理由を問題にすることによってこれを考慮する (Magill Rn. 54, 55, 56)。著作権の所有者は、支配企業としても、市場において自分で利用することによって自己の権利を行使する権限を有する。しかしながら、所有者は、自分自身が提供せず (Magill Rn. 54) かつ著作権と関係のない自己の利益を侵害しない (Magill Rn. 55) 新製品の登場を阻止する場合、ライセンスを拒否する権限をもたないのである。IMS-Health 判決は、これに相応する。この判決は、潜在的な実施権の被許諾者が無形所有の所有者によってすでに派生市場で提供されている製品およびサービスの提供に限定することを欲する場合に、著作権の保護がライセンスの拒絶を

正当化する (IMS-Health Rn. 49)[35]。したがって、著作権は、自己の著作権の行使が補充競争を排除することに導いた場合にも、主張することが認められるのである[36]。

　著作権とは関係なく、取引の相手方選択の自由が支配企業に妥当する。国内で利用される資源の利用を許すことについて潜在的競争者の一般的義務は、存在しない。競争制限は、支配企業が、市場の肩代わりをするために従来の顧客との取引を止める場合(商業力)か、または、別々の市場の異なる機能を結びつけることによって結合した市場において取引の拒絶が競争を排除する場合(テレコミュニケーション・マーケティング)に妥当するのである。

　設備に対する接続を認める需要が、仮設「市場」をつくり出すときは、欧州裁判所が IMS-Health 事件において承認したように、支配的地位が結合した市場における「不可欠設備」とされる場合に生ずる結論を依然として考慮しなければならないのである。それが川下市場における競争の激化に導くであろう場合は、潜在的競争者が支配企業の資源に接近できる可能性を考慮できる前提が問題となる。競争から得られる成果は通常はわずかであろう。場合によっては、EU 委員会の助けを借りて、支配企業の潜在的競争者が支配企業の資源を利用する機会を直接にもつ場合、市場の地位をめぐる競争はもはややりがいがないのが通例であろう。しかしながら、消費者のために川下市場で創設されるべき競争は、川下市場では価格規制を無用にさせることになるが、川上市場においては価格規制に導く。つまり、行政当局または裁判所は、支配企業が自己の施設の利用について要求できる報酬を確定することになるのである[37]。

　Trinko および IMS-Health 事件の理論は、主として、取引の相手方の選択の自由が競争自由の現象形式であるとする。競争可能な市場を支配する企業も競争を考慮に入れなければならないのである。かかる競争は奨励されるべきであり、支配企業の濫用から保護されるべきであろう。支配企業が国内で利用される自己の資源を競争者に利用できるようにする義務を負い、かくして支配市場における競争を可能にすることによって、支配市場における競争を排除することは、狭く限定された例外的な場合に限って正当化することができるのである。ヨーロッパ共同体設立条約 82 条を適用する際に、一方で濫用の構成要件該当

性と違法性、他方で取引強制の法律効果とを区別する場合、法的明確性と法的
安全とに役立つ。そのように区別した考察方法は、とくに、潜在的競争者の利
用要求がすでに1つの「市場」を生んでいる場合には、絶対に必要なのである。
施設は支配的地位と結合して不可欠であるので、施設の所有者が第三者にその
利用を許す義務を負うべきであるということは、濫用禁止の適用可能性に関す
る問題を繰り返すものにすぎないのである。その場合に、競争システムと域内
市場の必要性は、つねに、市場構造と当事会社の相対立する利益に関連づける
のである。とくに、市場力の度合い、継続期間およびその生成理由は、市場構
造の一部である。これらの状況は、取引の開放とその利用に向けた第三者の利
益を慎重に比較考量する支配企業の正当な利益に対して影響を及ぼすことにな
る。

(1) *Zuleeg*, Das Recht der Gemeinschaften im innerstaatlichen Bereich, 1969; *ders*, Der Rang des europäischen im Verhältnis zum nationalen Wettbewerbsrecht, EuR 1990, 123-124; *Mestmäcker*, Die Vermittelung von europäischem und nationalem Recht im System unverfälschten Wettbewerbs, Wirtschaftsrecht und Wirtschaftspolitik, Bd. 3, 1969.

(2) EuGH, Urteil v. 29. 4. 2004, As. C-418/01, IMS Health GmbH, Slg. には未掲載、WuWE EU-R 804; に所収 US-Supreme Court, Urteil v. 13. I. 2004, Verizon Communications Inc. v. Iaw Offices of Curtis v Trinko. 以下では、Trinko 判決として引用する。

(3) その詳細については、*Möschel*, Regulierung und Dereguliemng, Versuch einer theoretischen Grundlegung, in: Fuchs/Schwintowski/Zimmer (Hg.), Wirtschafts- und Privatrecht im Spannungsfeld von Privatautonomie. Wettbewerb und Reguliemng, FS Ulrich Immenga, 2004, S. 277-289.

(4) Richtlinie 2002/19/EG über den Zugang zu elektronischen Kommunikationsnetzen und zugehörigen Einrichtungen sowie deren Zusattunenschaltung (Zugangsrichtlinie) v. 7. 3. 2002, ABI. L 108/7 Art. 7/8: Richtlinie 2002/22/EG über den Universaldienst und Nutzerrechte dei elektronischen Kommunikationsnetzen und-diensten(Universaldienstrichtlinie) v. 7. 3. 2002, ABL L 108/57 Art. 16-19. も。

(5) Richtlinie 2002/21 EG über einen gemeinsamen Rechtsrahmen für elektronische Kommunikationsnetze und Dienste, (Rahmenrichtlinie) v. 7. 3. 2002, ABI. L108/33.

(6) Zugangsrichtlinie (Pn. 4), Art. 12.

(7) これに対する批判は、Monopolkommission, 15. Hauptgutachten, Wettbewerbspolitik im Schatten nationaler Champions, 2002/2003, Einl. Ra 64.

(8) 委員会は、競争規定をテレコミュニケーション部門でも継続的に適用できるためのガ

第 2 章　ヨーロッパ法における競争と規制の接点　109

イドラインを公表した、ABl. 1991 Nr. C 223/2.
(9) *Möschel*, Monopole und Wettbewerb in der Telekommunikation, in: Mestmäcker (Hg.), Kommunikation ohne MonopoleII, 1995, S. 397 ff.; および *Mestmäcker*, Über den Einfluß von Ökonomie und Technik auf Recht und Organisation der Telekommunikation und der elektronischen Medien, ebd, S. 13 (54 ff.) も。
(10) *Joliét*, Monopolisation and Abuse of dominant Position. A comparative study of the American and European approaches to the control of economic power 1970, S. 247 ff.
(11) *Mestmäcker*, Die Beurteilung von Unternehmenszusammenschlüssen nach Art. 86 EWGV, in: von Caemmerer/Schlochbauer/Steindorff, Probleme des europäischen Rechts, FS Walter Halstein, 1966, S. 322 ff.; *ders.*, Wirtschaft und Verfassung in der erurupäischen Union, Beiträge zu Recht, Theorie und Politik der europäischen Integration 2003, S. 597 ff.
(12) EuGH, Europa Emballage und Continental Can/Kommission, Slg. 1973, 215 Ra 21.
(13) *Mestmäcker/Schweitzer*, Europäisches Wettbewerbsrecht, 2. Aufl. 2004, § 18 における概観。
(14) 包括的には、*Hohmann*, Die Essential Facilityies' Doctrine im Recht der Wetbewerbsbeschränkungen, Eine Untersuchung der allgemeinen Zugangsregelung zu Netzen und anderen Infrastruktureinrichtungen gemäß § 19 Abs. 4 Nr. 4 GWB unter Berücksichtigung US-amerikanischer, europäischer und sektorspezifischer Erfahrungen, 2001; *Heineman*, Immaterialgüterschutz in der Wettbewerbsordnung, 2002, S. 93 ff.; および *Engel/Knieps*. Die Vorschriften des Telekommunikationsgesetzes über den Zugang zu wesentlichen Leistungen, Eine juristisch-ökonomische Untersuchung, 1998. も。
(15) B. Hawk (Hg.), Defining Legitimste Competition: Companies' Duties to Supply Compatitors, and Access to Essential Facilities, Fordham Corporate Law Institute, 1994, S. 245 (280).
(16) EuGH, Commercial Solvents, Slg. 1974, 223 Rn. 25; CBEM/CLT und IPB ("Telemaketing"), Slg. 1985, 3261 Rn. 26; RTE und ITP/Kommission (Magilp), Slg. 1995, I-743 Ra 50; Bronner, Slg. 1998, I-7789.
(17) Kommissionsentscheidung v. 3. 7. 2001, Case COMP D 3/38. 004, NDC Health/IMS Health: Interimmeasures Rn. 180f.
(18) EuG, IMS Health/Kommission, Beschluss des Präsidenten v. 26. 10. 2001, Slg. 2000, II-3193; EuGH, NDC Health/IMS Health und Kommission, Beschluss des Präsidenten v. 11. 4. 2002, Slg. 2002, I-3405.
(19) *Körber*, Geistiges Eigentum, essential facilities und "Innovationsmissbrauch". Überlegungen zum Microsoftfall im Lichte der EuGH Entscheidung IMS Health, RIW 2004, 881-891; *Drexl*, Intellectual Property and Antitust Law, IIC International Review of Intellectual Property and Competition Law, Special Issue in Honour of Professor William A. Cornish, 2004, 788 ff.; *Spindler/lapel*, Urheber versus Kartellrecht-Auf dem Wege zur Zwangslizenz? Im Druck.
(20) US Supreme Court, US v. Terminal Railroad Association, 224, US 383 (1912).
(21) 近時において代表的なのは、*Körber* (Fn. 19), S. 885.
(22) 先行判例については、*Mestmäcker/Sclhwerzer* (Fn. 13), § IS Rn. 33.
(23) US v. Aluminum Co. of America D. C. New York, CCH Trade Cases 1950/51; 62, 646. は、独

占化の確定後に分割するという観点の下で、実体法上の違反と救済措置の関係について、いまだに新鮮さを失わない概観を提供する。
(24) *Drexl* (Fn. 19), S. 794 ff.
(25) US v. Aluminum Co. of America 148 Fed (2d) 4t6=CCH Trade Cases 1944-45, 57/342 (57/684).
(26) それについての詳細は、*Haar*, Marktöffnung in der Telekommunikation,Wirtachafrsrecht der internationalen Telekommunikation, Bd. 25, 1995, S. 155 ff.; 最近の展開については、*Geradin/Kerf*, Controlling Market Power in Telecommanications, Antitrust vs Sector-specific Regulation, Oxford 2002, S. 67 ff.
(27) US v. AT & T, 552 F. Supp. 131, I 87 (1982).
(28) EuGH, United Brands, Slg. 1978, 207 Rn. 184/94.233.
(29) EuGH, NDC Health, Slg. 2002, I-3401 Rn. 84. は、この点を強調する。
(30) EuGH, VolvoVeng, Slg. 1988, 6211 Ra 8; 同旨 EuGH, Cira/Renault, Slg. 1988, 6039 An. 1 1.
(31) EuGH, Bronner Slg. 1998, I-7789 An. 39.
(32) Fn. 2, Schlussanträge abgedr. in WuWE EU-R 708 ff. を見よ。
(33) 詳細については、*Mestmäcker*, Fernmeldemonopole und Nachfragemacht-Wirtschaftsrechtliche und ordnungspolitische Probleme der hoheitlichen und unternehmerischen Funktionen der GBP, in: *ders.*, Recht und ökonomisches Gesetz, 2. Auf. 1984, S. 764 (774 ff.).
(34) これについては、*Mestmäcker*, Der verwaltete Wettbewerb, 1984, S. 34.
(35) IMS-Health 事件においては、競争者がまさにこのことを達成することを欲していたことは、最初からまったく明白であった。
(36) 同旨、*Carper*, Die wettbewerbsrechtliche Begründung von Zwangslizenzen, ZHR 166 (2002), 685 (703); *Körber* (Fn. 19), S. 887, 888;. これに対して、*Drex* (Fn. 19), S. 807. は批判的である。ここで主張された見解は、競争法の補充的目的と精神的所有権を承認する理論と相反するものではない。これについては、*Mestmäcker/Schweizer* (Fn. 13), § 28 Rn. 7 ff.
(37) これについては、Bronner 事件におけるヤコブ (*Jacob*) 法務官の見解が明確である、*Jacobs* in Bronner, Slg. 1998. I-7789 An. 66 und 69.

第3章　グローバル化時代におけるヨーロッパ競争法

はじめに

　多国籍企業、国際的企業結合および世界市場という概念は、競争法においてもまた競争政策においてもグローバル化の中心になってきた。[1]判断されるべき事実関係—合併と協同—は、通常、多数の法域に関連する。その展開は、なるほど、EUとアメリカ合衆国および日本との関係においてとくに重要である。しかしながら、国境を越える直接投資と企業の国際的結合は、社会主義的計画経済が崩壊し、中国が国民経済を段階的に門戸を開放してきてからは、純粋に世界的な現象といえる。世界的規模で活動する大企業の「巨大合併」は、競争政策上および競争法上、グローバル化の重要な現象形式の1つである。[2]その大部分は、企業がより大きな市場および技術、競争政策と景気の動向—金融経済上の枠組条件における基本的な変化に適合するための戦略である。[3]「世界カルテル法」という構想にもとづく見解は、そのことから発生する法律問題の世界的規模という次元を考慮に入れている。[4]EUの競争規定は、たとえそれが地域的に制限されたものであっても、世界的な競争秩序にとって最も重要な例なのである。したがって、世界的規模のカルテル法に関しても重要な刺激がヨーロッパ競争法に由来することもなんら驚きではない。

　現在では、ヨーロッパ競争法の世界的レベルの重要性が、主として、合併規制にあることは明らかである。合併規制令（Fusionskontrollverordnung, EKVO）では、共同体規模の大きさの合併とは、世界的レベルの総売上高が2億5000万ユーロ以上と定義している。これらの基準値の実体法上の射程距離とはかかわりなく、その点に、ヨーロッパの立法者が、大企業の合併の場合には、共同体レベルの大きさと世界的規模のそれを通常のものと考えていることが明らかにな

る。この予測は、現在では、個別事例における重要な手続と判決によって証明される。ここでは、筆者は、GE と Honeywell の合併事例をとりあげることにする。この事件は、政治の面でも非常に大きな衝突をもたらした事件である。アメリカの競争当局は合併を承認したが、EU 委員会は、これを承認しなかった。これに対して、アメリカの財務長官は、EU 委員会の手続を「気が狂っている」と批判した (New York Times 28.6.01)。世界的に注目を浴びたマイクロソフト事件では、控訴裁判所は、2001 年 6 月 28 日、第一審裁判所の判決を破棄した (United States v. Microsoft, US DC Circuit Court of Appeals, No. 00-5212)。両者の事件では、世界市場が問題であることについては争いがない。一方では、航空機装置、とくに飛行機エンジンの市場であり、他方は、「ウィンドウズ」のコンピューター操作システムである。これによって、すでに、ヨーロッパ競争法におけるグローバル化現象の実質的に重要となる法律問題の輪郭が浮かび上がってくる。つまり、ハイテク市場において関連市場をどのようにして画定するかという問題、合併規制の域外適用の問題、そして最後に、法律を適用する競争当局の権限と複数の当局の協同の問題である。以下では、これらの問題について、基本的な重要問題について扱うことにする。

I　関連市場

1.　独占的な競争？

合併に関連する市場の潜在的な世界的規模の重要性は、競争上は、まず、市場の場所を区分する問題である。EU 委員会は、実務上以下のことを基礎にしている。「地理的に重要な市場は、当該企業が重要な製品または役務を供給している地域を含み、当該地域は、競争条件が十分に均一であり、かつ隣接地域と著しく相違する競争条件によって区別される(5)」。この市場の画定によって世界市場を認めたのは、これまでは比較的まれな事例においてのみであった(6)。このことは、グローバル化の現象が、市場支配や競争制限の評価に決定的な「関連市場」とは完全には一致しないという判断を示唆しているのである。

コミュニケーション技術とコンピューター技術における感銘深い技術的発展

の下では、別の問題が前面に立つ。つまり、関連市場の査定の際に基礎とされる需要市場というコンセプトが競争という現実を把握するのになお適切かという問題である。それによって、合併企業の市場占拠率はどのような結果になるのか、および、いかなる仕方で消費者の選択可能性が合併によって影響を受けるのかということについて査定するために、実質的にかつ場所的に関連市場を制限することができる。しかし、このコンセプトに対しては、急速な技術的進歩とネット回線効果によって特徴づけられる市場では、市場全体、したがって一時的な独占的地位―すべてか無か―を巡って戦いがなされているのであり、もはや所与の市場に対する占有率が問題なのではないという異議が唱えられる。先に引用した「マイクロソフト」の控訴判決では、シュムペーターの「創造的破壊の嵐」にもとづく伝統的な競争理論に代わる理論が議論された。[7] 裁判所は、この理論をネット回線に適用することがもたらすジレンマを次のように要約した。つまり、経済的効果と技術の推進力は相互に相殺するので、一定の市場を分析しないでカテゴリーによる反トラスト法規制を定式化することは困難であるという指摘があろう。しかしながら、欧州司法裁判所は、「価格を決定するかまたは競争者を排除する力」が問題であるとして、マイクロソフトの独占的地位を一定の市場に対する伝統的基準にもとづいて確定した。そして、技術上の重要産業におけるダイナミックな競争もまた制限可能な競争であるという所見を明らかにしたのである。

2. 市場とネット

上述した問題のより重要な部分は、市場とネットワークの関係に関連する。ある良く知られた思弁的文献においては、市場と競争のネットワークによる克服が公表されている。これは、対当関係が存在しないためにすでに誤っている。ネットワーク産業では、ネットとネットの補助に関して競争がある。それに対するわかりやすい1つの例は、自動車無線放送市場である。それと区別しなければならないのは、ネットワーク産業に関するEU委員会の実務について議論の余地があるのではないかという問題である。つまり、ネットとネットの補助によってもたらされたサービスとを区別することは正当なのであろうか? ―

EU委員会がAOL/Time Warnerのケースにおいて承認したように[8]—特別のインターネット市場とその場合にインターネットを介して販売されるべき音楽関連市場が存在するのであろうか？　回線に結合された端末ネットに接続する場合に、ネット間を区別し、また言葉、データおよびビデオとの間を区別しなければならないのであろうか？　外部的効果に由来する企業の単独の地位への傾向は、支配的地位を期待させるのか、あるいはそれとは反対にダイナミックな競争の徴表なのであろうか？　EU委員会には、ある特殊なドイツの「不安」が明らかになる。それは、ネットワーク産業における決定と将来の市場に導くことができるとされる[9]。かかる批判に導いた決定は、急速な技術の変化と世界的規模の市場という条件における競争法上の合併規制の有効性に対する例示である[10]。しかしながら、競争規定の適用のための基準を導き出すためには、ネットワーク経済とダイナミックな競争とは十分ではない。インターネットにおける競争と区別しなければならないのは、回線に結合されたネットに接続するさまざまな態様である。とくに、その交差は、回線に結合されたネットを介するインターネットへの狭域帯の接続と広域帯の接続が行われることから結論づけられる。同じことは、衛星技術と広域帯通信との結合にも当てはまる。インターネットへの接続は、通常の場合、国の市場かまたは地域的市場に関係するにもかかわらず、それに適用される規定の効力は、間接的には—インターネットのグローバル性のゆえに—グローバルなのである。

(a)　**ネットへのアクセス**

　回線に結合されたネットの場合の外部的効果とそこから生ずる市場支配の傾向（インターネット）はダイナミックな競争においては無視しなければならないというテーゼは[11]、伝統的な回線独占の新たな通信技術との特色のある結合を誤認している。電話回線は、ネットワーク効果に関しては今日まで模範的である。それは、ネットの価値は、通信手段の可能性が改善されるので、全加入者にとっては利用者数の増大と共に増加するが、ネット販売者の費用は、所与の要領において嵩むことはないということから生ずる。ネット販売者は、企業家的自己利益のためにネットによってもたらされるべき種々のサービスも自ら提供しよ

うと努力をしている。成果市場においてそれと結合された排除効果を生じないようにするために、ネット販売者は、接続を同様かつ相当な条件で保障する義務を負わされるのである。ヨーロッパ競争法においては、「不可欠施設」理論が論じられる。ドイツの立法者は、メディア・サービスの一定の提供者に対して遠距離通信法 (Telekommunikationsgesetz) 35 条において、市場支配的ネット販売者に対して、市場支配者による濫用の場合において競争制限禁止法 19 条 4 項、および、放送国家条約 (Rundfunkstaatsvertrag) 53 条において対応する接続義務を定めた。連邦取引委員会は、アメリカの反トラスト法により、AOL／Time Warner では、Time Warner の広域帯ケーブル接続について競合するインターネット・サービス・プロバイダーを優遇する義務を課した。[12]

ネット販売者とネット利用者との衝突する利害は、ジレンマにあう。GA Jacobs は Bronner 事件においてそのことが明確にされた。[13] つまり、接続義務は重要な施設の市場において、投資競争を排除し、かつ価格調整の必要性に導く。接続権の承認のための最も重要な基準は、支配的地位の持続性と安定性であるべきである。テレコムの地域ネットは、技術的進歩にもかかわらずこれまでは競争に対して抵抗力があることが判明した。しかしながら、ここでも、攻撃できるネットが問題であるというテーゼが主張される。[14] ネット販売者に対する地域ネットにおける市場の地位の安定性は、同時に、伝統的に協同する電話独占の世界的規模の通信システムにおいて中心的地位をもつことを述べておかなければならない。EU 委員会は、個々の関連市場の開放に結びついている競争問題をノルウェーとスウェーデンとの遠隔通信独占者同士の合併にもとづいて包括的に調査した。[15] 国際的に活動する企業は、回線の借用によって構築される特殊なネットによってその通信需要を充たすことがしばしばである。

(b) インターネット

インターネットは、グローバル化の典型と見做される。それは、ネットのなかのネットである。EU 委員会は、重要な決定においてインターネットに現れた実質的および場所的関連市場を区別した。それについては、激しい批判が浴びせられた。それらの批判は、若干の基本的問題をより明確に際立たせる。

（１）将来の市場。EU委員会は、通信の分野においては、新しい市場を開けておき、そして新たな支配的地位をまったく生じさせないという目的を追求する。したがって、予防的合併規制においてつねに必要な合併効果の必要な予測の範囲において、EU委員会は、将来の市場も明確に画定した。それは、共同子会社によって展開されるべき新市場である。しかし、そこでは、独占的地位との結合が新たな支配的地位に導くという危険が存在する。これについて代表的なのが、EU委員会のPremiere決定である[16]。Bertelsmann-AGとKirch Gruppeのほかに Deutsche Telekom が参加していた。計画の目的は、Deutsche Telekomの回線独占を使用して、有料TVと無料の通信サービスのためのデジタル・インフラストラクチャーを開発することであった。インターネットにおける企業集中の問題の判断に当たっても同様な方法論的問題が生じる。これについては、AOL/Time Warner の合併が代表的である[17]。この場合においても、将来の市場が問題となるのである。つまり、ヨーロッパでは、主として、音楽のオンライン販売が問題となる。これに対して、アメリカでは、通話可能なインターネットテレビの開発が問題となる。合併は、世界最大のインターネット・サービス・プロバイダーと世界最大のメディア企業の結合に導く。問題は、「線渠」と「コンテンツ」の共存であるが、それは、現在では、インターネットという特別な条件の下での共生である。

（２）とくに、インターネットにおける関連市場の画定に対しては、無償で提供される回線と有償のそれとを区別することは現実的でないとの異議が主張される。それと同時に、インターネットの最も重要な特色が誤認されてしまう。ニュー・エコノミーの多数の企業および同様に証券取引所の投資家は、無償でもたらされた成果は、有償でもたらされた成果と同様に企業家的成功に導くことができるという誤りに陥っている。これについてはっきりと示したものが、ニューヨークにおける人気のあるインターネット企業の華々しい登場とその衰退である。インターネットにおける強力な市場の構築と、疑いなく効果的で、かなり見通すことができ、かつ比類がないほど早く情報を受け取ると信じられ

た。その情報は、何百倍も利用された。それにもかかわらず、料金を支払う定期申込者を獲得することに失敗したのである。[18]事業は、伝統的な出版に代わる買い占められた広告媒体となってしまう。それは、インターネットにおいてプログラム(「コンテンツ」)を有償で販売することを欲しているAOLとTime Warnerのような大企業も直面している同じ問題なのである。インターネットは、1つの探索メディアであり、ほとんど無制限に無料で任意な内容にアクセスすることを許す。AOLとTime Warnerとの合併は、かかる条件の下でも有料でプログラムを提供できるための前提をつくるべきであるとされる。EU委員会は、これにもとづいて、インターネット利用のために必要な著作権のライセンスに関して支配的地位をもち同時に多義にわたる販売網と対応する技術能力を有する企業が、送信技術、受信技術および内容を相互に調整することができ、その結果、継続的に顧客を取り囲むこと(「stickiness」)が可能となることを確定的にした。[19]伝送技術と受信技術を所有者として初期化することは、世界的規模の支配的地位を生み出すことを予測させるのである。これによって、インターネットにおいて企業家的に成功するメディアの利用を考慮できる条件が明確になるのである。同時に、インターネットにおけるメディア集中の特色が現れる。インターネットがメディアの集中の問題を考慮する必要がなくなるということは、明らかに間違っている。むしろ、インターネットの特殊性は、逆に、プログラム・リソースにおける集中度が特別に高く、所有者のもつ伝送技術が戦略の成功を可能にするということに導くのである。さらに、インターネットのメディアの利用と通信のための利用(eコマース)、および供給と需要とを束ねることによって発生する新市場の多様性との区別を明確に付け加えなければならないであろう。[20]このことについては、ここでは、これ以上触れないことにする。

II 競争法規定の国際的適用可能性

1. 共同体法における国際的協同と集中

世界的規模の競争制限、戦略的結合および合併は、世界市場での競争に対応

する。国際的協同と集中に参加する企業は、自己の市場ならびに経済上および政策上の地位に関する条件を定める。企業組織は、国際的協同の必要性に適合される。それは、参加者が自分たちの関係を委ねる法律、通常裁判所または仲裁裁判所の権限の合意および法人の国籍の選択について当てはまる。

国際的およびグローバルな協同と集中は、共通して、領土に限定された複数の法秩序に関係している。したがって、ある法律の規定が、いかなる要件の下で、さまざまな種類の外国関係と関連している事実関係にも適用されるのか決定されなければならない。そのような取引は、外国において指示されるか合意されることができる。国内の企業のほかに、外国の企業が、あるいはもっぱら外国の企業だけがこれに参加することができる。経済的効果は、国内の市場、外国の市場または—ますます頻繁に起こっているように—世界市場において現れる。

欧州共同体法においては、加盟国の法律の適用と第三国との関係におけるそれとの間を区別しなければならない。国際条項は、欧州共同体法と加盟国の法とを相互に区別するが、欧州共同体法の国際的適用可能性は、第三国との関係に関係する。欧州共同体法と加盟国法との間の衝突については、欧州共同体法が優位する。それに対して、欧州共同体と第三国との関係においては、相互に独立した国との間と同様な問題が生ずる。

2. 合併規制令の域外適用

合併規制令1条1項の文言は、世界的規模の売上高にもとづいて共同体規模の大きさの合併に関する「届出義務」を根拠づける。支配説は、合併規制令の売上高基準を充足するから合併の届出義務がつねに明らかになるということから出発する。[21] 実体法上の基準にもとづく権限は、EU委員会に詳細な検査を行う機会を与えるのである。

合併規制令の売上高基準が合併規制令の「実体法上の適用可能性」も根拠づけるのか、またはそれに代えて補足的に競争規定に域外適用可能性を検査しなければならないかどうか問題となる。

なるほど、合併規制令1条2項は、域外適用について独立の法的基礎を提供

する。[22] しかし、個別事例において、合併規制令の基準値を充足する第三国に住所を有する企業の合併は、それにもかかわらず共同体内部において効果を及ぼさない。したがって、欧州裁判所は、Gencor 判決において、合併規制令の適用可能性に対する補充的要件を国際法上根拠づけた。[23] つまり、共同市場において外国企業が合併することが予見でき、それが直接的および実質的に効果を及ぼす場合にのみ、合併規制令を適用することができるのである。

　Gencor 事件においては、（南アフリカ法に準拠した）Gencor と（イギリス法に準拠する）Lonrho が、南アフリカの白金採掘事業を統合する計画が問題となった。EU 委員会は、1996 年 4 月 24 日の決定において、[24] 計画された企図が白金とロジウム市場に関する世界市場において支配的地位に導くという理由によって、合併規制令 8 条 3 項にもとづく合併が共同市場に合致しないと表明した。有効競争が、当該計画によって共同市場においても妨げられる。南アフリカにおける生産手段の新秩序に導く合併に対して合併規制令を適用する可能性は、EU 委員会には合併規制令が挙げた基準値に達していることだけからも明らかであった。国際法上は、同時に、効果原則（Auswirkungsprinzip）に依拠することができた。計画は、場所的関連市場の世界的規模の次元のゆえに、世界および共同体における当該製品市場における競争構造を変更する。[25] さらに、EU 委員会は、Gencor が合併に関する合意を委員会に届け出たことによって、任意にその権限に服したことを主張した。Gencor の無効の訴えは、とくに、EU 委員会の国際的な権限を問題にしたのである。

　欧州司法裁判所は、Gencor が合併を EU 委員会に届け出たことによって、任意にその権限に服したとした EU 委員会の論拠を退けた。合併規制令 14 条によれば、届出違反は高額の罰金に処せられる。したがって、任意に服したことは届出とはいえないのである（Rn. 76）。

　欧州司法裁判所は、それにもかかわらず、合併が合併規制令の適用分野に含まれるという結論に到達した。合併規制令 1 条の基準値が満たされており、その結果、共同体規模の大きさの合併が存在する。この規定は、当該企業が共同体に住所をおいているか、または合併によって関係づけられる製造活動が共同体の範囲で行われたことを前提にしない（Rn. 79）。つまり、欧州共同体法上の

合併規制をもって、競争が支配的地位の創設または強化に導く合併によって阻害されないことを確保すべきである。しかし、この危険は、合併からも生じうる。つまり、合併は、「なるほど、採掘活動および・または生産活動は、共同体の外部でも関係するが、しかしながら、共同市場における有効競争が著しく妨げられる結果を伴う支配的地位の発生またはその強化に導くことができる (Rn. 82)」。それは、欧州司法裁判所が「パルプ事件」判決において定式化したカルテルの「実行」基準からも結論づけられる。この基準によれば、供給資源または生産施設の状況によるのではない。むしろ、「実行」は、欧州共同体における単なる販売に存在するのである (Rn. 87)。

この合併規制令の適用は、合併が欧州共同体において直接かつ実質的に効果を現すことが予見できる場合には、国際法上、正当化される (Rn. 90)。この要件は充足されている。世界の別の市場は、世界市場という文脈においては、合併によって関連するという状況は、支配的地位の創設によって共同市場における競争を著しく侵害する合併を欧州共同体が規制することを阻止することができないのである (Rn. 98)。

したがって、この判決によれば、効果原則は、合併規制令の実体法上の規定の域外適用に適用されるのである。EU委員会は、その決定実務において、従来、この原則をいつも考慮するということはなかった。[26]

欧州司法裁判所が適用した効果原則は、内容上、「パルプ事件」判決で展開された「実行原則 (Durchführungsprinzip)」に合致するかどうかは、議論の余地がある。[27]一部の学説は、合併規制令の適用を制限する効果原則の方が実行原則よりも広いことを認める。[28]しかしながら、実行原則は、効果原則と一致する。

3. 競争法規定の海外関連事項への適用

競争規制は、競争制限禁止法130条2項に対応する抵触規定を有していない。したがって、その場所的妥当範囲は、EU条約81条、82条の文言と目的にもとづいて評価しなければならない。81条は、競争制限を「共同市場内部」で目的とするかまたはもたらす契約を禁止する。82条は、「共同市場またはその重要な部分で」支配的地位を利用することを禁止する。その文言は、共同市場

で著しい効果が現れるすべての行為態様が把握されるべきであるという見解を支持するのである。したがって、委員会および支配説の見解と一致して、欧州共同体法において効果原則が妥当することを承認することができるのである。[29]

　欧州司法裁判所は、これまでは、欧州共同体法の適用可能性を効果原則にもとづいて根拠づけることを避けてきた。したがって、欧州共同体法の適用可能性に関して基礎となる連結基準を個別に検討しなければならないのである。

　EU委員会は、「染料事件」において、効果原則にもとづく競争規定の適用可能性を根拠づけた。決定では、以下のように述べている。

> 　条約の競争規定は、85条1項で掲げられた共同市場内部における効果を有する競争制限のすべてに適用される。したがって、そのような競争制限をもたらした企業が住所を欧州共同体内に有するかまたは欧州共同体外に有するかどうかに拠るものではない。[30]

　なるほど、欧州司法裁判所は、EU委員会の決定を承認した。しかし、競争規定の適用可能性は、欧州共同体の外部の親会社の協調的行為が共同市場におけるその子会社によって実行されたという点にあると根拠づけたのである。[31]親会社は子会社の共同市場における価格政策について決定的に影響力を行使し、問題となった3つの価格の値上げにおいて自己の指図権限を事実上も行使した。かかる状況の下では、親会社と子会社との間の形式的分離は、市場での行為が競争規定の適用については一体として見做されることを阻止できない。参加した国際的コンツェルンの競争法上根拠づけられた一体性から、違法な行為が、「共同市場において明るみになった」ことが結論づけられる。[32]

　国際的パルプカルテルに対するEU委員会の85条（現行81条）にもとづいた禁止の決定においては、欧州共同体の外部に住所を有する企業が、決定のすべての名宛人であった。[33]

　EU委員会の確定によれば、これらの企業は、硫酸塩漂白パルプのEUにおける販売価格を地域的および国際的に協定した。委員会は、決定理由において、参加企業が共同市場において支店、子会社および他の施設を自由にしていることを強調した。しかしながら、この決定は、共同市場における価格協定の効果だけを根拠にしている。この効果は重要であり、また参加者によっても企図さ

れ、さらに、この協定の主要でかつ直接の結果が問題となる、とされた。欧州司法裁判所は、欧州共同体の管轄権を承認した。しかし、EU 委員会の理由づけには従わなかった。欧州司法裁判所は、カルテルの形成とその実行を区別した。欧州共同体法上決定的なのは実行である。それは、参加企業が共同市場における顧客との契約において協調価格を基礎にしていることに存在するのである。パルプ市場は、「世界規模の特徴」を有している。製品についての主要な仕入れ先は、共同体の外部では、例外なくカナダ、アメリカ、スウェーデンおよびフィンランドである。さらに、以下のように述べられる。

> これらの諸国に住所を有するパルプ製造者は、欧州共同体に住所を有する購入者に直接に販売し、また、顧客から注文を得るために、相互に価格競争をしている場合には、共同市場の内部において競争が行われる。そのことから、これらの製造者が、共同体に住所を有する顧客に割り引いた価格について調整し、事実上協調した価格で販売することによって調整を実行する場合には、EU 設立条約 85 条の意味における共同市場の内部における競争の制限を目的とするかまたはそれをもたらす調整に参加している、と結論づけられる (EuGH 27.9.1988 (前掲 Fn. 27), Rn. 12 および 13)。

この判決は、染料事件判決を超えている。なぜなら、子会社または他の施設が介在されていることは重要でないと明確に表明しているからである (Rn. 17)。欧州司法裁判所は、共同体法の適用に対して主張された国際法上の疑念について、共同体法の適用は一般的に承認された領土原則 (Territorialitätsprinzip) によって充足されているとして否定した。しかしながら、この論拠をもって効果原則と領土原則との間の限界を不明瞭にしてしまった。つまり、この関係では、違反された禁止規定の重要な構成要件メルクマール (「constituent part」) が、管轄権が要求される国家の領土内で実現されているという一般的な必要性が領土原則の特徴と見なされるとするのである。[34]

しかしながら、カルテル禁止の適用の場合には、構成員が合意の実行において第三者と締結した一連の契約 (Folgevertrag) は、禁止の構成要件事実に含まれない。カルテル契約の無効は、これらの一連の契約には及ばない。[35]しかし、欧州司法裁判所は、まさにこの契約の締結にカルテルの管轄権が根拠づけられる

と判断する。この考察方法に従うとすれば、欧州司法裁判所は、事件に効果原則を適用したことになるのである。

しかしながら、このことから、欧州司法裁判所が基礎においたように、競争制限的契約の実行という基準と効果原則とはつねに一致した結果に導くという結論が導かれるのではない。共同市場における競争制限的契約の実行という基準は、外国企業の共同市場への参入を排除する構成要件事実においては機能しない。ここでは、カルテルの実行は、参加企業が共同市場における輸入をやめるという点に正に存在しているのである。重要な例は、地域カルテルと供給の拒否である。[36]

学説では、欧州司法裁判所が効果原則にさらに接近したという点については一致している。[37] 欧州司法裁判所は、85条(現行81条)の適用が伝統的な領土原則によって満たされる、という理由づけに直面して、欧州共同体の管轄権に対する異議に対し考慮するきっかけがなかった。それにもかかわらず、判決においては、若干の特別に争われている問題に対して重要な言及が含まれているのである。

欧州司法裁判所は、2つの国のそれぞれの規定が規定の名宛人に対して矛盾する要求に導く場合に、介入禁止違反が存在するかどうかは未決定のままにしている。しかしながら、そのような衝突は、1つの国が共同市場において輸入カルテルとして禁止されている輸出カルテルを認める場合には存在しないことが確認される。そのような衝突は、カルテルへの参加を法律上強制されている場合にだけ、認めなければならない。[38] さらに、欧州司法裁判所は、決定によって関係づけられた国にはEU委員会が通知したが、それにもかかわらず当該国はなんら異議を唱えなかった、ということを指摘した。「国際的礼譲(comitas gentium)」を考慮することは、裁判所が論拠に独自の意味をなんら認めないことを認識させるという理由から拒否される。つまり、欧州共同体の権限が存在しており、かつ強行法違反が確定される場合には、共同体法の適用可能性は、「礼譲(comity)」への言及によって疑うことができないのである。[39]

欧州司法裁判所は共同市場におけるカルテル契約の「実行」について欧州共同体の管轄権に対する国際法上の異議との関係においてのみ考慮するという状

況を指摘しなければならない。それに対して、欧州司法裁判所は、管轄を欧州共同体法上根拠づけることに関して、関連市場が「世界的規模の」次元を示し、かつ価格協定によって制限された競争が共同市場において行われるということを強調する。この市場関係に関連づけられる考慮においては、領土に割当てることは重要ではない。なぜなら、経済的に重要な事実関係の全体を捉えることを妨げるからである。決定的なのは、市場における競争は需要と供給との関係にもとづくという所見である。一方の市場の側で、決定されるべき事例では需要者が共同市場に住所を有する場合には、競争の現実性は、供給者側を加えなければ、正当に評価することができない。カルテルの「実行」の法的状況および供給者の住所には、独自の意味は帰せられないのである。この観点は、欧州共同体の管轄権の第一義的な実体法上の根拠づけが正当であることを確認する。

Ⅲ 競争当局間の協同および国際的合併規制の展開と傾向

多数の国の市場または世界市場に影響をもたらしかつもたらすことができる大型合併の数がかなり増えてきた。[40] それによって、第三国に住所を有する企業の合併が共同市場における競争阻害効果を与える危険が増大したのである。これと並行して、合併が自国の領土内で効果を及ぼす場合には、[41] 固有の合併規制を定めかつ当該法律を域外でも適用する国の数が増加した。[42] したがって、合併は、異なる競争当局の並行的な規制手続に導くことがしばしばなのである。異なる国の合併規制法は、かなり相違している。同じような合併規制法でさえも、競争法上の優先順位が相違しているので、同じようには適用されないのである。国際的合併において有効な競争の保護をすべての関係地域でどのように確保できるかという問題は、EU内部におけるのと同様に、世界的な重要性をもつ。広範に及ぶ政治的衝突を予防し、当該企業の法的安定性を確保しかつその立法上の負担を軽減させるために、異なる合併規制の適用の際にできるだけ衝突を回避することが課題となる。この問題は、目下のところ、競争当局間の共通のテーマである(これについては1.で扱う)。部分的には、実体法上の野心的な規制

も提案される。世界カルテル法の創設または国および地域の合併規制法の調整を行う努力がそれである(43)(これについては2.で扱う)。

1. EUとアメリカ合衆国との間の協定

競争当局の協力に関するEUとアメリカとの間の協定は、別の同様な努力について代表的である(44)。

(a) 協　定

EU委員会は、1991年9月23日、アメリカ合衆国政府とEU競争法の適用に関する協定(45)を締結した。欧州理事会とEU委員会の1995年4月10日の共同決議(46)によって、この協定は承認され、適用できることが表明されたのである。

協定は、基本的には、以下のことを定めている。

① 他の当事者の重要な利益に関わる限りにおいて、一方当事者の競争当局が扱っている事件の通知(2条)、および競争規定の適用にかかわる一般的問題に関する情報交換(3条)

② 両当事者の競争当局の協同と方法の調整(4条)

③ 競争規定の実施の際に他方当事者の利益を考慮する義務を各当事者が負うことになる伝統的な「礼譲」手続(6条)

④ 当事者の重要な利益を侵害する領域における競争違反行為に対して法的手段をとるために、競争法にもとづいて適切な措置を講じることを各当事者が他方当事者に要求することができる「積極的礼譲」手続(5条)。

EU委員会は、その後、欧州理事会の委任による支援を受けて、1991年の協定の若干の規定において—とくに「積極的礼譲」原則を(47)—強化する合衆国政府と補充的協定について交渉した。(EUとアメリカ合衆国との間の)「積極的礼譲」協定は、1998年6月4日にワシントンで締結され、同日に効力を生じた(48)。この協定によれば、「相手国の全域もしくは重要な地域で競争違反行為によってその利益を侵害された一方当事国は、通常、自国の実現措置を相手国の実現措置のために延期するか中断した」ものと推定される。このことは、とくに、当該の競争違反行為が、その措置が延期もしくは中断された国の全域における「消

費者に対して直接に、感知しかつ通常予測することができない効果」を有する場合に起こる。この場合、延期とは、この当事国が競争違反行為を行う地域において当該行為を行う権限をもち、かつ、これを積極的に実施し遅滞なく実行する準備ができているときに限られる。一方当事国がそのような場合にこの扱いを承認した場合、相手国の当局は、これが、自国に適用される規定の範囲で信頼の保護のために可能である限りにおいて、手続の進行状況に関する情報を提供する義務を負担する。この新しい協定は、EUとアメリカ合衆国が一定の状況の下で、優位する自国の法律を域外適用するのではなく、カルテル法上の措置の実行に当たって協力する義務を負うので、1つの重要なさらなる展開であると見なされる。

1991年の協定5条の「積極的礼譲」は、これまでのところアメリカ司法省（DoJ）が一度主張している[49]。

最後に、EU委員会は、1999年3月31日に、相手国の競争法に従う一定の手続への関与に関するEUとアメリカとの間の行政協定に同意した（官報EU3—1999, 1.3.44号）。この協定によれば、両当事国の利益にかかわる相当な事例においては、アメリカの競争当局が、EU委員会における聴聞に際してオブザーバーとして参加することができるのである。EU委員会は、アメリカの手続に従って、アメリカのカルテル法の実施が決定される前に、アメリカ合衆国の競争当局と当事者企業の最高レベルの審議（pitch meetings）に参加することができるのである。信頼と情報の利用に関する十分な保証もしくは合意が成立する場合、相当な事例において聴聞参加の申し立てを行うことができるのである。この参加は、当事者企業が明示的に同意した場合にだけ可能である[50]。

(b) 秘密情報の保護

1991年の協定8条によれば、競争当局は、秘密情報の保護に適用される規定に拘束されている。

EU委員会は、1995年4月10日に、1991年のEUとアメリカの協定の発効に関するEU委員会と欧州理事会の共同決議を採択する際に、秘密保護に関して表明した[51]。それは、1998年5月29日に、「積極的礼譲」協定の締結の際に

確認された。それによれば、EU 委員会は、欧州共同体法がこれを保障している場合に限り、アメリカの競争当局に秘密情報を伝えることが許されるのである。秘密情報は、情報源の承諾を得る場合にのみ伝達することができるのである。

EU 委員会とアメリカの競争当局は、秘密情報の交換について合併を企図する当事者の同意を得るように持続的に努力する。当局は、自由に妨げられることなく対話することができるのである。申請者は、早い時期から二重の手続を回避することができるのである。EU 委員会は、そのような任意による秘密性の放棄による全体的な良い経験を報告した。秘密の開示は、当事者企業の利益になることがしばしばであった。

(c) 当該加盟国に対する透明性

当該加盟国は、1991 年の EU とアメリカの協定にもとづく協同の枠内における活動に関して、1995 年の理事会に対する EU 委員会の第一宣言によって、継続的に情報の提供を受けるのである。情報提供義務は、EU 委員会が1998 年 5 月 29 日に行った「透明化宣言」において確認されている。

(d) 協定にもとづく協同の展開

アメリカと EU との間の協同は、この協定にもとづいて、またグローバルな次元で一般に認められる合併の高まりに直面して、著しく強化された。協同は、合併事例では、内容上、3 つの分野に集中している。つまり、①関連市場の限界づけ、②計画が当該市場において及ぼす効果に関する判断、③当事者が提案した弊害排除措置の適切性であり、当局が抱く疑いが晴れることになるのである。場所的な関連製品市場と関連サービス市場が全世界を含むかまたはアメリカとヨーロッパを取り囲む場合には、特別の広範な協同になる。

Boing/McDonnell Douglas Corp.(MDC) の合併の特徴は、政治的な衝突であり、世界市場において技術的および経済的に中心的地位をもつ企業が参加している合併の場合にみることができるものである。1997 年 2 月に EU 委員会に申請された計画によれば、Boeing は MDC を取得することになっていた。Boeing は、

旅客機の製造および軍備技術と宇宙工学技術において世界的な一流企業である。それに対して、MDCは、戦闘機、ロケットおよび宇宙工学技術、旅客機および金融サービス分野において活動する企業である。この2つの企業は、アメリカ法に準拠した株式会社であり、アメリカにだけ住所を有している。合併規制令1条2項の売上高基準を充足しているので、合併計画には合併規制令が適用された。この計画は、巨大旅客機の製造について世界市場に実質的な効果を及ぼし、したがって、これはヨーロッパ経済圏でも同様であった。この市場にいる競争者の数が3社から2社に減少することになる。合併後は、Airbusというヨーロッパの企業が唯一の競争者として残るにすぎない。EU委員会は、競争法上重大な疑いがあるとして、合併規制令6条1項c号にもとづく手続を開始したのである。

EU委員会は、合併規制手続を同時に進めたアメリカの競争当局に対して、EUとアメリカとの間の協定6条によって、競争規定の適用について異議を申し立て、巨大旅客機製造市場における競争の維持に関するEUの重要な利益を考慮に入れることをアメリカ公正取引委員会(FTC)に要求した。それにもかかわらず、FTCは、1997年7月1日に、合併に対して異議を唱えないことを多数決で決定したのである。これは、とくに、MDCが旅客機製造市場において占める市場占有率が僅少にすぎないからであった。MDCは、さらに、過去においてこの分野に新しい専門技術をほとんど投入していなかった。したがって、FTCは、MDCを旅客機製造市場においては独立性を維持する場合に競争に貢献する一要素とは見なさなかったのである。アメリカ国防省と司法省(DoJ)は、EU委員会に対して特別なアメリカの軍事上の利害と労働の場の利益について通知してきた。EU委員会は、この利益を考慮して、調査を旅客機製造に限定したのである。しかし、ここでは、依然として、重要な競争法上の問題が残っている。

EU委員会は、航空機製造のグローバル市場におけるMDCの5％以下の割合にもかかわらず、合併は、Boeingの市場支配的地位(60％超)を強化することを認めた。さらに、アメリカの3つの航空会社との長期の排他的供給契約が、Boeingの市場の地位を強化する。合併に対するこの疑義は、結局、Boeingの

約束によって取り除かれた。Boeing は、とくに、航空会社との排他的契約を解約し、Airbus を含むすべての競争者に対してアメリカ国防省とアメリカ航空宇宙局 (NASA) との契約の範囲内で開発した工業技術を開放することを約束したのである。

2. 二国間構想の成果と限界

EU 委員会とアメリカ競争当局は、両者の協同が重要な競争法上の問題における調整のための明確化に貢献する、ということについては一致しているのである。

これと類似の現象は、実体的合併規制法上の基準の部門では手続法の分野におけるよりも目立っている。実体法上の情報へのアクセスは、市場の画定基準については、市場力の決定、集団的市場支配の限界づけに関しておよび排除措置の実務において存在する。

合併規制の手続法上の差違は、行政のシステムおよび裁判所の構造の独自性に由来し、これまでは協同的な調整が行われていなかったのである。

両国間の協力に対する事実上および法律上の理由から生ずる限界にもかかわらず、競争法の国際的有効性を高めかつ矛盾した決定が下される危険を少なくするために、最も重要な手段が問題となるのである。

3. 合併規制法の調整と世界的規模の合併規制法

EU 委員会と一部の学説は、世界競争法と合併規制法を創設することを提案した。貿易と競争に関する世界貿易機関 (WTO) の作業グループの範囲では、共通の競争規定、基準および原則が展開されるべきであって、WTO の「紛争解決」手続は、この国際的競争規定の適用を拡大すべきであるとする。

競争規制当局の設置に関する提案は、さらに広範に及んでいる。場所的関連市場が超国家的である場合には、合併の競争法上の評価は、場所的関連市場について権限を有する当局が具体的かつ完全に行うことができる。そのような当局だけが必要な証明を完全にすることもできる。そのような超国家的な規制当局に対しては、個々の場所的関連市場における諸事情が往々にして相互に異

なっていること、そして権限を有する国または地域の競争規制当局の方がこの差違をより考慮することができるという異議が唱えられている[69]。世界競争規制当局は、多数の当該地域市場では効率性を確保し、そして市場構造の改善に導くことができるが、他のわずかな市場ではかえって市場構造の悪化に導く合併をどのように処理するのか、その方法が問題である、と批判される[70]。最後に、世界競争規制当局が、いかなる仕方で民主主義的な規制に服することができるのか、またそのような規制当局が政治的な影響からどのようにして保護されることができるか問題であると指摘される[71]。

　さらに、統一的な世界競争法に対しては、地域的に異なる競争法上の解決が共存することから生ずる実験的プロセスが退けられるという異議が述べられる[72]。

　アメリカは、EUとは反対に、統一的世界カルテル法と合併規制法について、世界競争規制当局の設立と同様に、拒否する。世界競争法に関する交渉は、拒絶しなければならないのである。つまり、世界的レベルでの競争規定を精確かつ詳細に法典化するのは、新たな経済的認識および変化した条件の枠組を考慮に入れるために必要な柔軟性を喪失させることになるのである。形式的な競争規定は、競争規定の効果のある適用を保証するために必要とされる「競争構造」に代替することもできない。WTOの紛争調停手続は、競争規定の適用のために適切ではない、とされる[73]。アメリカ司法省(DoJ)が設置した委員会(国際競争政策諮問委員会、ICPAC)は、国際的組織によって設立されるべき作業グループの範囲におけるグローバルな議論の過程で、つぎのことを提案した。つまり、新たに設立されるべきかまたは設立される競争規制当局は支持すべきであり、アメリカとEU間の協定の模範となる協同は促進しなければならない、というものである[74]。アメリカが世界競争法を拒否する限りにおいて、その実現にはなんら現実的な見込みは存在しないのである。

　しかしながら、漸進的な調整は、事前予防的な合併規制の手続法上の方式において可能であると見なされている[75]。申請手続(通知義務の根拠・期間・情報提供に関する基準)の統一化に関する協定は、企業にとっては大規模取引についてコストの引き下げ、基礎となっている実体法上の変更を容易にすることに役立つ

第3章 グローバル化時代におけるヨーロッパ競争法　131

のである。(76) 申請期間と申請用紙および審査機関を統一する場合には、最も早く達成できる技術的改正が問題となる、とされる。(77)

(1) これについては、*Kantzenbach*, Wettbewerbspolitik in der globalisierten Weltwirtschaft, in: Theurl/Smekal (Hrsg.), Globalisierung, Tübingen 2001, S. 233-255.
(2) これについて包括的なのは、Monopolkommission, Hauptgutachten Wettbewerbspolitik in Netzstrukturen, 2000, Kap. VII, Rn. 752 ff.
(3) *Kantzenbach*, (Fn. 1), S. 241.
(4) これについては、*Basedow*, Weltkartellrecht, 1998, bes. S. 102 ff.; 基礎的な研究として、*Fikentscher/Drexl*, Der Draft International Antitrust Code, RIW 1994, 93-99; 両者は草案の作成に深く関与している、Draft International Antitrust Code as a GAtt-MTO-Plurilateral Trade Agreement vom 10. Juli 1993, in: Antitrust and Trade Regulation Report, August 19, 1993. に所収。
(5) Kommission, Bekanntmachung über die Definition des releuanten Marktes im Sinne des Wettbewerbsrechts der EG, ABl. 1997 Nr. C372/5 Ziff. 8.
(6) これについては、*Cook/Kerse*, E. C. Merger Control, 3rd. ed. 2000, p.142.
(7) USA v. Microsoft, June 28, 2001; *Schumpeter*, Kapitalismus, Sozialismus, Demokratie, 1948, S. 124 ff.
(8) 11. 10. 2000, Case no. COMP/M 1845―AOL/Time Warner.
(9) *Veljanovski*, EC Antitrust in the New Economy: Is the European Commission's View of the Network Economy Right?, ECLR 2001, 115, 117.
(10) すでに引用した AOL/Time Warner 事件の決定以外に最も重要なものとして次の決定を挙げることができる、14. 6. 2000, Case no. GOMP/M 1852―Time Warner/EMI; 13. 10. 2000 Case no. COMP/M 2050―Vivendi/Canal+/Seagram; 21. 3. 2000 Case no. COMP/JV. 37―BSkyB/Kirch Pay-TV, WuW/E EU-V 2000; 12. 4. 2000 Case no. COMP/1795―Vodafone Airtouch/Mannesmann, WuW/E EU-V 460; 8. 7. 1998 Case no. IV/M 1069―Worldcom/MCI, AB 1. 1999 Nr. L 116.
(11) *Veljanovski*, oben Fn. 9, S. 117.
(12) FIC Consent Order in the Matter America Online and Time Warner. FIC Matter no. 0010105; http://www.ftc.gov/opa/2000/12/aol.htm. 同一の手続については、Federal Communications Commission, Public Notice, January 11, 2001, Conditional Approval of AOL/Time Warner Merger.
(13) EuGH 26. 11. 1998, Slg. 1998, 1-779; Schlussanträge Rn. 62-70.
(14) *Knieps*, in: Knieps/Brunekreefl (Hrsg.), Zwischen Regulierung und Wettbewerb, Netzstrukturen in Deutschland, 2000, 8. 7 ff. 参照。
(15) 13. 10. 1999, AB 1. 2001 Nr. L 40/1―Telial Telenor.
(16) これについて包括的なのは、Kommission zur Ermittlung der Konzentration im Medienbe-

reich (KEK), Fortschreitende Konzentration im Zeichen der Konvergenz, Bericht 2000, S. 75 ff.
(17) これについては、(Fn. 10.)。
(18) *Ken Auletta*, Inside-Out, Balace of Communication, New Yorker, June 11, 2001.
(19) Nr. 162 der AOL/Time Warner-Entscheidung.
(20) これについては、Wissenschaftlicher Beirat beim BMWT, Wettbewerbspolitik für den Cyberspace, 7. 7. 2001.
(21) *Immenga*, in: Immenga/Mestmäcker, EG-Wettbewerbsrecht, FKVO, D. Art. 1 Rn. 12. 異なる見解として、*Bechtold*, The European Legal Forum 2000/1, 19. 合併が共同市場における市場関係にいかなる効果も及ぼさない場合には、届出義務が生じない。
(22) *Bavasso*, ECLR 1998, 243, 245.
(23) EuG v. 25. 3. 1999, Slg. 1999, 11-753 Rn. 90—Gencor.
(24) ABl. 1997 Nr. L11/30=WuW 1996, 579 (Kurzfassung).
(25) EuG Sig. 1999, II-753, Rn. 79—Gencor. 手紙における申述。
(26) たとえば、*Bechtold*, The European Legal Forum 2000/1, 19. 参照。Nestlé/Pillsbury/Häagen-Dazs US (Entscheidung v. 6. 10. 1999, Fall Nr. IV/M. 1689) 事件では、Nestlé USA und Pillsbury USA によって新設された共同子会社に対する共同の支配権の取得が問題となり、合併規制令1条2項の基準にもとづき管轄権があると宣言された。しかしながら、合併の実質的な判断においては、企図はアメリカにおける市場にのみ関係し、かつ合併は共同市場における競争に対する効果を及ぼさなかったことが確認された。
(27) EuCH 27. 9. 1988, Slg. 1988, 5193—Ahlstörm.
(28) これについては、*O'Keeffe*, ECLR 1994, 28. 参照。
(29) 委員会は、「内部的効果 (internen Auswirkung)」理論について述べる、Wettbewerbsbericht (1981) Rn. 35. 委員会が第三国と関係する事案において下したすべての決定も、効果原則に依拠している。とくに、このことは、染料事件とパルプ事件について当てはまる。この点については、(Fn. 27.) ならびに (Fn. 30.)。学説については、*Koch,* in: Grabitz, EU-Kommentar, Vor Art. 85 Rn. 11 ff.; Basedow, NJW 1989, 627, 633 ff.
(30) VF 24. 7. 1969, ABl. 1969 Nr. L 195/11=WuW/E EV 267—Forbstoffe.
(31) EuGH 14. 7. 1972, Sig. 1972, 619, 665, Rn. 125-136/41—ICI (Fn. 30).
(32) EuGH 14. 7. 1972 (Fn. 31), 664 Rn. 126/30.
(33) VE 19. 12. 1984—85/202/EWG (IV/29. 725—Zellstof), AB 1. 1985 Nr. L 85/1; EuGH 27. 9. 1988, Sig. 1988, 5233, 5242—Ahiström. が追認する。
(34) これについての詳細は、(Fn. 37.)。
(35) BGH 4. 5. 1956, NJW 1956, 1201 mit Anm. von Deringer. 以来、ドイツ法では争われている。85条2項における無効の効果については別段のことは妥当しない。これについては、*Grabitz(-Koch),* Art. 85 EWGV Rn. 147.
(36) これについては、*Schödermeier*, WuW 1989, 21, 26. そこで、EuGH 22. 1. 1974, Slg. 1974, 223 Rn. 6 und 7/73—Commercial Solvents. が参照されているのは適切である。それは以下のような内容である。「したがって、共同体の競争当局は、異議が申し立てられた行為が

共同市場における競争構造に対して有するすべての効果を考慮に入れなければならない。その際には、共同市場内部の販売と一定の商品の輸出のためのものとを区別する必要がない。共同市場で支配的地位を有する企業が、既存の競争者を排除する仕方でこの地位を利用しようとする場合には、競争者の排除が共同市場における競争に効果を及ぼしたであろうということが確認される限りにおいて、競争者のこの行為が、輸出または共同市場の内部における取引に関係するかどうかは重要ではない」。

(37) *Basedow*, NJW 1989, 627, 634; *Schnyder*, Gemeinschaftsrechtliches Kollisionsrecht, S. 7; *v. Bar*, FS Ferid, S. 13 ff.
(38) EuGH 27. 9. 1988 (Fn. 33), Rn. 20; EuG 25. 3. 1999, Sig. 1999, 11-753, Rn. 103―Gencor. 補助的に「バランス・テスト (balancing test)」も行っている Kommission VE 19. 12. 1984―85/206/EWG, ABl. 1985 Nr. L 92/1=WuW/E EV 1088―Zellstoff も実質的に一致している。
(39) EuGH 27. 9. 1988 (Fn. 33), Rn. 23.
(40) Kommission, 4. Bericht über das Abkommen EU/USA, 2. April 1999, Rn. 4. 2.; *Melamed*, Promoting Sound Antitrust Enforcement in the Global Economy, Address before the Fordh. Corp. Law Inst., 27th Annual Conference on International Antitrust Law and Policy, NY, Oct. 19, 2000, p. 3. も参照。
(41) *McDavid*, in: 1999 Fordh. Corp. Law Inst. (2000), p. 31, 32. その間に、50 以上の国が、計画された合併について通知制度を採用した。その場合、さらに多数の国は、現在、競争法を起草しなければならない。
(42) とくに、アメリカとEUにおける「効果原則」の妥当性の研究については、*Ginsburg/Angstreich*, Multinational Merger Review: Lessons Form Our Federalism, 68 Antitrust Law Jaurnal (2000), 219, 221. 参照。
(43) 違反と提案に関する簡潔な研究については、*Meessen*, Das Für und Wider eines Weltkartellrechts, WuW 2000, 5 ff.; *Basedow*, Weltkartellrecht, (Fn. 4.) 参照。
(44) 委員会はカナダ政府とも、競争法の適用に関する協定を結んだ。この協定は、1999年4月29日の理事会と委員会の共同決議によって承認され、署名された1999年6月17日に発効した。協定の本文は、ABl. 1999 Nr. L 175/50-60. に所収。協働の最初の総括は、理事会と欧州議会に対する委員会の協定の適用に関する報告書において行われている、17.6. 1999-3 1. 12. 1999 KOM (2000) 645 endg. v. 13. 10. 2000.
(45) Abkommen zwischen der Regierung der Vereinigten Staaten von Amerika und der Kommission der Europäischen Gemeinschaften über die Anwendung ihrer Wettbewerbsregeln, ABl. 1995 Nr. L 95/47 ff. これについて、包括的なのは、*Pallek*, Wettbewerbsschutz im Zeitalter der Globalisierung, Archiv des Völkerrechts Bd. 38 (2000), 169-215.
(46) ABl. 1995 Nr. L 95/45-46.
(47) 「積極的礼譲 (positive comity)」とは、「プロセスである」。そして、それは「申し立てのあった他の法域の領土で行われた反競争的行為によって重要な利益が不利益な影響を被ったと信ずる1つの法域は、別の法域を調査し、もし証明されれば、法律にもとづいて当該行為を訴追することを求めることができる。このことは、通常の場合には、要求

する法域が申し立てられた反競争的行為に関連した実行行為を訴追することを差し控えるか、少なくとも要求した調査の結果を決定しないことを意味するであろう」。見よ、*Ryan*, Positive Comity, Competition Policy Newsletter 2000/3, p. 33.

(48) Abkommen zwischen den Europäischen Gemeinschaften und der Regierung der Vereinigten Staaten von Amerika über die Anwendung der "positive comity"―Grundsätze dei der Durchsetzung der Wettbewerbsregeln, ABl. 1998 Nr. L 173/26 ff.

(49) 詳細は、Kommission, Bericht an den Rat und das Europäische Parlament über die Anwendung des Abkommens zwischen der EG und den USA über die Anwendung der Wettbewerbsregeln, 1. 1. 1999-31. 12. 1999, KOM (2000) 618 endg. v. 4. 10. 2000, Rn. 5.

(50) Kommission, Bericht an den Rat und das Europäische Parlament über die Anwendung des Abkommens zwischen der EG und den USA über die Anwendung der Wettbewerbsregeln, 1. 1. 1999-31. 12. 1999, KOM (2000) 618 endg. v. 4. 10. 2000, Tz. 3.

(51) Punkt 3 des 3. Berichts über die Zusammenarbeit EG/US, KOM (98) 510 endg., XXVII. において公表。Bericht über die Wettbewerbspolitik, 5. 3 17-327. に所収。

(52) Kommission, 4. Bericht über die Umsetzung des Abkommens zwischen den USA und der EG über die Anwendung der Wettbewerbsregeln, 1. 1. 1998-31. 12. 1998, Brüssel, 2. April 1999, Tz. 3. 1. 参照。

(53) Kommission, 4. Bericht über die Umsetzung des Abkommens EG/USA v. 2. April 1999, Tz. 4. 2.

(54) *Drauz*, Aktuelle Entwicklungen in der Europäischen Fusionskontrolle, in: Carl Baudenbacher (Hrsg.), Neueste Entwicklungen im europäischen und internationalen Kartellrecht. Sechstes St. Galler Internationales Kartellrechtsforum 1999, Basel/Genf/München 2000, 5. 89, 101. MCI WorldCom/Sprint は、秘密放棄(「権利放棄 (waiver)」)を認めることの長所に関する先例と見做される。本件では、競争当局は、権利放棄にもとづいて、市場分析の結果と第三当事者の意見を交換することができる。

(55) 3. Berichts über die Zusammenarbeit EG/USA, KOM (98) 5 10 endg., abgedruckt im XXVII. Bericht über die Wettbewerbspolitik, 5. 317-327. 第3報告書の第4において公表。

(56) Tz. 3. 2. des 4. Berichts über die Umsetzung des Abkommens EG/USA v. 2. April 1999. を参照。

(57) Kommission, 4. Bericht über die Umsetzung des Abkommens EG/USA v. 2. April 1999. Tz. 2. 1. を参照。Kommission, Bericht an den Rat und das EP über die Anwendung des Abkommens der EG und der USA über die Anwendung der Wettbewerbsregeln, 1. 1. 1999-31. 12. 1999, KOM (2000) 618 endg. v. 4. 10. 2000, Tz. 2. 1.

(58) Kommission, Bericht über die Umsetzung des Abkommens zwischen den USA und der EG über die Anwendung der Wettbewerbsregeln, 1. 1. 1999-31. 12.1 999, KOM (2000) 618 endg., 4. 10. 2000, Rn. 2. 1

(59) Kommission, 4. Bericht über die Umsetzung des Abkommens EG/USA, 2. April 1999, Rn. 4. 2. は、1998年の事例を列挙する。Price Waterhouse/Coopers & Lybrand; WorldCom/MCI; Wolters-Kluwer/Reed-Elsevier; Exxon/Shell; Marsh & McLennan/Sedgewick.

(60) Vgl. Kommission, Entscheidung nach Art. 8 Abs. 2―FKVO, ABl. 1997 Nr. L 336/16-47―

第3章　グローバル化時代におけるヨーロッパ競争法　135

Boeing/McDonnell Douglas.
(61) *McDavid*, in: 1999 Fordh. Corp. Law Inst. (2000), p. 31, 36-37.
(62) Kommission, Bericht über die Umsetzung des Abkommens zwischen den USA und der EG über die Anwendung der Wettbewerbsregeln, 1. 1. 1999-31. 12. 1999, KOM (2000) 618 endg. v. 4. 10. 2000, Tz. 2. 1; *Pitofsky*, EU and U.S. Approaches to International Mergers—Views from the U.S. Federal Trade Commission. EC Merger Control 10th Anniversary Conference, 14/15 September 2000, Metropole Hotel, Brussels, p. 1.; *Drauz*, Aktuelle Entwicklungen in der Europäischen Fusionskontrolle, in: Carl Baudenbacher (Hrsg.), Neueste Entwicklungen im europäischen und internationalen Kartellrecht. Sechstes St. Galler Internationales Kartellrechtsforum 1999, Basek/Genf/München 2000, 5. 89, 101. も参照。
(63) 1997年の関連市場の画定に関する委員会のガイドライン (Kommission, Mitteilung zur Definition des relevanten Marktes, ABl. 1997 Nr. C 372/5) は、1982年の司法省と公正取引委員会の「合併ガイドライン (Merger Guidelines)」(U.S. Department of Justice and Federal Trade Gommission, Horizontal Merger Guidelines, 4 Trade Reg. Rep. [CCH] 13, 104 [1992][with April 8, 1997 revision to §4]) (1992年と1997年に改定) に挙げられた市場画定基準に非常に類似している (これについては、見よ、*Baker/Wu*, ECLR 1998, 273)。
(64) 共通の構想は、少なくとも「イノベーション市場」の存在とその限界づけの問題に関して、「イノベーション市場」における合併の反競争的効果について争われている分野についても見られた。*Pitofsky*, EU and U.S. Approaches to International Mergers—Views from the U.S. Federal Trade Commission. EC Merger Gontrol 10th Anniversary Conference, 14/15 September 2000, Metropole Hotel, Brussels, p. 3. を参照。
(65) 委員会は、これまでは、寡占理論の観点の下で、「市場の競争者」が3名から2名に減少した事例 (Cencor, ABl. 1997 Nr. L 11/30) と4名から3名に減少した事例 (Air Tours/-First Choice) を検討してきた。司法省＝公正取引委員会のガイドラインは、許されない市場集中の基準値は1個の市場に約6つの企業が存在することであると考える。EU委員会実務とアメリカ競争当局の実務とが接近する傾向が注目される。EU委員会は、現在では、集団的市場支配の観点の下で市場に3ないし4の企業が残る市場を審査することが増えている。1997年に設置された作業グループの重点は、寡占・集団的支配的地位・協同行為に対する措置に向けられている。Kommission, Bericht an den Rat und EP über die Anwendung des Abkommens zwischen der EG und den USA über die Anwendung der Wettbewerbsregeln, 1. 1. 1999-31. 12. 1999, KOM (2000) 618 endg. v. 4. 10. 2000, Tz. 4. も参照。
(66) *Pitofsky*, EU and U.S. Approaches to International Mergers—Views from the U.S. Federal Trade Commission. EC Merger Control 10th Anniversary Conference, 14/15 September 2000, Metropole Hotel, Brussels, p. 6 は、アメリカとEUの競争当局の構想が時の経過につれて非常に似てきたと説明する。
(67) Kommission, 4. Bericht über die Umsetzung des Abkommens EG/USA, 2. April 1999, Rn. 5.
(68) *Ginsburg/Angstreich*, Multinational Merger Review: Lessons From Our Federalism, 68 Antitrust Law Journal (2000), 219, 222. 参照。

(69) *Ginsburg/Angstreich*, (Fn. 68), 219, 224, を参照。「事実は、異なる市場では異なるというどうしようもない習慣がある」。同旨、*Meessen*, WuW 2000, 5, 14.
(70) *Ginsburg/Angstreich*, (Fn. 68), 219, 226.「繁栄をグローバルに増大させる合併は、それにもかかわらず、特別な政治的法域 (jurisdiction) においては繁栄を損なうことについて合意できるのである」。当該国には、「法域を認める」ことは期待できない。同時に、そのことから、「合併規制の統一的制度は、競争を促す合併を妨げがちであるという傾向も有する。もし合併がほとんどの市場で競争促進的であるが、しかし、1つの国において反競争的効果を有すると決定される場合には、超国家的な決定者は、実現される利益が発生するコストよりも重要であるという理由によって合併を承認させるであろう」。
(71) *Drauz*, Aktuelle Entwicklungen in der Europäischen Fusionskontrolle, in: Carl Baudenbacher (Hrsg.), Neueste Entwicklungen im europäischen und internationalen Kartellrecht. Sechstes St. Galler Internationales Kartellrechtsforum 1999, Basel/Genf/München 2000, 5. 89, 98.
(72) *Ginsburg/Angstreich*, (Fn. 68), 219, 224. 参照。「競争自体の最大の結果は、調整が極度に行われ、競争法の活発な競争が進められる場合に、期待することができる」。
(73) *Melamed*, Promoting Sound Antitrust Enforcement in the Global Economy, Adress before the Fordh. Corp. Law Inst. 27th Annual Conference on International Antitrust Law and Policy, NY, Oct. 19, 2000, p. 10.
(74) *McDavid*, in: 1999 Fordh. Corp. Law Inst. (2000), p. 31, 34; *Melamed*, Promoting Sound Antitrust Enforcement in the Global Economy, Adress before the Fordham Corporate Law Institute, 27th Annual Conference on International Antitrust Law and Policy, New York, Oct. 19, 2000, p. 7. 参照。
(75) たとえば、*Ginsburg/Angstreich*, (Fn. 68), 219, 230.「合併審査の効率を上げる最も簡単な方法は、適用可能な手続の調整にあることは疑いない」。
(76) *Meessen*, WuW 2000, 5, 14; 5. 15. も参照。「合併の企図の届出を統一することに関する協定は、構造的変更の費用を引き下げ、企業は場所の選択が容易となり、システム競争を促進する」。
(77) *Meessen*, WuW 2000, 5, 16; *Ginsburg/Angstreich*, (Fn. 68), 219, 231.

第4章　EUにおける公企業と公共経済事業(生活配慮)

はしがき

　生活配慮と競争との関係は、共同体法とドイツ基本法においてそしてまた政治的に特別に論争されている問題の1つである。ドイツ連邦共和国憲法裁判所の判事であるジークフリード・ブロス(*Siegfried Broß*)は、最近、法律新聞(Juristenzeitung)のなかで、競争は、ここではかれと同じ様に欧州共同体法における競争についてであるが、とくに、社会および国家全体の公共の福利についてまったく考慮していないという競争の外にある観点が自分にはなじめないということにおいて際立っている、と論じた。競争は、生活配慮とは反対に、内部の人間的価値を考慮しない。それは、価値中立的でかつ情け容赦しない、というのである (Juristenzeitung, 2003, S. 874 f)。欧州共同体法的なアプローチは、ドイツ基本法の福祉国家の要請と合致しない。それに対して、フランスでは、公益事業は、譲渡することもまた転用することもできない主権の現象形式の1つであるとされる。

　規制緩和と民営化とは、政治的議論のなかでは分離独立のプロセスに関して代表的なものとして扱われる。それは、民主主義的な福祉国家の形成力を脅かすものと考えられているのである。したがって、EUがある場合とない場合の法的現実を比較することは、半世紀の間、加盟国の法秩序と経済秩序に対して影響を及ぼしてきた法の展開にまったく異なる強さで関連しているという理由のためにとくに困難なのである。経済的な生活配慮(電気、ガス、テレコミュニケーション、ポスト)の中核分野における一般化が可能な場合は、われわれは、進展する民営化のプロセスに対するのではなく、これまで法の規制を受けなかったところにどんどん法の網をかけて法化してゆくことにかかわることになる。

ここで例として、電信電話独占に関するドイツ連邦共和国憲法裁判所の判例をとりあげたい。それは、1928年の電信電話施設法をすべての新しいコミュニケーション技術に対して自動的に適用した判決である。しかし、ドイツ連邦共和国憲法裁判所は、独占を新技術に拡大すれば第三者の自由権に介入することになるが、それにもかかわらず正当化されるのかどうかというアプローチはしなかった。そのため、ドイツ連邦ポストは、その民営化の直前まで、国庫会計上の簿記を基礎にしている政策をうまくこなすことができた。つまり、収入と任務とを比較して、カネが必要となると料金を値上げしてきた。しかしながら、その必要性または正当性については、なんらの審査もなされてこなかったのである。

国とその支配を受けるもののすべての活動に関し1つの推定があてはまるというしばしば誤解されたヘーゲル的な伝統が段々と問題にされた。それは、それらの活動が実質的には公的利益と合致できるという推定であるが、以下では思想史上の議論は取り扱わない。むしろ、欧州共同体法の展開を念頭において、高度に政治的な重要性について述べることにする。このことは、欧州憲法条約（Vefassugsvertrag）が、欧州司法裁判所が解釈している域内市場および競争システムについて変更せずにそのままにしておきながら、公益事業（öffentliche Dienste）の分野においては、慎重に、潜在的に広範に及ぶ変更を定めていることからしてもすでに不可欠なのである。

以下では、まず、経済秩序に関する国の所有の意義について述べ、それに引き続いて、共同体法における所有権法上の規制と国の主権にもとづく規制との接点について考察する。

経済秩序は、欧州の憲法的な性質を有する。これは、開かれた市場と公正な競争の原則によって特徴づけられる。憲法的性質は、主として、まず加盟国の国際法上の義務が司法審査される限りにおいて、個人がこれらの義務を加盟国の裁判所で主張できる権利を加盟国が個人に認める義務を負っていることから導かれるのである。それに対して、世界貿易機関（WTO）は、国家の国際法上の義務をそのような権利に転換しなかった。

I 国の所有と経済秩序

　社会主義的国家の伝統においては、長い間、生産手段に対する所有権が経済秩序の特徴を決定することは自明なものと見做されてきた。そのことに対応して、欧州共同体の設立の場合にも加盟国の所有権秩序について決定しなければならなかったのである。とくに、フランスやイタリアでは、経済資源の重要な部分を支配する公的部門が問題の原因となった。ローマ条約に導いた審議において、とくにオランダ政府は、国有財産を広範に元の姿に戻し、復帰した企業に対する国の特権を認めることを支持した。EU条約における結果は、伝統的な妥協であった。つまり、295条は、加盟国における所有権秩序を保障した。ただし、86条は、EU条約の一般的規定、とくに競争規定が加盟国および加盟国が支配するかまたは特典を与える企業に対して無制限に適用されることを定める。EUの経済秩序におけるこれら諸原則の組み合わせが継続して相互に合致しうるのかという問題は、1960年代に委員会の提案について、オランダの経済大臣ジジストラ（*Zijlstra*）によって検討された。かれは、生産手段に対する国の所有は、国の持分があまりにも大きく、私的企業の独立の計画が事実上排除される場合は、EU条約が求めている競争および経済秩序と合致することができない、という結論に至った。この展開は、論点を無視しなかった。むしろ、それは、さまざまな法的関係において再三再四重要となったのである。統合の開始にあたって行われた妥協は、所有権秩序には手をつけないけれども、域内市場に関する一般的規定の適用可能性を宣言するというものであった。EUは、この妥協を中欧および東欧諸国との加盟について審議する際に維持した。加盟条約においては、生産手段に対する国の所有または会社所有を元の姿に戻す義務は定められていない。

　欧州司法裁判所の判例は、制度保障を当該保障にもとづいて行使された個人権から区別することによって、所有権秩序と条約の一般規定の適用可能性との間の緊張関係を緩和したのである。したがって、欧州共同体法は、所有権を個人権の行使に対して完全な範囲で適用することができる。

このような法の展開は、公的企業に関しては、経済秩序の性格について、制度的にいえば、生産手段に対する所有権ではなくて経済計画に対する権限が決定したことを教える。

　加盟国の所有権秩序に関する留保から、欧州共同体法においては、公的企業と私的企業の平等取扱い原則が導かれる。欧州共同体法における公的企業と独占禁止法上特典を与えられている企業について生ずる法律問題の大部分は、平等原則およびその原則の実施の態様と方法に還元することができるのである。平等取扱い原則は、公的企業と加盟国の負担にも恩典にも働く。文献においては、とくにラテン系諸国においては、かつて条約の規定の全体から加盟国における公的部門に対する適用を例外とする試みがなされていたことがあったが、現在では廃れたものと見なすことができる。しかし、そのことによって問題がなくなったわけではない。

　そのことは、欧州司法裁判所におけるいわゆる「Golden Share（黄金株）判決」に関する訴訟が明らかにする。ここでは、フランス、イタリア、ポルトガルおよびスペインにおける民有化の事例が問題となった。しかし、国は、民営化立法において、企業における基本的な決定に対する拒否権をもつことを維持したのである。この拒否権がEU条約の規定と合致することができるかどうかが裁判で争われた。イタリアの法務官は、最終申立において、加盟国に対する所有の留保は、その効力において所有権秩序に適合する立法的措置にも適用しなければならないという見解を主張し、拒否権を根拠づけた高権的行為は、加盟国における所有権秩序にもとづいて正当化される、と述べた。しかし、欧州司法裁判所は、かかる論拠に理解を示さなかったのである。欧州司法裁判所は、加盟国における所有権秩序の保障は、域内市場と競争の基本原則に対する例外を正当化するのに適していないという論点に限定して裁判した。近代国家の発展は、法制史的に見れば、とりわけ、その高権的行為がもはや所有権としてではなく、純粋の国の権利として評価されるということによって特徴づけられることがわかる。

　欧州統合をしてほとんど半世紀が経過した後には、つぎの基本問題は、加盟国と公的企業に対して共同体法を適用する場合に区別しなければならないので

ある。

　すなわち、まず、国の行為は、いかなる前提条件の下で高権的行為であるのかあるいは企業家的行為なのか問題となる。つぎに、特別な権利もしくは排他的な権利、したがって独占権をもつ公的企業の形成は、いかなる範囲でEU条約と合致できるかという問題である。そして、最後に、いかなる前提条件の下で公益事業に関するEU条約の規定の例外を適用できるかという問題である。86条2項およびマーストリヒト条約によって事後に付加されたEEC条約16条によれば、EU条約の規定は、その適用によって一般的な経済的利益のサービス給付を委託された企業が自己に課された任務を遂行することを法律上および事実上もできないことになる場合に限り、適用することができないのである。

　欧州統合の将来に関する基本的な見解の相違をもたらしたものは、この例外規定である。欧州憲法草案においては、一般的な経済的利益のサービス給付には基本権憲章における広範な特典と域内市場の分野における特別規定が割当てられている。

　現行EU条約は、86条3項において、EU委員会に他の機関の協同、とくに理事会の協同から独立している広範な決定権限と指令権限とを付与している。それによって、加盟国が支配する企業に共同体法を適用する場合に考慮に入れなければならない特別な利益衝突が顧慮されることになるのである。したがって、EU委員会のこの権限は、加盟国に対し妥当するのであって、加盟国が支配する企業に対してではない。これらの企業に対しては、一般規定、とくに、一般的競争規定が適用されるのである。

II　企業家活動としての国の経済活動

　企業という概念は、欧州競争法の一般的概念である。この概念は、判例によって非常に広く解釈されている。それによれば、企業は、欧州共同体法が競争規定の例外を定めているところでもその権限を根拠づける効果があるのである。この例外は、同時に、その側では、欧州共同体法の一部になる。判例によれば、私的使用を除いた経済財および営業的給付の製造と販売におけるすべての独立

の経済行為は、企業家的行為である。利益獲得の意図は問題とならない。その行為が経済的性質をもつかどうかは、行為を行う法形式と関係なく判断されなければならないのである。この行為のための資金の種類も関係ない。企業家的行為は、概念上自動的に把握されるので、そのような行為がいかなる法形式において行われるのか、および、加盟国においていかなる公法の範疇がそのような行為に割当てられているかを問題とすることなく存在できることになる。たとえば、ドイツ連邦共和国厚生労働省（連邦代理人と呼ばれているかどうかとは関係なく）、放送事業、一定の社会保険組織がその例である。しかし、社会保険の制度（職業上の災害保険）は、統合の原則にもとづく場合、つまり、被保険者に提供された給付が支払金額と比例していない場合、給付額と支払額について国の監督に服しており、かつ、制度が強制加入にもとづいており、またこの強制加入が保険制度の財政的均衡にとって不可欠である場合、なんら経済的行為ではなく、純粋の社会的活動なのである。

　純粋な社会保険法上の活動と経済的行為とを区別する最も重要な基準は、私的企業もこの種の活動を提供するかあるいは提供できるかという審査によって導かれる。しかし、結局、社会的保険制度に対する共同体法上の判断にとって決定的なことは、その行為が一般的な経済的利益のサービス給付の一部であるのかどうか、および、それゆえに、86条2項の例外が影響を及ぼすのかどうかなのである。

III　特別な権利または排他的権利（独占権）

　国が特定の企業に対して法律、行政行為または条約によって特別な権利もしくは排他的な権利を与える場合、これらの権利は、商品取引の自由またはサービス給付の自由に関する規定に違反する。これらの自由の保障は、個人の権利を根拠づけるのである。たとえば、オランダが広告テレビについて行った時のように、そのような権利が差別化された条件の下で与えられた限りにおいて、そのことについては争いがない。制限を区別なしに適用することができかつ一般利益という強行的理由にもとづいて正当化されうる場合に限り、その正当性

が考えられる。それについての立証責任は、原則として、国が負うのである。経済的および経済政策的理由は、域内市場の秩序の要求と合致することができないので、それらの理由は決して正当化する効力がないことから重要な制限が生じる。しかしながら、正当化は、企業が一般利益のサービス給付を委託されたときは考慮されるのである。特権を付与された国有企業に対して自由の保障を直接に適用する最も重要な分野は、これまではテレコミュニケーションとポストの分野であった。とくに電信電話の独占を最終の機器市場にまで拡大することについて、欧州司法裁判所は、商品取引の自由と合致しないものと見なした。そのことは、とりわけ、独占によって、国家独占の下にある製品を市場に提供できない場合に妥当するのである。この考察方法の限界は、EU委員会が86条3項にもとづく決定によって、フランス、イタリアおよびスペインにおけるエネルギーとガス供給に関する排他的権利を無効と宣言しようとした時に明らかになった。EU委員会は、自由の保障に対する違反を説明することに限って、またこれらの独占の目標を達成するなんらより制限的でない可能性が存在するという立証を国がしなければならないと主張した。しかし、欧州司法裁判所は、とくに、つぎの理由によって、EU委員会の決定を破棄したのである。つまり、継続的にかつ安い価格でエネルギーを供給するという目的に役立つというあまり制限的でない選択肢を示すことは、EU委員会の問題である、と判示した。結局、EU委員会はこの判例のために選択的規制を提案せずに、排他的権利によるエネルギー市場の自由化をする試みをやめたのである。政治的には、その間に、エネルギー市場は法の接近という措置によって、つまり理事会が可決すべき指令によって処理するという一般に行われている実務が支配することになったのである。

Ⅳ 一般的な経済的利益のサービス

EUのすべての加盟国は、経済的行為に市場を仲介しないかあるいはもっぱらには仲介しない公的利益を直接に組入れている。この組入れは、公法上の法人に関してそうであるように、組織形式から導き出すことができる。公的利益

をつけてやれば、私法上組織された企業が公的利益に関する任務を負うときに、どのようにすれば的確であるか機能的に決定することができるのである。その企業の公的利益を加盟国が国の地域とその国民のために明確にする。そこから、域内では国境のない１つの場としての域内市場との衝突が生じる。86条２項における例外規定は、そのことについて考慮するのである。同条によれば、共同体法の適用によって企業に委譲した任務の遂行が法的または事実上妨げられる場合は、その例外は、一般的な経済的利益のサービス給付を提供する企業に対して適用される。欧州司法裁判所の判例によれば、当該規定は、つぎのような目的をもっている。つまり、特定の企業、とくに公的部門の企業を利用することによって、経済政策および社会政策の手段として、競争規定の順守および市場の統一の確保に対するEUの利益と合致させるという目的である。この任務は、衝突をはらんでいる。EU委員会と欧州司法裁判所とは、従来、加盟国には公共経済上の課題を策定する際に広範な裁量の余地があるけれども、欧州共同体法上の枠はあくまで守らなければならない、ということを固守してきた。EU委員会は、この枠を３つの原則によって特徴づけた。すなわち、まず、中立性の原則である。この原則は、私的企業と同じ様に、公共経済上のサービスを公的企業が提供できる、ということを意味する。つぎに、形成自由の原則である。これは、そのようなサービス給付を企業に委譲することおよびそのための融資の決定については、加盟国が第一義的な権限をもつ、ということを意味する。最後に、相当性の原則である。つまり、条約の諸規定の例外は、絶対に必要な範囲に限られるというものである。

　争点は、加盟国の形成の自由の限界に集中する。フランスは、マーストリヒト条約が結実した審議のなかで、条約の改正を要求した。加盟国は、自己の公的部門に関する決定に際し条約の規定の適用を免れるべきであるとする。それは、フランスの法および経済秩序における公益事業の特殊な地位と類似することが明白である。その妥協として、新16条がEU条約に採り入れられたのである。同条の文言は、公益事業を域内市場と競争規定のなかに組入れる場合の射程と不確実性とを認識させる。同規定は、つぎのように定める。

73条と87条の規定にかかわりなく、また、社会的および地域的結合の促進にあたり、EUの共通の価値とEUの内部において一般的な経済的利益を提供する場合に、EUと加盟国とは、本条約の適用範囲内においてならびにそれぞれの権限の範囲内において、それぞれの使命を果たすことができるように機能する原則と条件とを定立することにつとめる。

　本条は、憲法草案においても、EUは立法権限をもつという条件をつけて引き継がれたのである。それによって、EUは、これらの任務を遂行するための原則と条件とを定めることができる（草案第3部6条2項）。本条を明文化する作業段階における規定は、EUの権限は「この任務を憲法に合致して指示を与えかつ融資することができる（草案第3部122条）」加盟国の権限を妨げないと、補足されていた。加盟国とEUが公共経済上の公益事業に取り組む順序に関するさらなる徴憑は、基本権憲章から導かれる。草案36条は、一般的な経済的利益のサービス給付を行うことを承認し、かつ、その順序が、EUの社会的および地域的結合を促進するために、個々の加盟国の法律規定と慣習とによって憲法に合致して規律されるように考慮する。この基準は、再度、基本的な第1部3条において繰り返される。それによれば、EUは、加盟国の間の経済的、社会的および地域的な結合を促進しなければならないのである。

　この新規定を非常に広く解釈して、加盟国は、「公益事業」という例外領域に関し完全な主権を維持するという結論にいたった場合ですら、ここではもちろんそのような前提には立たないのであるが、この分野を域内市場と競争規定とが適用される経済生活の分野から区別するという課題が欧州共同体法に残っている。もしも、この決定が、欧州における公的経済団体がそれをどのように必要としているか欧州共同体法上検査することができないまま加盟国に委譲されることになるならば、域内市場と競争制度とは、加盟国の意のままになってしまうであろう。

　上述した規定の文言から、公共経済上の公益事業は、特典を付与された加盟国の任務の1つであるだけでなく、共同体の任務でもあるということが導かれる。実際に、EUは、生活配慮または公益事業という伝統的分野に関して調整という独自の政策を展開してきた。最も重要な例は、指令によって規律される

エネルギー、テレコミュニケーションおよびポストに関する包括的なサービスである。指令によれば、加盟国は提供者のサービスに対し最終利用者が一定の質および手の届く価格で参加することを保障しなければならない。事柄の性質上、独占権の廃止と民営化後に必要となる規制の一部が問題となる。共同体は、それに対して、既述した部門と広範に重なる組織上の枠組を展開した。加盟国は、EUの指令において定める実体法上の規制をEU委員会の監視の下で国内法化する調整機関を設置することを義務づけられている。

EU委員会の規制措置は、助成とその質に関する監督のような措置によって補充される。EU委員会は、定期的評価報告書において、公共経済上の公益事業の質と価格の有利さについて検査するのである。

伝統的な独占分野における公共経済上の公益事業の高度の調整にもかかわらず、その欧州共同体法上の限界に関する議論は、その鋭さをなんら失わなかったのである。加盟国が公共経済上の公益事業の形成の自由を行使する際に守らなければならない要件を考慮する場合、その核心において、透明性および客観的かつ検査可能な基準による理由づけという要件が問題となるのである。

代表的なのは、加盟国が企業に一般的な経済的利益のサービス給付を委託するときに、加盟国が満たさなければならない要件である。委託は、欧州司法裁判所の判例によれば、高権行為でなければならない。それによって、法的安定性と透明性が保障されることになるのである。委託行為は、EU委員会の実務によれば、手付金も含まなければならない。すなわち、履行されるべき供給、委託の種類、委託の履行を委託された企業とその地理的妥当範囲、販売価格と価格の変更可能な場合のその条件の決定権限、企業に付与される排他的権利と特別な権利の種類、企業が公的供給の委託を履行するための補償として受領する補償金の額および適合規定、つまり、義務の妥当期間である（一般的な経済的利益のサービスと国の助成金に関する2002年12月11日委員会通達）。

欧州司法裁判所の判例によれば、加盟国は、とくに、法的枠組および任務遂行の態様と方法を定めて、域内市場と競争制度に対して介入することを絶対に必要な範囲に制限しなければならないのである。欧州司法裁判所が補助金の禁止を委託された企業に対して適用するために展開した条件が、代表的である。

これについては、委託された企業に対する国の補助金が、それが単に企業が公的委託の履行の結果として補助的に担わなければならない費用を充塡するにすぎなかった場合にも、助成金として評価しなければならないかどうかをめぐって長い間争われてきた。その重要な実際上の意味は、委託された企業に対する融資の際に、EU委員会の助成金がさらなる監督分野をドイツ連邦共和国の地方自治体または州の負担で設置することを示さなければならないという点にある。その給付が市場の状況によればもはや価値がなくなったといえるような場合でも、委託された企業は、それを提供しなければならないことが一般的な経済的利益のサービス給付の内容上の特徴なのである。ここから、このサービスのための融資の態様と方法に関する核心問題が生ずるのである。重要な教示が、私的企業によるそのような給付の提供のための許可の付与に関する欧州司法裁判所の判例から取り出される。マグデブルグ市（Magdeburg）の市長がある私的会社に対し近距離交通許可を付与することに関連して、欧州司法裁判所は、ドイツ連邦共和国行政裁判所からの先行判決の請求の提出にもとづいて、特別の公的委託によってある企業に発生する超過費用が助成金であるかどうかについて裁判しなければならなかった。欧州司法裁判所は、企業が公共経済上の義務の履行のために提供する給付に対する反対給付となる補償であると見なさなければならない限り、国の措置は助成金ではないと決定したのである。当該企業は現実に融資の上でなんらの利益も受領しておらず、それゆえ、上述の措置が当該企業と競争する企業に対してより有利な競争上の地位を得させるようなことが生じなかったからである（2003年7月24日のAltmark Trans判決。Rn. 87）。ただし、それは、一定手続上の86条2項に関連して欧州司法裁判所が提示した条件が充足されている場合に限られるのである。公共経済上の義務の履行を委託される企業の選択が、公的委託の付与に関する手続の範囲内で行われる場合、助成金が割当てられても、その認可が与えられる条件について内容審査は行われない。それによって、これらのサービスを最も低い価額で公衆に提供できる参加者だけにチャンスがあることが保障されるのである。サービス給付の認可の公的な公示は、さらなる監督を不要にする欧州共同体法の1つの一般原則と見做すことができる。

助成金の監督をもたらす公示に関する選択肢は、保障を計算するパラメーターがまず客観的にかつ明瞭につくられ、その結果、その補償が競争企業の負担でいかなる経済的利益ももたらさないところで存在する。しかしながら、この補償は、公共経済上の義務の履行費用をその場合に獲得された収入およびこの義務の履行から生ずる相当な利益を考慮して、全部またはその一部を補填するために必要である額を超えてはならないのである。必要な費用の額は、平均的な、上手に経営し、補償に要する資金を備えている企業が当該の義務の履行の際にかかるであろう額を分析して決定しなければならない。その場合には、そのときに得た収入とこの義務の履行から生じる相当な利益とを考慮に入れなければならない。それに対して、加盟国が事後的に一定の公共経済的な義務を履行する資金を当該の企業に補助する場合、または、提供された補償がたとえ基準が事前に定められているときでも、EU委員会が正当な範囲を超えていると決定する場合には、助成金となる。

加盟国がどのようにして公共経済上の特別任務を財政的に援助するか、それは排他的権利の付与によってか、財政的補助によってか、あるいは認可によってかということとは無関係に競争中立性の原則が妥当する。委託された企業は、委託市場における有利な地位を、限界づけられた競争市場において利益を獲得するために利用することは許されないのである。1つの重要な例は、ドイツ・ポストに対する訴訟である。ドイツ・ポストは、EU委員会の見解によれば、残されたポスト独占から生ずる利益を競争にさらされた郵便小包取引に補助金を与えるために利用した。この訴訟の結果、郵便小包が封書部門から組織法上分離されかつ組織法上分離された子会社との間の決済価格が監督されることになったのである。

V 「非欧州」化のコスト

EU委員会は、欧州の利益を数量化するために、調整のイニシアティブを「非欧州」化のコスト計算をもって基礎づけることがしばしばであった。ここでは、そのような計算がそもそも可能かという疑念については触れないでおく。しか

し、われわれの関係では、法状況の比較は可能なのである。たとえば、電信電話制度においては、「非欧州」の条件の下で、つまり共同体法の介入がない場合とある場合との比較である。ドイツ・ポストは、法人格のない公的企業として継続する後でも、欧州最大のサービス給付企業として公的施設用に決められている特定の予算配分番号をもたない。その委託と任務とを対比する国庫会計上の原則に従って経営しているのである。もしもその委託が収入よりも高くなると手数料を値上げするのである。電信電話手数料は、郵便事業を補助したり、有線システムの構築のために使用することが許された。ドイツ・ポストによる電信電話の独占は、ドイツ連邦共和国憲法裁判所の判例が展開した進展する独占化の必要性が技術の発展と依存関係にあるかどうか改めて審査する義務を負うことなく、新しいすべての新電信電話技術に広がったのである。

　EUは、テレコミュニケーションとエネルギー経済について包括的なサービスという規律を法律上導入することによって、これらのサービスの特殊性、つまり、全住民が生活する上で重要であるという基準に合致するように考慮したのである。指令において定義されているように、包括的なサービスの前提条件がこの条件を守り、またそれと結びついた利益を隣接市場に委譲することは、実質的に必要である。エネルギー分野におけるとくに電気に対する規制は、自然独占としての配電および販売網の特性を考慮する。必要な規制は、ここでも、それ以前の法律状況と比較すれば、高められた合理性とこのサービスの提供の審査可能な採算性をもたらすのである。

第 3 編

法秩序と経済秩序の相互依存

第1章　権利の法制度との関連性

I　イエーリングの遺産

　カルステン・シュミット (*Karsten Schmidt*) は、「現代の法形成におけるイエーリングの精神」について、ローマ法の精神に関する検討を手がかりに論じている。シュミットのテーゼにおいて要約されているイエーリング (*Ihering*) の今日性を、かれは、主として、研究者が普通法上の文献を介して特別に参与している法形成の方法論に見出している。研究者の認識は、立法者と判例によって法を形成する意義を否定しない。しかし、カルステン・シュミットが方法論の争いにおいて研究者に法典編纂さえできる地位を割当てることは (テーゼⅢ) 明白である。この立場は、欧州の法調整におけるのと同じ様に、国の法律の争いにおいても確認されているとする (テーゼⅡ)。これらのテーゼは、実際に、「自然科学」的および「功利主義」的なイエーリングを引き合いに出すことができる。

　イエーリングは、全ローマ法を貫いている思想を個人の私的自治に見出す。それは、個人の権利は、その存在を国家に負っているのではなく、自己の力の完全性にもとづいて存在するのであって、その正当性は、個人自身において担っているという観念である。イエーリングは、今日の制度を「超国家的で自由な制度」と呼ぶ。かれの法律学に対する挑戦は、国際法の形成における純粋な国のローマ的特性を払拭することである。ローマ法の学術上の最高傑作は、法の典型として千年後に異民族によって継受される「非国家化のプロセス」が重要である。

　私法は、コスモポリタン的妥当性を獲得する。なぜなら、私法は、その正当性を個人の自治に起因するものと見なして、その実際上の効果が国家と無関係

な国際的経済取引において現れるからである。かかる考え方に法的形式を与えるのに役立つ概念は、権利の概念である。それによって、法そのものをより高度の凝集状態に移す自然科学の方法は採られるべきでない。実体法と抵触しないことに対する期待にも沿わない[4]。その理由は、イエーリングによれば、私法秩序全体の体系の資格を獲得する根拠である権利が[5]、私法を指示するという点にある。しかし、そのことは、権利の定義が法的方法論に対して特色のある影響を与えることについて、また欧州共同体法におけるのと同様に、公法における広範囲にわたる影響についても妥当するのである。同様に、そのことは、経済的自由権が依拠し、まさにそれゆえにカール・マルクス以来その権利の内容についても疑問視する強い批判の対象である経済秩序にも非常によく当てはまるのである。イエーリングの業績がこの基本問題の理解に関する重要な連結点を提供することは、かれの優れた認識を示している。以下では、かかる問題のいくつかについてイエーリング的な出発点に光を当てながら検討することにする。

II　慣習法と法律における目的

1．自由の自己制限としての慣習

　ベルンド・リュータース（*Bernd Rüthers*）は、法秩序と社会秩序の自由の内容について権利が与える核心的役割に関して国家社会主義と共産主義にもとづいて説得力のある説明をした[6]。これらの制度において権利を徹底して認めないことは、ひとが自己目的としておよび権利と義務の担い手として所与の法秩序において権利が有する重要性を指摘する。それによって権利の法制度との関連性が、明確になるように思われる。しかしながら、イエーリングにあっては、そのことは権利の制度にだけ妥当するにすぎず、社会と経済とのかかわりには当てはまらない。ジェレミ・ベンサム（*Jeremy Bentham*）は、この相克の父である。イエーリングは、一方で道徳と社会的効用との一致をベンサムの功利主義をもって根拠づけた[7]。他方で、かれは、主観的効用が客観的もしくは社会的効用の基準でもあるというベンサム理論の重要な基本的観点についてカントを援用して快楽

第1章　権利の法制度との関連性　155

主義として激しく否定した。それゆえ、イエーリングにあっては、かれが同様に包括的にそして同意しながら引き合いに出すベンサムの法理論とかれ独自の法理論との関係が説明されないままになっているのである。イエーリングは、それが同時に法の本質を根拠づける限りにおいて、ベンサムの行為理論と社会理論とに対して対決しない。ベンサムは、「善と悪」に関するすべての判断について、立法者や裁判所の判断であれまたは市民の判断であれ、その相互の関係においてある統一的な原則に従うのである。『立法と道徳の原理序説』において、つぎのように述べられている。

　自然は、人類を苦痛と快楽という2人の主権者の支配の下におく。かれらは、われわれがなにをなすべきかを決定するのと同様に、われわれがなにをなさなければならないかを指示する。一方において、善と悪の基準、他方において、原因と結果の連鎖は、2人の主権者の玉座にしっかりとつながれている。

　それに対して、イエーリングは、一方では国家が認める法の強制と道徳および慣習法の心理的強制とを相互に「先験的」に対比する。このテーゼは、イエーリングの著作が賛同と同時に厳しい批判にさらされている理由をおのずと説明するのである。イエーリングとベンサムにあっては、権利の概念と機能にもとづいて、多様な解釈をその法理論的核心に還元することが試みられた。イエーリングは、意思力としての権利と利益保護としての法との対比にもとづいて権利の本質を明確に示す。意思は目的ではなく、また権利を動かす力でもない。意思および力の概念は、パンデクテンの教科書で説明されているように、権利を実際に理解できるようにすることができない。そのことから、つぎのことが導かれる。「2つの要素は、権利の概念を構成する要素であり、実際の目的が同じである実体的要素、つまり、法が保障する有用性、利点、利益であって、さらに、目的に対して単なる手段の関係にある形式的要素、つまり権利保護、訴訟である。最初の要素が、中核であって、後者は、権利を保護する殻である。
　権利の概念は、その享受が法的安全にもとづいており、権利は、法的に保護された利益である」。
　イエーリングが及ぼす影響が一致しない最も重要な理由は、その後の社会学

理論に関する先駆者もしくは保証人としてかれを必要とすることである。慣習のルールによって実現されるベンサムに結びつく社会的な快楽主義は、それに対する最もよく行われる共通点を提供する。しかし、詳細に見ると、イエーリングの法と慣習との関係は、つねに要求しかつ前提とする法の歴史および法理論的認識の統一性に相応している。その関係について、一方では、慣習法および慣習における目的、他方では、権利のための闘争における権利に帰属するさまざまな機能にもとづいて究明しなければならないのである。

2. 自由の自己制約としての慣習

　イエーリングは、『ローマ法の精神』においては、慣習を抽象的な法によって保障された自由の自己制約と評価する。[15] かれは、ローマ法において私法と公法の種々の制度についてこの原則を証明する。[16] かれが要約したテーゼによれば、国法については、その使命は、慣習について抽象的な法を忘れないことにあり、私法については、抽象的な法に対し慣習を無視しないことが重要である。[17] それに対して、慣習法について明確にすると、不確実さの状態が慣習法に先行し、その状態を慣習（伝統）と呼ぶことができる。[18] この考え方は、権利の発展についても慣習に付随する決定的な役割を指摘する。さらに、イエーリングが補充する指示は、イギリスとアメリカの伝統における慣習の支配を明らかにする。[19] この伝統は、イエーリングにとっては、慣習、作法の理論および礼儀作法の役割を包括的に記述している法における目的において手本となる。イエーリングは、法制度を補充する「社会的な強制制度」に関する素地をかかる慣習のルールのなかに見出す。それは、「憲法上の自由」について論じられる場合、イギリスの伝統においては、自由な私法に付加されなければならないルールである。イエーリングがローマ法の精神において賞賛したエドワード・ギボン（*Edward Gibbon*）は、18世紀末に慣習と法との一致をつぎのように見事に定式化した。つまり、欧州の公共団体の基礎は、芸術、法および相互の礼儀正しい交際の共通の制度の上に構築された市民社会である。[20] イエーリングが、かれの理論の基礎として、快楽と苦痛という個人主義的な幸福を考慮に入れることを拒む場合、そこでは、カントと同じであるだけでなく、ベンサムに立ち向かったデヴィッ

第1章　権利の法制度との関連性　157

ド・ヒューム (David Hume) にもとづくことができる。快楽と苦痛とは、デヴィッド・ヒュームにとっては、自然のままの利益と本能の一部なのである。それらは、社会が法のルールに依存しており、そして、まさにそれゆえにかかるルールの基準として考慮しない理由なのである。[21]

規範的に理解された慣習の法律学上の成果は、法との区別に尽きるのではない。イエーリングは、ローマ法の精神におけるかれの理論とまったく一致して、道徳のルールのなかに法の必要な補充をみるのである。[22]道徳のルールは、それが外部的要請としてその社会目的から導き出された点で法と共通する。[23]イエーリングは、社会規範の法規範への移行を扱うのではない。しかし、私的自治に基礎をおく私法、分散したルールの形成および当事者の目的への方向づけが、イエーリングが「客観的慣習の目的論」と特徴づけた社会的過程と密接な関連をもつことは明白である。この関連は、明らかに、社会的に正当化され、規範的に考慮される期待であって、そして、それは取引慣行および商慣習として法の一部なのである。

ヘルムート・シュレスキー (Helmut Schelsky) は、法による社会的変更の理論としてのイエーリングの法および社会理論の解説において、一般的社会学理論に対するかれの貢献を確認する。[24]法がその執行のために実際の―社会的需要が必要であるように、この需要は、法によるその執行を要求する。それを社会の継続的な生活条件に変更するために、法観念に関する抽象化は、その一部である。[25]シュレスキーは、法律学の役割にとって根本的なこの関係を直接にイエーリングに倣ってつぎのように総括する。「一般化と観念化の過程を経たすべての具体的な法律は、再三再四、具体的な政治的―社会的諸力および状況によって再度具体的な法になる新しい法原則と法観念において止揚されるので、法の自己変革、法の法自身による批判が行われる」。イエーリングは、半分の真実を完全なものにする法の使命について述べ、その点に法における進歩に対する法律学の貢献をみるのである。[26]

ヴォルフガング・フィーケンチャー (Wolfgang Fikentcher) は、イエーリングの権利のための闘争にアダム・スミス (Adam Smith) の全体福祉の経済学理論に対する法的対応物をみる。全体の福祉は、個人的福祉の追求によって最も良く達成

される。しかしながら、イエーリングは、自己利益に対する配慮と社会的全体利益とのかかる関係を拒絶するのである。かれは、ベンサムが慣習はその効用性を主観的に証明しなければならないとしたことを「まったく不当な考えである」として退ける。かれは、社会の全体秩序に関する社会的および社会主義的な考え方の重要性を排除しなかった。かれは、競争と市場を自然的な秩序、法に先与する秩序の一部であると考える。

3. 権利のための闘争における目的

イエーリングにおける権利の概念と機能およびジェレミ・ベンサムの理論における権利のあらゆる現象形式の否定との比較は、イエーリングの法理論の核心に導く。その前に、ローマ法の精神における権利の古典的定義を「権利のための闘争」における権利の役割と比較しておかなければならない。

権利を中心に据えるイエーリングの著作は、『権利のための闘争』である。

> 権利のための闘争に取りかかろう。それは、侵害または権利の剥奪によって引き起こされる。いかなる権利も、個人の権利も国民の権利もかかる危険に対して保護しないので、—なぜなら、利益の無視に対する他人の利益は、自己の主張に対する権利者の利益の妨げとなるので—この闘争は、そのことから権利のすべての分野で、私法のレベルにおけると同様に、国法および国際法のレベルにおいても同様に繰り返されることが結論づけられる。

目的がすべての権利を創造する場合、それは、権利者が行う侵害の目的において実証される。最も重要な権利、奴隷の廃止、不動産の所有権、営業活動と信頼の自由は、その側で「権利」のために継続された闘争の成果である。これらの権利が実現される権利の形成過程は、法へとつながり、そして、権利は、法の一部になる。自然法上および理性法上存在している権利は、存在しない。それに応じて、権利のための闘争は、主として客観的意味における法の一部として私法上の権利の実現をテーマにするのである。

同世代人と後世代人とが最も関心を抱いた問題は、権利と社会的快楽主義との既述した対立関係に還元することができる。それでは、利己主義、訴訟中毒

および独善を鼓舞するように思われることは、権利理論の社会的および経済的作用と付随的作用についていかなる態度をとるのであろうか？　後世代の人の解答は、社会学と法律学とでは一致しない。エリク・ヴォルフ（*Erik Wolf*）は、1939 年につぎのように述べた。

> すべての理論は、しっかりと根拠づけられるためには、最上位の法的価値を必要とする。イエーリングは、すでに首尾一貫して、すべての個別利益を包括する社会の存在目的からその法的価値を導き出すことができたかもしれない。しかし、かれはそのことに成功しなかった。[33]

　エリク・ヴォルフにあっては、共同体を時代の制約のために明確に関連づけていないとしても、かれは、イエーリングの法理論の権利の行使から生じる社会秩序と経済秩序との関係に関する基本問題を定式化する。すなわち、イエーリングは、その問題について、権利と社会的道徳のかれのかつての特別な秩序原則との対立関係に集約した。個人が自己の権利を確保するために守る個人の利益は、イエーリングによれば、利己心と利己主義から生ずるのではなく、また裸の実利主義に使役されているのでもない。[34] 利益がたとえ権利の実際上の核であっても、権利侵害は、権利に対すると同時にひとに対しても行われることになる。「所有権は、客観的に拡大された自己の人格の周辺部であるにすぎない」[35]。私法主体は、自己の法感情を満足させる自己の権利のために闘争する。法感情は、権利者自身に対する自己の義務を根拠づけるのである。[36]

　ここでは、利己心の動機づけを理想的な確保から区別することがいかに現実的かという明確にされていない問題を扱うことにする。権利は、その実現することになればなるほど法に依存するが、法は、その内容と効果について同じ様に権利の実現に依拠しているという基本的考え方は、この種の反対にあっても崩壊しない。[37] 法の具体的な権利との「連帯」（58頁）は、全体秩序の一部としての私法の法の内容を指示する。権利の実現を現行法に依存している権利と法の実現に対する公益との間には対立関係がなく、両者が相互に依拠する関係にあるという考え方は、権利の制度的理解のための鍵であって、またその社会的重要性へ向かうべき入り口なのである。道徳についてイエーリングがベンサム

から受け継いだ社会的快楽主義は、かれが結びつけることができた秩序原則を認識できないので役に立たない。イエーリングは、法を現行法において実現されるべきであると観念することにとどまっている。[38]

　私法のレベルでは、つまり私法主体相互の関係においては、権利は、人権上の灯台としてではなく、分散的なルールの形成のための出発点として作用するのである。利益保護としての権利は、「利益法学」への方向を指示する。その提唱者は、イエーリングの先駆的研究を引き合いに出す。[39] 権利主体は、対立する利益をもって相互に向かいあっている。裁判官の決定すべては、これらの利益を区別して理解し、また法律上の価値判断と価値観念による利益考慮によって到達しなければならない。裁判官は、法の適用と従属的ルールを補充して、法律からもたらされる価値判断および、万が一の場合には、法共同体において支配するものに拘束されているのである。[40] ヘルムート・コーイング（*Helmut Coing*）は、この私法上の核心をつぎのように権利に統合した。

　　私的法律関係は、個人権の相互対立として理解され、また、そのような権利の基礎は、法律行為であっても、違法行為・不法行為であっても、ひとの行為に見出されるのである。かかる制度には、自由と平等の観点が認められる。すべてのものは、自由でありでかつ平等である。一なぜなら、すべてのものが権利をもち、かつ、この権利は、自由な行為によってのみ変更することができるからである。[41]

　権利に対して作用しかつそれを変更する自由な行為は、帰責できる違法行為と同様に、契約である。それは、自由な行為による権利の変更であり、私法秩序の経済的および社会的ダイナミズムを説明する。それによって視線のなかに入る法規の解釈と適用は、権利の存続と経済的価値における見通すことができない多様な継続的変化を限界づけ、そしてそれを整序する。利益法学がイエーリングとベンサムの影響に起因するものとしばしば見なされているが、このことは、ベンサムにとっては当然であったように、法の解釈と適用が功利主義的な考慮に従うことを意味しない。

　その法的基礎が権利である競争も、つまり営業と競争の自由とは、自由な行為が導く社会的過程の一部である。ここでは、公正競争を不正競争から区別し、

自由競争を制限的競争から区別し、そして、企業の行為自由の限界を市場力をもって根拠づける法の展開を改めてたどることは不要である。競争を権利の制度のなかにはめ込むことの特別な困難は、とりわけ、公正競争も結果として他の競争者の犠牲で経済的損害をもたらすことがあるということから生ずる[42]。しかし、もし公正競争における損害が違法でない場合、この原則の限界に関する問題は、避けることができない。それは、多くの回り道をして結局不正競争および競争制限禁止法に導く。民法の制度においては、民法823条1項の意味における権利を侵害しない経済的損害は、例外的に賠償義務を負わせるにすぎないので、不正競争の限界は、まず民法826条の助けを借りて見つけ出すことができるにすぎない[43]。

　要約すれば、私法における権利と法の相互作用にふさわしい独自のかつ制度を根拠づける意味が問題となるのである[44]。しかし、同時に、権利の行使から生ずるある秩序の法的かつ社会的な質が重要である。この秩序が、私法社会なのである[45]。私法の自己修正能力に対する新たな挑戦が、私法社会をもって定式化される。展開する社会的および経済的諸力の法に対する作用は、この挑戦の一部である。イエーリングは、それを正義の問題としてではなく、社会的変化の源としておよび法に先与する自律性として考えた。ヴィアッカー（*Wieacker*）は、この点についてかれを激しく批判した[46]。

Ⅲ　幸福に対する権利と幸福についての義務
──ジェレミ・ベンサムの権利論

　イエーリングの持続的な影響は、正当な利益の保護としての権利というかれの概念から出発している。グスタフ・ラートヴルフ（*Gustav Radbruch*）は、法哲学と関係なくすべての法に見出すことができるある先験的な法概念について述べる[47]。しかしながら、かれは、かかる概念の内容が法と社会秩序の変更に依拠して変化することを付け加える。社会的権利の基礎としての社会に拘束されたひとの集団が、平等概念としてのひとに代わるのである[48]。しかしながら、かれの承認に反して、その概念は、人的関連を維持し、そして相手方の登場を促す。そのうちの最も重要な人物は、ジェレミ・ベンサムである。それにもかかわら

ず、すでに判明した限界において、自己の理論についてベンサムを必要とする。ここでは、イエーリングが功利主義を整理する哲学的環境には触れないでおくことができる。むしろ、イエーリングの理論と合致しない権利否定の理由を検討しなければならない。それは、アメリカとフランスにおける人権宣言の批判に最も明確に述べられている。[49]「ナンセンスな大言壮語」は、なるほど文学ではけんか腰の表現と理解されよう。しかしながら、この批判の基礎をなす考え抜かれた法理論は、あまり考慮されなかった。以下では、この理論を法制度における権利の関連に関する意義に限定して取り扱うことにする。

　ベンサムの法理論は、核心においては立法理論である。法理論の目的は、完全かつ不備のない国家がつくるべき法制度であるため、それは実証主義的理論なのである。そして、その法制度は、コモン・ローの判例法を法典編纂によって克服するのである。それは、全体論の理論なのである。なぜなら、それは、個人と社会との安寧をすべての立法の目的として功利主義の原則に従って要求するからである。[50]共同体の構成員の最大多数の最大幸福は、すべての構成員の権利を含んでいる。それは、主権者の措置が善か害かによって判断できる唯一の認められた基準でもある。[51]その法理論は、そのような立法について形式（grammar）を細部にわたり自由に使わせる。この理論がすべての法的地位を主権をもつ立法者に起因すると見なすのは、これが実証主義に属していることを悟らせる。法は、本来のまたは委譲された強制権限の全体から成り立つ。「主権の範囲内で付与されかつ違法でないすべての命令は、いずれにしても主権者の権限である」[52]。すべての契約上根拠づけられた義務は、立法者がそれを承認する（adopts）場合およびその限りにおいてのみ、このような仕方で法律上の義務になる。民事訴訟は、当事者が都合の良い判決を求める「競争の手続」である。判決は立法の一部である。法律違反は、言い渡された判決に逆らう場合に初めて生ずるのである。[53]

　この制度においては、それだけで契約を正当化する私的自治は存在しない。強制権限を導き出すことができるすべての合法的行為は、立法者によって一時的に承認される（preadoption）。それが法的命令（manndats）になるかどうか、もしなるとすればそれはいかなる内容をもつかについて決定することは、裁判所に

留保される。この留保は、形式的なだけではない。むしろ、当事者相互の間で自由に合意されたかまたは方式義務のある契約の内容と裁判官によるその判断との間にある原則的な対当関係が存在する。裁判官が、一時的な債務関係を初めて強制的な債務関係に変える。それに違反して行為する者は、判決によって効力が生ずる法律上の命令に違反する。[54]無効な契約と同様に、有効な契約は、それに対して一時的な根拠を提供するが、裁判官の判決は、拘束的根拠を提供する。裁判官にとって功利主義的な定言的命令が、決定的なのである。方式義務のある契約が方式を守らずに締結されたかまたは方式に違反して締結された場合、その実施が不利な効果(mischievous consequences)をもたらすかどうか審査しなければならない。そうでなければ、裁判官は、それを有効な契約のように扱わなければならない。[55]裁判官も、立法者と同様に、全体利益について利益と不利益とを相互に比較考慮して、契約の履行をかかる比較考慮によって決定しなければならないのである。[56]重責を負っている裁判官は、つねにルールのヴェールを見抜き、基礎をなしている目的(rationals)と解決されるべき問題とを考慮に入れるべきである。最も良い判決とは、あらゆる個別事例において重要な状況の全体を考慮した判決なのである。[57]

　法典は、一定の範囲の秩序とそれに対応するルールを含む。経済および社会の変化の必要性に適合することは、第一義的には(市場の)当事者の問題である。しかしながら、裁判所は、正当な期待と全体の福祉とを考慮して裁判するのである。当事者は、自己の将来を規制し、裁判官は、事後的に経験に照らして功利主義的な定言的命令を考慮して判断するのである。法または資料において個人の計画および裁判所の裁判にとって決定的な理由を取り出すことが、立法の使命なのである。裁判官は、法の意思を個別事例において認めさせることができるためにだけ立法者に従属している。裁判官は、個別事例において当事者とその期待に対して全体の幸福を考慮して最善の解決を見出す権限を与えられているものと見なされるのである。

　このことは、同時に、法的に保護されかつ保障された個人の自由の本質としての権利がベンサムの理論になじまない理由である。自由(liberty)は、ホッブスにおけるのと同様に、法の沈黙から生ずる。しかしながら、法の沈黙は、一

すでに強調したように—法がない空間に導かない。それは、むしろその普遍的権限を指示する、立法者の一時的な沈黙から生ずるのである。「漠然とした命令(indecisive mandates)」なのである[58]。それによって行為自由の広い範囲が捉えられる。ベンサム自身は、このパラレルをつぎのように指摘する。「法典に採り入れられる最も重要な法律のいくつかで、そこに自由と呼ばれるものを見出すことができる権利は、その現れなのかもしれないことが容易にわかる」[59]。ハートは、「漠然とした命令」または「許可」について「自由権」という概念を提案する[60]。かれは、ベンサムの重要性を、主として、立法者が意識的に規制しなかった分野、たとえば経済的競争の分野をベンサムが捉えている点にみる[61]。ベンサムの専門用語に法的義務がまったく欠落しているのは、そのようにしてつくられた自由の余地の実際上の重要性を正当に評価していないことなのである。

　権利は、ベンサムにあっては、命令し、禁止しまたは許す(command, prohibition, permission)法規の反映である。マックス・ウェーバーによれば、経済秩序にとって最も重要である(19頁以下を見よ)沈黙している許可法に共通する点は、ある活動を禁止しないということだけである。立法者がある営業の経営権を設けることを欲する場合に思いとどまらなければならないことは、当該活動を禁止することだけである[62]。禁止されなかった活動を行うことから発生する事実上の社会的または経済的地位(「condition」)は、それ自体保護されない。かかる地位と結びついている利益(benefits)は、財産権に属さず、したがって、一般的に妥当する法律上の禁止(offences)によって保護されているにすぎないのである。営業を行うことについて適用される規制は、その側で法的制裁を課すことができる対応する義務を設ける。

　したがって、ベンサムの法理論においては、権利を否定するかまたは疑問視する最も重要な根拠が重なりあっているのである。つまり、全体の幸福という功利主義的最大化としてのすべての規定の最終目的、すべての法が立法者に還元するという実証主義的法理論である。その結果、個人の権利は法を反映したものにすぎないのである。そして、すべての法は、命令と服従に起因するものとみなす法の定言的命令の理論なのである。

Ⅳ　権利の個人との関連性

　それは、権利を人に関連づけることであり、権利に無視できない重要性を与える。権利は、必ず「個人主義的」なのである。イエーリングは、権利の概念において、この共生という広範に広がる制度的意味を指摘した。権利の担い手としての法人は、法人が行使する権利について、外部の関係と内部の関係とを区別する必要性を根拠づける。権利を介してすべての保護できる利益を組織化することもできるので、法人が関与することから重要な結論を引き出すことができる。それは、内部関係においては構成員の権利に、また外部関係においては法人を代表する法人の権利に妥当する。そのことによって生ずる法律問題は同じではない。イエーリングは、かれの権利概念にもとづいてその関連性を説明した。そのことによって、法人の個々の構成員は、内部では権限者であり、外部に対しては観念された全体として権限を有するひとの純粋概念として法人が現れるのである。イエーリングは、この考えを適切に法人の「本質」という別の問題と区別する。しかし、まさにこのことによって権利の担い手としての法人の技術的特殊性と結びつく意味が明らかになるのである。ニクラス・ルーマン (*Niklas Luhmann*) は、この関係をどちらかといえばアイロニカルに指摘した。つまり、「法においてあらかじめ備えられた権利の形式において、法制度は、それ自体ひとを法制度に包含するという問題を気づかせる」。この問題は、一方では権利の特性から、他方では法人を権利主体として認め、そして法制度のなかに受け入れる特別の目的から生じるのである。制度理論が見守る視線は、法的規律を超えてそこから生じる法的結論を証明するのに適している。

1．権利と自由のパラドックス

　ルーマンは、権利の形態を「近代の法革命の最も重要な成果」という。権利だけが、法技術的に役立つ自由のパラドックスを把握することを可能にする。すなわち、自由の条件としての自由の制限の必要性、つまり、不可能なものの制限、自由意思を法律によって具体化することである。権利は、相互関係の目

的を抽象するが、契約を制度として見捨てることがないので、契約の自由と権利とは発展史上互いに対になっている。個人は、固定的な地位の喪失に対する補償として権利が与えられる。(69)これは、実際の歴史の上ではフランスにおける人権宣言の最も重要な影響の一部である。契約は、個人の装備を所有権と権利によって法律取引の対象にする手段であって、法は、この手段を自由に使わせている。制度理論の専門用語によれば、契約は、時間的には、他のあらゆるもの、とくに契約に関与しない人々や会社等の困惑に反応せずにある特殊な差異を安定化する。(70)さらに、ルーマンは、契約の自由は、それに対応するものを市場の規律手段に見出すにちがいないと適切に付言するのである。かれは、そのことによって、私法および私法と結びつく法と経済秩序の理解のために決定的な状況を把握する。(71)権利と契約とは、個人に自分だけが自由に利用できる情報を完全に利用できる状態にする。個人の法的地位は、適切な行為のルールの制度によって私法のなかにはめ込まれる。これは、正当な期待、とくに作為または不作為に対する契約上または不法行為法上の責任を定める。重要なことは当事者に知れているかまたは適切な注意を払いさえすれば知ることができる状況だけであるという原則である。この原則は、同時に、裁判官が判決に採り入れなければならない状況を限定するのである。

　ルーマンは、注目に値するかれの法社会学のさらなる展開において、法と経済秩序との構造的結合を彼の理論のなかに受け入れた。(72)そのような結合は、制度が環境の一定の特色を継続的に前提とし、構造上それをあてにする場合に生じるのである。(73)この結合を行う概念または制度は、契約の自由、所有権、その他の権利および競争なのである。マックス・ウェーバーにあっては、契約の自由と権利の役割との比較は、カール・マルクス以来中心になっている法と経済制度の関係を積極的に結びつけることを表す。マックス・ウェーバーは、ベンサムからかれの法実証主義だけではなく、法原則を禁止するもの、命令するもの、許すものに区分することについても継承する。(74)マックス・ウェーバーにあっては、すべての「いわゆる自由権と契約の自由」は、許すかまたは権限を与える法原則の一部なのである。それは、経済秩序にとってとくに重要である。(75)つまり、すべての権利は、市場の広がりに関係するのである。それは、かかる仕

方で資本を物、財産およびひとと一緒に利用することに向けられる。契約の自由についてはカール・マルクスに完全に倣って、つぎのように要約する。「したがって、契約自由の結果は、まず第一に、他に対する力の獲得の手段として、権利の制限によって妨げられることなく、これを使用する市場において所有しているものを賢く活用することによって機会を切り開くのである」[76]。

それに対して、ルーマンは、権利の行使から生ずる衝突を権利と法との緊張関係を甘受し、そして、その緊張を法の助けを借りて克服する社会の1つの特徴として評価する。権利の担い手自身と関連する第三者について、すべての権利の必要なひとへの関連づけは、その一部である。訴権の助けを借りて衝突を解決することは、契約の自由を類推して、「他のすべてに対する無関心の下での特殊な差別化である」と定義することができる。衝突は分散され、そして局部に限定される。それは、法にもとづいて当事者に帰責できる作為または不作為に制限される。この「差別化」は、衝突の当事者の動機に当てはまり、その将来の計画およびうまく締結された取引のその後の効果に妥当する。第三者の利益は、実体法上および手続法上の理由にもとづく判断によって排除される。この限定は、契約法においては長い伝統を有している。しかし、裁判上の争いの調停も、具体的な衝突とその判断について重要な状況によって限定されている1つの訴訟物を前提とするのである。

2. 法　　人

民法の標準的教科書の説明においては、私法全体が権利に合わせていることは当然の前提である。その組織(法人)の目的について権利がもたらす財産の拘束をその他の私法と合致させようとする場合、それは、その組織を権利主体として承認することによって行うことができるにすぎない[77]。それは、イエーリングも法人について根拠づけた権利とその権利の担い手との相互の依存関係である[78]。権利の既述した機能は、自由な社会的行為は機能的に制限されかつ場合によっては標準化された行為であるという原則を確認する[79]。この観点においては、法的に承認された利益の自然人による代表と法人によるそれとの間に相違がないのである。この「法人の本質」(ドイツ基本法19条3項)にもとづいてのみ制

限される同等化は、「営利を目的とする社団」について憲法上も広範に一致している。営利を目的とする社団は、財産を独立させ、そして権利の担い手である。権利は、当該社団が、自然人と同様に、経済活動を行う際に必要とする。その独立化は、第三者との関係では、責任制限として作用する。構成員との関係においては、法人は、構成員の権利として特別の権利の会社法上の形成に導く。民法典の立法者は、営利を目的とする社団については、会社法の強行的規定を回避することを阻止するため許可主義を定めたのである。

この目的は、営利を目的とする社団と非営利社団との関係に関する議論も決定する。議論は、主として、非営利社団については、その目的が「経済的業務」を志向することが許されないことからいかなる限界が生じるかという問題に関して行われる。非営利社団は、結社の自由と意見表明の自由によって正当化されるから、この社団には準則主義は問題がないという適切な見解が長い間主張されてきた。企業経済分野の外で見込まれる構成員と社団機関の内部における利益衝突も容易に規制することができるのである。

ドイツ基本法9条1項と2項における結社の自由の射程範囲に関する議論は、同様な判断を認識させる。ドイツ連邦共和国憲法裁判所は、「人権上の内容」を結社の自由との関連性、そしてその「ひとの根本的特質」を強調する。それは、このひとへの関連づけであり、この関連づけが権利と法人との関係を非営利社団について確定的に説明するように思われる。それはルペルト・ショルツ (*Rupert Scholz*) が詳細に述べた結社の自由という基本的自由、自由な存続および内部的機能の展開ならびに社団の活動の自由（外部の結社の自由）としての部分的保障を確認する。外部の結社の自由とは、一般法の限界においては、国家の介入に対する結社の拒否権なのである。第三者の権利は、共通の観念的利益とその平和的手段の組織化によって原則的に関係しない。しかしながら、それは、「自己の権利」、したがって、その構成員と結合体の権利が問題とならないところで、組織が訴権を認められる場合には基本的に変化するのである。

1つの重要な例は、構成員がその確保と促進のために、結集した価値を実現する権利を備えた非営利社団である。この方向は、EUにおいてとりわけアムステルダム条約によって挿入されたEU条約（EUV）13条との関連ではっきり

とした形をとる。指針は、性、人種、民族、宗教あるいは世界観、障害、年齢または性的志向にもとづく差別と闘うために、同条が定める「適切な予防措置」の一部なのである。加盟国は、とりわけ指針の遵守について配慮することに関心がある組織をその実現に参加させる義務を負っている。この義務はドイツの一般平等待遇法（AGG）23条に相応している。

反差別団体が抽象的に危険にさらされる場合に訴権が認められるときは、非営利社団に関する法において新たに考慮されるべき利益衝突がとくに明確に現れる[84]。そのことによって、法的に保護されたひとの利益とそれに結びついた訴権の権利との特徴的な結合がなくなる。当該団体は、この場合には、その構成員と同様に、権利の担い手として問題にならない。この問題は、反差別団体に限定されない。それは、民衆訴訟によって構成員の「理想」を促進できる私法上の組織について特徴的である。その両面価値は、それが別の人権上も重要な第三者の利益を危険にさらすことから導かれる。つまり、契約の自由、コミュニケーションと意見表明の自由、そしてもちろんプライベートな領域である。ひとの慣習と習慣を任意に監視する者は、自己確信とミッション精神とが傑出しているのである。ルーマンは、ここで示唆だけしておいた問題を一般化して分析した[85]。そのことによって、実体法と手続法とを結合し、そして、法人としての組織は、なぜ自己が自由にできない権利のために尽力できるのか、とくに、なぜそのような法人が、個人と同様に、それをするかまたはしない自由をもつのかという問題に立ちはだかっていた締め金が緩められることになる。制度の自己記述を権利主体に焦点を合わせることが、それによって打ち砕かれる。

権利主体の変更された役割とその新たな自由への関連づけとは、第三者の権利に対する介入と横暴の余地がある権限において権利が急変してしまうことを教えるのである。

V　EUにおける権利[86]

欧州共同体法が加盟国における市民に与える権利は、直接に適用できる規定が問題となる限りにおいて、憲法という地位を創設するのである[87]。イエーリン

グが発展させた理論は、その法理論的理解に役立つことができるのである。つまり、権利は、欧州共同体法上保護された利益である。法が個人に付与する権利を行使する当該個人は、まさにかかる法を実現することにも貢献する。権利の形式的な側面（訴権）は、その内容と結びつかなければなければならない。欧州共同体法においては、権利の担い手の特殊性、つまり、権利の主体と新たに定義されるべき保護された利益とに関する特殊性を補足的に配慮しなければならないのである。

1. 権利の主体

EU 条約の文言は、権利の意味を認識させない。その法源は、欧州司法裁判所の判決なのである。欧州司法裁判所は、「条約の適用と解釈において権利」を守る。欧州司法裁判所は、EU 条約の体系的な、憲法にふさわしい適切な解釈において、加盟国外の権利主体が加盟国における市民であると判示した。欧州連合の権利主体である者だけが、その欧州共同体法における権利の担い手であることができる。この権利は、それが法の人的適用範囲自体について決定する場合に限って、独立の権利として主張することができるのである。欧州司法裁判所は、1963 年 2 月 5 日の判決において、この要件を定式化した。加盟国以外に個人も共同体の権利主体なのである。独立の共同体法は、個人に義務を課すだけでなく、権利も付与する。「そのような権利は、条約がこのことを明文で定める場合だけでなく、条約が、加盟国と欧州共同体の機関と同様に、個人にも明確に課している義務にもとづいても生ずる[88]」。

権利によって実現された欧州共同体の権利の最も重要な効果は、伝統的な国際法と比べると、もはや相互の譲歩もしくは抑制によって衝突を和解できる直接の当事国の問題ではないという点にある。欧州共同体法は、相互的な利益調停に代わるものである。それは、一般的国際法において、また経済国際法においても欠けている有効な制裁制度である[89]。市民が共同体法の適用に関与することは、加盟諸国間の衝突を中和しかつ非政治化することに役立つ。この負担の軽減は、加盟諸国との関係においてのみ妥当するのではないのである。それは、同様に、加盟国と「条約の番人」として EU 条約運営 226 条の手続では、加盟

国の条約違反に介入する権限をもつ EU 委員会との関係においても有効である。欧州裁判所は自己利益に結びつく訴権の高い効率性を考慮するが、とくに、それは、加盟国の条約違反に対する私的手続の実際上の効果が、EU 委員会のそれよりもはるかに効率的であることを教えるのである。

2. 保護された利益

　欧州共同体法における権利の特別な役割は、国際法との関係においてだけ果たすのではなく、ドイツの公法との関係においても現れる。ドイツ公法における権利の保護との対当関係は、イエーリングによって継承された権利の概念に基本的に変更された利益状況をあてがうことから導かれるのである。ゲオルグ・イエリネーク (Georg Jellinek) は、権利が国家の権力主体に向けられていることに公法における権利の特殊性を見出した。それゆえに、その目的は、つねに個々の行為を介して個人が獲得できないものを提供することにある。さらに、個人の公法上の権限は、国家との厳密な個人的関係にもとづいている。それゆえに、公法上の権利の内容は、私的処分権の対象ではない、とされる[90]。マジング (Masing) は、公的権利の概念メルクマールとしての個人的利益の体系的根拠づけの意味をつぎのようにまとめる。すなわち、「『個人的利益』の概念メルクマールは、基本的意味と理論について、基本的意味と理論によって今日まで歴史的な文脈のなかではほとんど十分には説明されていないのである。すでに私法上の演繹によってそれ自体が描かれるように、このメルクマールにおいて明白なルドルフ・イエーリングへの回帰が、結局、公的権利の本質を根拠づける。それは、厳格に個人に関連づけられておりとくに個人の利益に役立つのである[91]」。国家が守るべき公的利益がそれと対立する。この伝統は、とくに行政法における権利保護および拒否権としての基本権の解釈に影響を及ぼしている。その伝統は、共同体法との基本的な対当関係を明確にさせるのに役立つので、ここではその部分について触れることにする。欧州共同体法の権利は、共同体の公的利益と対立しているのではなく、その実現に貢献するのである。

3. 訴　権

　加盟国の主権を EU に制限的に委譲することは、その主権を EU の権限に転換することに導く。欧州共同体法がこの権限にもとづいて明確な、したがって留保によって限定されない司法審査の対象となる義務を加盟国または EU の機関に認める限りにおいて、個人の権利が生ずる。司法審査が可能な規定の基準は、加盟国の裁判所に対して訴えを提起できるすべての権利の特性に対応する。その限りにおいて、裁判所が権利について市民が欧州共同体法を引き合いに出すかまたはその違反を主張できることを述べるかあるいは判示するかどうかに依拠しない。そのようにして創設された欧州連合市民の権利は、加盟国の裁判所において保護される。その権利保護は、効率的でありかつ加盟国法のそれと同等でなければならないのである。

4. 権利と法

　いかなる利益が共同体法上保護されまた権利の内容を決定するかについては、欧州共同体法上の規制の目的と加盟国の権限との関係によって定めなければならない。列挙された権限（EU 条約 5 条）から、EU と加盟国の権限との関係を優先的に考慮しなければならないということが結論づけられるのである。欧州共同体法の適用と実現について市民を「動員」しても (Masing)、もしも域内市場および競争に対する EU の公的利益と権利とによって強化された連合市民の個人的利益とが一致しなければ、それによって開かれた国境を越える競争への参加を可能にしないであろう。憲法的な自由は、フランス革命以後ほとんどの欧州諸国において憲法で保障された経済的自由権をヨーロッパ化する[92]。

　基本的自由に関する判例は、その憲法的な性格を根拠づけた。それらの判例は、加盟国から国境を越える経済取引に対する支配権をとりあげたので、外国貿易政策の保護主義的措置によって公的利益のために国のレベルにまで拡大された市民の基本権を活性化した。この関係も欧州共同体法の基本的自由を基本権として評価することに役立つのである。欧州共同体法について代表的である基本的自由のこの中心分野においても、権利の射程については、主張された法律違反とそれについて妥当する例外に従いながら裁判しなければならない。欧

州共同体法上定められた例外が適用されない国籍にもとづく差別化においてだけ、権利の内容と効果が、禁止の構成要件事実と一致する。区別なく適用できるが域内市場を妨げる措置にあって、判例が認めた例外は、加盟国が強行的な公益のために権利の射程内でそれに対応する方式を示すのである[93]。

統合の当初に欧州共同体法の権利について誤って理解された個人主義的に自由な性格と政治的連合の象徴における権利との間には対当関係は存在しない[94]。「あらかじめ決定された統合の目的論」から、共同市場の創設、農業市場の創設および経済同盟と通貨同盟の創設にあって、「それ自身EUにおける政治的過程の対象でなかった」目標設定が問題となったという結論を導くこともできない。EUにおける政治的過程は、そのために投入された公権を組織し、規制し、あるいは計画する措置に還元することができないのである。域内市場と競争システムの憲法上の序列は、そのことによっては達成されることがないであろう。さらに、欧州共同体法上の「法の支配」に対する欧州司法裁判所のこれまでの判例の決定的な貢献についても考慮されていないのである。ヤコブス (*Jacobs*) 法務官は、加盟国の裁判所が国の法律と欧州共同体法との合致について裁判する場合は、この原則が、とくに加盟国の裁判所を拘束することになると適切に強調した[95]。

マックス・ウェーバーは、契約の自由と経済的自由権の「資本主義」の現実において、それらの自由と権利の内容を否認する。将来の発展に対する予見も含む限りにおいて、そのことは、欧州共同体法によって論駁されるのである。それは、国の政治的戦略における資本主義の利用と支配利益に関しマックス・ウェーバーが行った評価についてとくに妥当する。制度を決定する欧州共同体法における権利の意味は、とりわけ、そのことから国が加盟国における市民について平等に取り扱うこと、および国が欧州共同体法の核心部分においていかなる権限をもち、いかなる義務を負担しているかという問題について結論を導き出すことにあるのである。リスボン条約は、この状況を域内市場と競争システムについても承認する[96]。しかしながら、この状況によって導出される法律状態が、政治同盟の目的をもつのかまたは基本法の性質を備えるものかという争いについてはまだ見分けることができない。

(1) Okko Behrens (Hrsg.), Privatrecht heute und Ihreings evolutionäres Rechtsgedanken, 1993, S. 77-106 に所収。
(2) *Rudolph von Ihreing*, Geist des römischen Rechts auf den verschiedenen Stufen seiner Entwicklung, I. Teil, 7. und 8. Aufl. 1924, S. 82.
(3) *Rudolph von Ihreing*, Geist des römischen Rechts (Fn. 2), S. 85.
(4) *Rudolph von Ihreing*, Geist des römischen Rechts (Fn. 2), S. 371-379.
(5) *Rudolph von Ihreing*, Geist des römischen Rechts (Fn. 2), S. 365.
(6) *Bernd Rütheres*, Rechtstheorie, 3. Aufl. 2007, Rz. 69 70; *Ernst-Joachim Mestmäcker*, Die Wiederkehr der bürgerlichen Gesellschaft und ihres Rechts, in: *ders.*, Recht in der offenen Gesellschaft, 1993, S. 60-73. も見よ。
(7) *Rudolph von Ihering*, Der Zweck im Recht, 4. Aufl. 1905, Band II, S. 128, 133 ff.
(8) *Rudolph von Ihering*, Zweck im Recht (Fn. 7), S. 54.
(9) *Rudolph von Ihering*, Zweck im Recht (Fn. 7), S. 133.
(10) *Jeremy Bentham*, An Introduction to the Principles of Morals and Legislation (1822), University of London Edition, 1970, S. 11.
(11) *Rudolph von Ihering*, Zweck im Recht (Fn. 7), S. 142.
(12) *Steffen Luik*, Die Rezeption Jeremy Benthams in der deutschen Rechtswissenschaft, 2003. がこれについて包括的である。*Wolfgang Fikentscher*, Methoden des Rechts in vergleichender Darstellung, Band Ⅲ, Mitteleuropäischer Rechtskries, 1976, S. 101-282; *Erik Wolf*, Große Rechtsdenker der deutschen Geistesgeschichte, Ein Entwicklungsbild unserer Rechtsanschauung, 1939, S. 491-540; *Helmut Schelsky*, Das Ihering-Modell des sozialen Wandels durch Recht, in ders. (Hrsg.), Die Sozialwissenschaften und das Recht, 1980, S. 147-186 も見よ。
(13) *Rudolph von Ihering*, Geist des römischen Rechts (Fn. 2), Band Ⅲ, S. 330, Fn. 438.
(14) *Rudolph von Ihering*, Geist des römischen Rechts (Fn. 2), Band Ⅲ, S. 339.
(15) *Rudolph von Ihering*, Geist des römischen Rechts (Fn. 2), Band Ⅲ, S. 308.
(16) *Rudolph von Ihering*, Geist des römischen Rechts (Fn. 2), Band Ⅲ, S. 143.
(17) *Rudolph von Ihering*, Geist des römischen Rechts (Fn. 2), Band Ⅲ, S. 286.
(18) *Rudolph von Ihering*, Geist des römischen Rechts (Fn. 2), Band Ⅲ, S. 294.
(19) *Rudolph von Ihering*, Geist des römischen Rechts (Fn. 2), Band Ⅲ, S. 143, Fn. 157.
(20) *Edward Gibbon*, The Decline and Fall of the Roman Empire, The text edited by J. B. Bury, with the notes by Mr. Gibbon, The Introduction and the Index as Prepared by Professor Bury and a letter to the reader from Philipp Guedalla (1780), 1946, S. 1221.
(21) *David Hume*, Dialogues concerning natural religion, in: The Philosophical Works (Edition Th. Green/Th. Grose), Vol. II, S. 377, 446.
(22) *Rudolph von Ihering*, Zweck im Recht (Fn. 7), Band II, S. 138 ff.
(23) *Rudolph von Ihering*, Zweck im Recht (Fn. 7), Band II, S. 105 ff.
(24) *Helmut Schelsky* (Fn. 12), S. 147-186.

第 1 章　権利の法制度との関連性　175

⑳　*Helmut Schelsky* (Fn. 12), S. 164.
㉖　*Rudolph von Ihering*, Aufgabe und Methode der Rechtsgeschichtsschreibung, in: Christian Rusche (Hrsg.), Der Kampf ums Recht. Ausgewählte Schriften mit einer Einleitung von Gustav Radbruch, 1965, S. 427.
㉗　*Wolfgang Fikentscher* (Fn. 12), S. 241.
㉘　*Rudolph von Ihering*, Zweck im Recht (Fn. 7), Band II, S. 133.
㉙　たとえば、*Rudolph von Ihering*, Zweck im Recht (Fn. 7), Band II, S. 134 f.
㉚　*Rudolph von Ihering*, Der Kamph ums Recht, 13. Aufl. 1897.
㉛　*Rudolph von Ihering*, Der Kamph ums Recht (Fn. 30), S. 13 f.
㉜　*Rudolph von Ihering*, Der Kamph ums Recht (Fn. 30), S. 8.
㉝　*Erik Wolf*, Große Rechtsdenker der deutschen Geistesgeschichte, Ein Entwicklungsbild unserer Rechtsanschauung, 1939, S. 509.
㉞　*Rudolph von Ihering*, Der Kamph ums Recht (Fn. 30), S. 39.
㉟　*Rudolph von Ihering*, Der Kamph ums Recht (Fn. 30), S. 40.
㊱　*Rudolph von Ihering*, Der Kamph ums Recht (Fn. 30), S. 20 ff.
㊲　*Rudolph von Ihering*, Der Kamph ums Recht (Fn. 30), S. 57, 58.
㊳　*Wolfgang Fikentscher* (Fn. 12), S. 276 は、非常に強調する。
㊴　*Philipp Heck*, Problem der Rechtsgewinnung, 1968, S. 9.
㊵　*Philipp Heck* (Fn. 39), S. 35.
㊶　*Helmut Coing*, Das subjektive Recht und der Rechtsschutz der Persönlichkeit, 1959, S. 18.
㊷　*Niklas Luhmann*, Recht der Gesellschaft, 1993, S. 465, は、この事実を「法と経済の構造的結合」例としておよび多方面に影響を及ぼす法律問題として強調する。法と経済の構造的結合についてはⅣ.1でも後述する。
㊸　法の展開については、*Ernst-Joachim Mestmäckr*, Das Verhältnis des Rechts der Wettbewerbsbeschränkungen zum Privatrecht, AcP 168 (1968), 235ff; in: *ders.*, Recht und ökonomisches Gesetz, 2. Aufl. 1984, S. 369 ff も。吉見研次訳「競争制限に関する法の私法に対する関係について」上柳克郎・河本一郎監訳『法秩序と経済体制 メストメッカー教授論文翻訳集』（商事法務研究会、1980 年）111 頁以下。
㊹　*Helmut Schelsky* (Fn. 12), S. 181, の考え方は適切でない。イエーリングは、それを克服するために、権利と法の対当関係について言及しなかった。かれは、逆に権利と法の一致を強調した。
㊺　それについて現在包括的なのは、Die Beiträge zum Symposium Privatrechtsgesellschaft, Entwicklung, Stand und Verfassung des Privatrechts, herausgegeben von Karl Riesenhuber, 2007.
㊻　*Franz Wieacker*, SavZRom 86 (1969), 1, 25 ff.; in: *ders.*, Privatrechtsgeschichte der Neuzeit unter besonderer Berücksichtigung der deutschen Entwicklung, 2. Aukl. 1967, S. 564 f. *Ernst-Joachim Mestmäcker*, Der Kampf ums Recht in der offenen Gesellschaft, in: *ders*. Recht in der offenen Gesellschaft, 1993, S. 11 ff. も見よ。拙訳『市場経済秩序における法の課題』（法律文化社、1997 年）1 頁以下。

(47) *Gustav Radbruch*, Vorschule der Rechtsphilosophie, 1947, S. 10 f.
(48) *Gustav Radbruch* (Fn. 47), S. 98.
(49) *Jeremy Bentham*, A critical examination of the declaration of rights, in: Bhikhu Parekh (ed.), Bentham's Political thought, 1973, S. 257. それについては、*Steffen Luik*, Die Rezeption Jeremy Benthams in der deutschen Rechtswissenschaft, 2003, S. 72 ff. も。*Ernst-Joachim Mestmäcker*, Mehrheitsglück und Minderheitsherrschaft. Zu Jeremy Benthams Kritik der Menschenrechte, in: *ders.*, Recht und ökonomisches Gesetz, 2. Aufl. 1984, S. 158 ff. も見よ。
(50) 全体理論としての有機体論については、*Karl R. Popper*, Die offene Gesellschaft und ihre Feinde, Band I, 7. Aufl. 1992, S. 95. Popper verweist zwar auf Bentham als Zeugen für eine rationale "öffentliche Politik" (Band II, S. 278). しかし、かれは、功利主義がある種の好意をもつ独裁に導くことができる危険を強調する(同書 1 巻 290 頁)。
(51) ベンサムは、彼が提案するトリポリ憲法の下で市民の唯一可能な法をそのように特徴づける。参照、*Jeremy Bentham*, Securities against and other constitutional writings for Tripoly and Greece, Philip Schofield (ed.), 1990, S. 78.
(52) *Jeremy Bentham*, Of Laws in General, edited by Herbert L. A. Hart, 1970, S. 22.
(53) *Jeremy Bentham* (Fn. 52), S. 223.
(54) *Jeremy Bentham* (Fn. 52), S. 226, Fn. 12.
(55) これについては、また以下についても、*Gerald J. Postema*, Bentham and the Common Law Tradition, 1986, S. 446.
(56) *Gerald J. Postema* (Fn. 55), S. 447.
(57) *Gerald J. Postema* (Fn. 55), S. 448.
(58) *Jeremy Bentham* (Fn. 52), S. 99.
(59) *Jeremy Bentham* (Fn. 52), S. 99.
(60) *Herbert L. A. Hart*, Bentham on Legal Rights, in: Oxford Essays in Jurisprudence, 1972, S. 170, 175.
(61) *Herbert L. A. Hart* (Fn. 60), S. 175.
(62) *Jeremy Bentham* (Fn. 52), S. 212.
(63) *Rudolph von Ihering*, Geist des römischen Rechts (Fn. 2), Band Ⅲ, S. 224.
(64) *Rudolph von Ihering*, Geist des römischen Rechts (Fn. 2), Band Ⅲ, S. 224 Fn. 277.
(65) *Niklas Luhmann*, Recht der Gesellschaft (Fn. 42), S. 487.
(66) これについては、*Thomas Vesting*, Regulierte Selbstregulierung, in: Die Verwaltung, Beiheft aus Anlass des 60. Geburtstages von Wolfgang Hoffmann-Riem, 2000, S. 21-57 も。
(67) *Niklas Luhmann*, Recht der Gesellschaft (Fn. 42), S. 292.
(68) *Niklas Luhmann*, Recht der Gesellschaft (Fn. 42), S. 291.
(69) *Niklas Luhmann*, Recht der Gesellschaft (Fn. 42), S. 487 f.
(70) *Niklas Luhmann*, Recht der Gesellschaft (Fn. 42), S. 459.
(71) これについては、*Ernst-Joachim Mestmäcker*, Franz Böhm und die Lehre von der Privatrechtsgesellschaft, in: Karl Riesenhuber (Hrsg.), Privatrechtsgesellschaft, Entwicklung, Stand und Verfas-

第1章　権利の法制度との関連性　177

sung des Privatrechts, 2007, S. 35, 47.
(72)　*Niklas Luhmann*, Rechtssoziologie. 3. Aufl. 1987.
(73)　*Niklas Luhmann*, Recht der Gesellschaft (Fn. 42), S. 441.
(74)　*Max Weber*, Wirtschaft und Gesellschaft. Grundriss der verstehenden Soziologie, 2. Halbband, 5. Aufl, 1976, S. 397-440.
(75)　*Martin Nettesheim*, Subjektive Rechte im Unionsrecht, AöR 132 (2007), 346, は、権利の類型の体系において、請求、資格および許可規定（自由）を区別する。法的に画定された自由の余地を定義する許可は、提供する（実体法上の）差止請求権が許可を同列におかない場合には、「実際にはあまり価値がない」）。マックス・ウェーバーの類型との明白な対比は、異なる用語を示すだけではない。それは、ネッテスハイム（*Nettesheim*）の独自の類型においても、許可と自由とは、規範的であれ、機能的であれ、なぜあまり価値がないのかという問題に導く。
(76)　*Max Weber*, Wirtschaft uns Gesellschaft (Fn. 74), S. 439.
(77)　*Ludwig Enneccerus*, Allgemeiner Teil des Bürgerlichen Rechts, bearbeitet von Hans C. Nipperdey, 14. Aufl. 1952, S. § 103, S. 402.
(78)　*Rudolph von Ihering*, Geist des römischen Rechts (Fn. 2), Band Ⅲ, S. 224 und S. 356.
(79)　それについては、*Ernst-Joachim Mestmäcker*, Macht-Recht-Wirtschaftsverfassung, in: ders., Recht und ökonomisches Geseetz, 2. Aufl. 1984, S. 24.
(80)　*Karsten Schmidt*, Gesellschaftsrecht, 4. Aufl. 2002, S. 667 ff.; *Dieter Reuter*, in: MünchKomm. BGB, 5. Aufl. 2006, § 22 BGB Rz. 4 ff.
(81)　*Dieter Reuter*, in: MünchKomm. BGB (Fn. 80), § 22 BGB Rz. 11.
(82)　BVerfGE 50, 92, 354 f.
(83)　*Rupert Scholz*, in: Maunz/Dürig/Herzog/Scholz (Hrsg.), Grundgesetz, Kommentar, Art. 9 GG Rz. 78-86.
(84)　団体法における現在の議論の状況については、*Norbert Reic*, EuZW 2008, 229 f.
(85)　*Niklas Luhmann*, Recht der Gesellschaft (Fn. 42), S. 536.
(86)　*Martin Nettesheim*, Subjektive Rechte im Unionsrecht, AöR 132 (2007), 333-392. が包括的である。
(87)　EuGH v. 14. 12. 1991, Slg. 1991, I 6084, 6102, Rz. 21-Gutachten Europäischer Wirtschaftsraum.
(88)　EuGH v. 5. 2. 1963, Slg. 1963, 1, 25-Van Gent und Loos.
(89)　これについては、*Erik A. Posner*, International Law: A welfarist's approach, 2005.
(90)　*Georg Jellinek*, System der subjektiven öffentlichen Rechte, 2. Aufl. 1905, Neudruck 1963, S. 57. 歴史については、*Hartmut Bauer*, Geschichtliche Grundlagen der Lehre vom subjektiven öffentlichen Recht, 1986.
(91)　*Johannes Masing*, Die Mobilisierung des Bürgers für die Durchsetzung des Recht. Europäische Impulse für eine Revision der Lehre vom subjektiv-öffentlichen Recht, 1997, S. 65.
(92)　詳細については、*Ernst-Joachim Mestmäcker*, On the Legitimacy of European Law, RabelsZ

50 (1954), 635-651; in: *ders.*, Wirtschaft und Verfassung in der Europäischen Union, 2. Aufl. 2006, S. 133-152 も。

(93)　*Ivo Schwartz*, Rechtsangleichung und Rechtswettbewerb im Binnenmarkt, Zum Europäischen Modell, EuR 2007, 194-207. は、ここで考慮しなければならない権利の決定理由について概観する。

(94)　しかし、*Martin Nettesheim*, Rechte im Unionsrecht, AöR 132 (2007), 334. は異なる。

(95)　*Francis Jacobs*, The Sovereignty of Law. The European Way, 2007, S. 102-104.

(96)　*Peter Behrens*, Der Wettbewerb im Vertrag von Lissabon, EuZW 2008, 193. は、正当に、そのように述べる。議事録は域内市場と競争に関して、「域内市場が EU 条約 3 条において定められるように、競争を歪曲から保護する制度は域内市場の一部である」と記録する。

第2章　デヴィッド・ヒュームとフリードリッヒ・A. フォン・ハイエクにおける社会と法
―― 法と競争によるエゴイズムの規制について

I　序

　フリードリッヒ・A. フォン・ハイエク (Friedrich A. von Hayek) は、『法と立法と自由（第1版）』の序言のなかで、かれの研究対象は公正な行動のルールであると述べている。法律家はルールについて研究するが、法律家がほとんど何もわかっていないある種の秩序にルールが役立っているのである。また、この秩序は、主として国民経済学者が研究対象とするが、かれらも同様に、この秩序が依拠するその行動ルールの性質については何もわかっていないのである (Hayek, 1980, 17頁)。ここで、ハイエクの独自の理論を構築している自由について言及しておきたい。つまり、法律家には秩序の特性を理解することが困難なのである。なぜなら、公正な行動のルールの由来、その妥当性と内容に還元できる立法者が特性を失うからである。また、経済学者は公正な行動のルールを容易に理解することができないのである。それは、競争モデルと全体の福祉または消費者の福祉との予測可能な関係が確かでないからである。この不確実性が、現在の危機を考慮すれば緊急な問題となる、と説明される。
　危機は、自明であった物事の確かさを揺るがすことによって制度の免責力を問題にする (Gehlen, 1983, S. 216)。そのことは法律学と経済学にも当てはまるのである。また、それは、その認識が歴史的に制約された確実さの一部であり、そしてまた新たな経験の光に当てながら克服しなければならない法律学と経済学についても当てはまるのである。エルンスト・ボルフガング・ベッケンフェルデ (Ernst Wolfgang Böckenförde, 2009, S. 8) は、国家はそれ自身保障することができない前提に依拠しているというテーゼで著名な憲法学者であるが、かれは、危

機の原因を分析し、同時にわれわれが信頼すべきである前提を挙げるためにその機会を利用した。そしてつぎのように述べる。すなわち、その原因の一部は資本主義の病弊としてのすさまじく大きな所有個人主義である。生活に重要な資源に対する人間本来の共同所有とこの共通利益に相応して見出されるべきある種の秩序原則を新たに考えなければならないとする。しかし、この見解は、市場経済におけるエゴイズムの優位というたいへんな誤解をしているのである。その誤解は、資本主義としての優位に対する信用を失わせるように思われる。このような誤解も、有能な専門家と金融危機の解説者が認める場合は説得力がある。アメリカの連邦準備制度理事会の元議長で、独自の金融政策によって現在の金融危機を惹き起こすことになったアレン・グリーンスパン (*Alan Greenspan*) は、アメリカ議会で金融危機がかれの世界像に衝撃を与えたことを表明した。なぜなら、それは、エゴイズムが自己制御しないことを証明したからである。それについては、ここではハイエクのつぎのテーゼがあまりにも劇的に確認されたことがわれわれにとって重要である。つまり、経済学者は、かれらが分析するプロセスの規範的および制度的基礎についてほとんどまったく知らないかまたは無視することがしばしばであるというテーゼである。行為者はよりよきモラルを求めるべきであるという主張が問題なのではない。むしろ、想起しなければならないのは、自由社会における制度の特性なのである。その特性は、新計画の高揚感のもとで忘れられてしまう危険がある。それは、分権的秩序とそれについて妥当する諸原則の合理性である。古い挑戦と新しい挑戦とは、自由社会に必要な条件である制度にもとづいて明確に示すことができる。つまり、

① 私法秩序の中核をなす公正な行動のルール、
② 契約の自由と職業選択の自由に由来する分業、
③ 競争、

である。

ハイエクがファーグソン (*Ferguson*) から引き継いだある定式によれば、それはひとの行為の所産であるが、ひとの構想でないということがこの制度に共通している (*Hayek*, 1969a)。この行為のシステムの合理性とその相互依存を理解す

ることが重要である。その理念史的基礎は、デヴィッド・ヒューム(*David Hume*)とアダム・スミス(*Adam Smith*)に見出すことができる。計画していないのに生成された諸制度の特徴は、偶然または恣意ではなく、それらの制度において認識できる秩序原則である。この理論の範疇的意義は、この理論をほとんど同時代に影響を与えたジェレミ・ベンサム(*Jeremy Benthams*)および実証主義的法理論と種々の経済学的厚生理論におけるかれの継承者における功利主義と対置すれば明らかになる。

II 公正な行動のルール(私法秩序)

1. 正義という徳行の人為性

デヴィッド・ヒュームの進化理論においては、たとえば、教育、文化、科学および経済のような文明のすべての現象形式が自由社会を特徴づける諸要素である。それらの要素については、複合作用するときに初めて文明のその時々の状態をすっきりと見渡せることになる。しかしながら、公正な行動のルールは、「憲法的自由(Constitutional Liberty)」については、ある特別な位置づけが重要である。なぜなら、それらのルールは、任意で自己決定的な協調と情報伝達に必要な条件であるからである。「基本的ルール」の強行的性質は、自由と対立するものではなく、ルールが可能である条件である。市民相互の関係においては、必然的に、信頼がパーソンとしての人間がもつすべてである。したがって、包括的な意味における財産(property)は、同時に人間がその助けを借りて計画し、協調しそして自己の利益を限界づける契約の拘束である。法は、このプロセスの説明において自己愛および人間の比較可能な自己愛を無視することができないのである。これらの自己愛は、行為の真の原動力である。自己の自己愛と他人の自己愛との不可避な対立から、主観的な利益に誘導された情熱がそこから他人との行為と範囲に関するシステムが生まれるよう相互に適合させるような強制が生じる。つまり、「この制度は、各個人の利益を含むと同時に公益のために存在する。にもかかわらず、この目的はそれを創り出す者の意図には属さないのである」(*Hume*, 1886/1964, 296頁)。イギリスの歴史哲学者であるハーコ

ンセンは (*Haakonssen*, 1981/1999, 20 頁)、これは歴史哲学においておそらく最も大胆なテーゼであると考える。ハイエクは (1969b, 161 頁, 164 頁以下 ; 1978, 20 頁)、その後ファーグソンが定立した定式にもとづいてつぎのテーゼを確立した。すなわち、完全に人の行為の結果ではあるが、ひとのなんらの計画の実施にも還元できない制度をひとびとは知らない間に見つけたのである。

　ひとの行為のシステムとしての制度は、自然に生成できさらに展開することができまたなくすことができるという認識は、歴史によって確認される。デヴィッド・ヒュームにとっては、この認識はかれの社会理論に関する基礎を形成する。しかしながら、かれは、まずそれを法理論について定式化し、それによって伝統的な徳行理論と論争した。エゴイズムの破壊的な力が論争の中心問題であった。それについては、法を徳行と悪徳の弁証法に加えるマンデビル (*Mandeville*) のミツバチの寓話 (1980, 71 頁) が想起される。つまり、「公正な取引といわれる正義自体は、取引によっては正義の気持ちを失わない。天秤の皿をもっている左腕は、しばしば正義の気持ちを捨て去って、金貨を生みだす」。デヴィッド・ヒューム (1886/1964, 256 頁) にあっては、なるほど正義は 1 つの徳ではあるが、しかし、それは 1 つの人為的な徳 (Artificial virtue) なのである。したがって、それは、理性が情熱を奪い取らなければならない徳なのである。そのことは、公正な行為のルールによって行われる。そのルールは、私益にも善意 (benevolence) にも依拠することができないので、人為的なものである。なるほど、仲間に対する善意は自然の徳であるが、しかし、それは、われわれと親しいひととの間のものである。それに対して、われわれは、分業システムにおいては、親しくない者との協調を必要とするが、その協調の成果は、人間の愛からもたらされるのではないのである。

2. 私法における利己心の構築

　ドイツの伝統では、法と道徳、私的利益と公益、国家と社会およびとくに社会主義と資本主義の関係については、それらの役割にもとづいて論争することが常であった。そこでは利己心と公益とが対比されるのである。私法は、かかる伝統のなかでは私的利益と自己利益の保護者として考えられている。これに

対して、デヴィッド・ヒュームにあっては、私法の諸原則は、市民社会（Civil Society）の基礎である。私法の基本的機能は、利己心を調整し、人間の自然の情熱と素質を文明化された社会に適合させることにある。それは、歴史的に得られた理解によれば、ひとが自由に生きることを欲する場合、ひとが理性として付与され本性を同胞との交流のなかで自分自身のために認知しなければならない限界のなかで行われる。

デヴィッド・ヒューム（1886/1964, 448頁）は、法と道徳を「自然の信仰に関する対話」のなかにおいて、人間の個人的および社会的存在におけるその精神状態に還元する。不完全な生き物としての人間は、自己の存在と存続とを特有の知能、多くの考案、勤勉および同胞との協調のおかげによっている。あらゆるシステムにおける原因と結果に関する認識のために重要な諸原則と矛盾する、克服されない障害は、法と道徳にも適用される（381頁）。かかる障害も経験の産物である。つまり、われわれの観念自体われわれの経験を越えて得られることはないのである（391頁）。しかし、それにもかかわらず、われわれの構想力は、経験の助けを借りることができる。小集団から大集団に移行する際の抽象的秩序原則の展開は、そのように説明される。

種々の取り決めは、進化の異なる段階に相応する。小さな社会における各種の取り決めに必要であるような取り決めは、大きな社会において展開され、そして一般的な法規を必要とする取り決めと区別しなければならない。主として、自分の物と他人の物という所有物に関するルールがこれに属する。つまり、所有権と占有の承認（*Hume*, 1898/1964, 258頁および273頁）、契約の拘束性（284頁）、権利の譲渡性、債務に対する無限責任に関するルールおよびルールの適用と解釈について最終的な権限を有する裁判所の裁判に関するルール（300頁）である。そのようにして、権利の基本的なルールは、ひとに対する威厳を獲得する（*Hume*, 1898/1985, 455頁）。

公益に役立つが企図されていなかったひとの行為の結果であるルールの特性は、その時々の国家の公益を越えるのと同様に、直接の当事者の利益を認めないのである。独立の裁判官も、法規の適用と解釈においては、その抽象的な性格に拘束されている。つまり、「もしひとが社会におけるルールについて他の

事項に関するルールと同じ自由を有しているとするならば、かれは、個別事例の状況を当事者の性格と財産関係および公益と同じ様に評価するであろう」。しかし、ルールの強行的な性格は、個人的動機と利益とを配慮させないようにするのである。「効用」は、社会的利益と不利益の総決算から生じるのではなく、ルールの集合から生ずる。個別の事例では期待を裏切るルールの特性もその一部である。一般的な強行的ルールを新しい状況に適合させることは、立法者の問題なのである。しかしながら、立法者は、これを修正する場合、基本的ルールに拘束されている。それは、法の支配から生ずる。それによれば、立法者の権威と権限も法にもとづいているのである。デヴィッド・ヒュームを代表とするこのイギリスの伝統は、基本的権利と人権の前に「憲法的自由」の条件が存在することを教える。「正義」という包括的観点は、社会の基本的な秩序を創設するのである。立法者の権力と市民の服従義務の抽象的には規範化することができない限界が、その秩序から生ずる (*Hume*, 1886/1964, 323 頁)。

　ハイエクとフランツ・ベーム (*Franz Böhm*) は、法秩序のシステムに適合したさらなる展開をかれらの理論に採り入れた。かれらは、同時に、経済秩序のために基本的な規制能力を構想した。私法において有効な諸秩序原則が、競争と契約自由に対して修正的に介入する必要が生じる個別事例において脱中心的衝突の解決に役立つ前提を考慮することが問題となった。ハイエクとフランツ・ベームは、かれらの私法社会の理論のなかでこれらの諸原則を展開したのである (*Hayek*, 1978, 158 頁 1 号)。

　公正な行為のルールは、いろいろな国家の諸形式よりも長い間持続し、それらの国家の形式と合致するのである (*Hume*, 1898/1985, 345 頁)。デヴィッド・ヒュームにおける法に支えられた文明のプロセスは (18898/1985, S. 345 頁)、国境を越える競争が誤って理解された国のエゴイズムから制約されない場合、外国との外交関係においても制限されない。抽象的ルールは、同時に国の公益に拘束されることなく、ひとが自己の目的を追求できるようにさせるという意味において特定の目的には縛られないのである。そのことは、国際的な経済取引に対する基本的意味を説明する。ハイエクの言葉を借りれば、「ひとが何時もほんの一部だけしかわからない最も重要な変化は、直接に面と向かって主張する

社会 (Face-to-face Society) からカール・ポパーが適切に抽象的社会と名づけた社会への移行と共に起こる。社会は、知られた周知の要求すら認識しない人間に定めるのではなく、抽象的ルールと非人間的シグナルにおいてのみ他人に対する行為を規定する。そのことは、個々のひとの理解の範囲をはるかに越える専門化を可能にするのである (*Hayek*, 1981, 219 頁)」。ポパーは、ドイツでは一時的に国家と法人の理論について支配的になったオットー・フォン・ギールケ (*Otto von Gierke*) による国家の有機統一体理論にもとづいて、閉鎖された社会と開かれた社会との対当関係を説明する (*Popper*, 1977, 208 頁)。

しかしながら、デヴィッド・ヒュームの進化論とハイエクの自生的秩序論の特色は、それらをジェレミ・ベンサムの法と社会理論と対置する場合、より鮮明になる。ベンサムの理論は、法の経済分析における現代の法理論の基礎であって、またネオ古典主義の厚生理論の基礎の一部であるので、重要な役割を果たすのである。

3. 自由に代わる福祉

ジェレミ・ベンサムにあっては「企図しない結果」というものが存在しない。立法、判例および私法の権利すら功利主義的命令にしたがう。共同体の構成員の最大多数の最大幸福は、構成員のあらゆる権利を含む。それは、専制的支配者が講じた措置の善し悪しを判断できる唯一の許された基準なのである (*Mestmäcker*, 2009, 1206 頁注 51)。目的の有機体論は、すべての法的地位が絶対的な立法者に起因するものと見なす法理論の実証主義と結びつくのである。法秩序は、固有のまたは派生的な強制権限の全体からなる。つまり、違法ではなくまた主権の範囲内で下される命令 (mandate) は、あらゆる意味において専制的支配者の命令である (*Bentham*, 1970, 22 頁)。トーマス・ホッブスに由来し、今日まで重要な実証主義的法理論の特徴を示す法の命令的理論においては、権利、とくに専制的支配者に対する権利が存在しない。フランスとアメリカの人権宣言に対するジェレミ・ベンサムの厳しい批判は有名である。かれはそれを「最低のさいたるナンセンス (nonsense on stilts)」という (*Mestmäcker*, 1984a)。私法上の法律関係が権限を創設することを強いる限り、その権限は、立法者が「承認す

る」(to adopt)という条件のもとにある。契約が侵害される場合、功利主義的全体利益にかんがみて利益と不利益とを相互に比較考慮するのは裁判官の問題なのである。責任の重い裁判官は、ルールのヴェールを見抜いて、基礎となっている目的を考慮に入れて、かつどれほど福祉に資するかを自己の判断の基準にするべきである、とする (*Postema*, 1986, 446-448 頁)。

　デヴィッド・ヒュームやアダム・スミスの影響の歴史についてまたハイエクのそれについてさえも共通することは、かれらの理論において創設された自由の権利に帰せられるまったく基礎的な意味が否定されていることである。そのことに役立ったのは、かれらが関連づけた強行的な行為ルールにあっては、主権の保有者の命令が重要でないということである。経済学においては、デヴィッド・ヒュームとアダム・スミスは功利主義者であるという基本的な誤解が、影響を与えているのである。ベンサムがそれを特徴づけたように、経済学においては、重要なしかも原則的な功利主義は修正されたにもかかわらず、依然として様々に限定された福祉の最大化への関連づけが維持されている。功利主義的な伝統の1つの副作用は、法と道徳がその側で功利主義的に根拠づけられる限りにおいて、法または法原則に対して異議を述べない点にあった。その重要な例は、著名な「自由論」において功利主義に近いことを強調したジョン・ステュアート・ミル (*John Stuart Mill*) (1997, 48 頁) である。かれの法原則に関する定義は、そのことを確認する。社会が個人にその意思に反して強制できる唯一の根拠は、そのようにして他人に損害が生じないようにすることにある (115 頁)。市民相互の関係において第三者に損害を与えることが違法になるのは、その損害が被害者の利益よりも大きい場合だけである。競争に伴って生ずる損害は、競争が社会に対してもたらす利益のために甘受しなければならない。自由な取引は、個人の権利の問題ではなく、経済政策の問題なのである (115 頁)。ミルの基本権または人権に対する明確な拒否は、個人の権利が「最高善」である社会と福祉目的に関して費用対効用の分析が効率だけでなく合法性についても決定する社会との基本的な衝突を改めて指摘する。ジョン・ロールズ (*John Rawls*) は、イマヌエル・カントに賛同して、功利主義の実際の構想と形式的観念とを対置する際に、つぎのような基本的な法哲学上の矛盾を繰り返して定式化した。つま

り、「功利主義は、個人の自治とその自治を実現する他人の平等な自由権を真面目に扱わないのである」(1999, 160頁)。アマルティア・セン(*Amartya Sen*)は、ネオ古典主義的福祉理論の特色を文字どおりの意味において個人権について「考慮する」が、個人権に独自の意義を決して認めないという点にみる(1988, 49頁)。

Ⅲ 自然状態の自由な制度における分業(アダム・スミス)

デヴィッド・ヒュームは、かれの法理論を自由社会の包括的理論として展開した。アダム・スミスは、経済学の始まりを学問として明確に示すかれの経済理論と結びつけるために、デヴィッド・ヒュームの認識を採り入れた。自然状態の自由というかれのシステムの中核に位置づけられているのは分業である。分業は、人間の性向から生じ、競争によって駆り立てられ、その限界を市場の限界でのみ見出す(「分業は、市場の広さに限られる」)(*Smith*, 1976, 31頁)。アダム・スミスは、法理論にもとづいてヒュームが根拠づけた行為ルールの展開について考察したことを分業に利用したのである。分業の多様な長所は、「つねに富と剰余を考える人間の思慮の産物ではない」。分業に参画し、交換しそしてそこから利益を得る人間は、この一般的福祉(extensive utility)を一顧だにしない。つまり、ひとの行為の所産ではあるが構想した結果ではない分業の有益な効果である。アダム・スミスにあっては、「一般的福祉」を伴う正義を除けば福祉も豊かさも予見しない結果なのである。経験的には良い経済的結果をもたらしてきたが、その側では計画の結果についての逆推論を許さない多中心的な秩序の合理性が問題なのである。そのことは、基礎となっている個々の計画と行動の特性から生じる。それらの計画や行動は、事後に結果が判明するプラスまたはマイナスの結果と関連づけたり検証するものではない。

アダム・スミスの法理論は、基本的特徴においては、デヴィッド・ヒュームのそれに相応する。しかしながら、かれの理論は重要な関連においてはデヴィッド・ヒュームを超えている。とくに、そのことは、経済制度への一貫した関連づけを示すことから明らかになるのである。自然の自由というシステムにおい

て法原則を市民相互の関係に細やかに適用することは、アダム・スミスが強調する国家の任務の一部なのである（正義を正確に実施）。中立の観察者である「公平な傍観者(Impartial Spectator)」の導入によって、道徳と法は、新たな基礎の上に構築される。道徳が問題である限りにおいて、公平な傍観者は誤りを遠慮なく指摘し、そして自己の行為について自分の目で見てからも判断するように促す。それに対して、法においては、公平な傍観者は、裁判官になる。裁判官は、あらゆる事情を知って判断を下すのであるが、当事者のような情熱をもたない。行為ルールとして作用する諸権利が、裁判官の基準である。かかる権利は、裁判官に規範的に正当化されるかあるいは当事者の期待にもとづいて利益衝突を決定する権限を与えるのである。[2]

　アダム・スミスの法理論と経済理論に対する非常に多くの批判のなかから、法秩序と経済システムの関係について決定的意味を有するつぎのような批判をとりあげることができよう。これらの批判が共通している点は、「見えざる手」に対するものである。アダム・スミスは、個々の行為の見通すことができるかまたは見通せないが結局肯定的な効果が問題となる場合に、見えない手について言及する。広範な影響力をもつフランスの哲学者エリエ・アレヴィ(Elie Halévy)は、アダム・スミスの法律理論と経済理論の両立可能性を問題にした。法の分野では、強制による利害の人為的な調整という原則が決定的であるのに対して、経済の分野では利害の自然の調整という原則が支配する。労働の分業は、経済においては、おそらく均衡のとれたかつ計画的な立法からではなく、高権的介入がなされないことから結論づけられる。この観念を一般化すれば、法の壊滅を予見することが可能であろう、とされる(Halévy 1928/1972, 488頁)。[3] この批判は、法とは計画的介入であると理解し、平等な自由を一般法の下で実現するようなルールではないと解するので、非常に示唆深い。

　アレヴィが、アダム・スミスに対して計画する理性の総体としての法の合理性をもち出して反論するのに対して、アメリカのノーベル賞受賞者であるジョージ・スティグラー(George Stigler) (1975)は、「完全な自由」と自己利益とを経済に限定することに反対する。アダム・スミスが市場が無機能であることを認め、その結果、自己利益と競争が十分ではないため、修正する立法が必要

になると述べる見解について批判するのである。その重要な例として、社債の発行による銀行の競争、労働者との関係における使用者側の一方的な力の優位または企業家のカルテル嗜好がある。アダム・スミスは「自己利益の堅固さ」を政治的プロセスと立法に適用しないので、スティグラーは、ここにスミスの構想の弱点があると考える。政治的プロセスは、経済的プロセスと同様に、経済的自己利益によって特徴づけられるとするのである。実際に、アダム・スミスは、経済的自由（personal liberty）と政治的自由（political liberty）とを厳格に区別した。私益は、政治とくに立法においてはまったく不十分な基準である。資産家階級が立法に対して有害な影響を与えることは、明らかな濫用をなくすことを妨げるのである。自由と平等に関する「中立の傍観者」とかれの判断は、立法者が代議士の自己利益に従うことをあからさまに暴露する。その露骨な例は、議会の議員であって奴隷を使用する者が、奴隷制度を維持したことである。[4]

　自己利益がいかに堅固であるかということに対するスティグラーの弁論は、学術的および経済政策的作戦の一部なのである。価格理論モデルに関しては、関係者の行為に関する二者択一的想定から生ずる不確実性が排除されるべきだとされる。経済的法則性を定立する試みのなかでは、明確かつ予測可能な結果を可能にする理論的仮定の同質化が予告される。それは、自分の自己利益を効率的に実現し同時に福祉を最大化するという包括的な目的を追求する行為者が必要であるとしている。基礎となった仮定を現実と対置させることから明らかになる仮定の誤りを証明しようとする場合、この仮定は、価格理論モデルについて説明することができるのである。市場の拒否において秩序政策的修正について考慮される諸基準は、たしかに経済学的理由づけを必要とする。しかし、各理論にもとづいて一般化される私益は、かかる目的に適合する基準ではないのである。

Ⅳ　競　　争

　競争は、市場経済の運動法則である。競争は、法律規定と分業の付随的条件としてつねに現在なのである。しかしながら、法秩序と経済秩序の相互作用の

複合性は、十分には把握されていないのである。予見できる全体経済的効果と予見できない全体的効果が、競争の経済的および法的理解に対する指導原理であることが改めて明らかになる。経済的功利主義の父のひとりであるジェームズ・ミル (*James Mill*) は、政治経済学の特色と任務が、経済的システムの全体を軍隊の司令官と同じように非常に広範に見渡せかつわからせることにあると考える。豊かさに役立つすべての関係者と行動の複合作用がわかるように考える (commanding view) ことが要求されるのである。それは、結局、ひとのほとんどすべての努力と尽力とが目標としている目的なのである[5]。ハイエクは、経済学の認識問題を中核をなす福祉の最大化というビジョンと厳密に対置することによってこのことを明確に示した。かれは、当事者の合理的な行為を可能にする知識が、競争制度においてどのようにして得られるかを問題にする。この対比は、功利主義を志向する現代の価格理論と福祉理論における基本的修正と進捗が考慮される場合でも、この原則が維持される。水平的なおよび個々の利益の比較がひとの個性と合致しないとして拒絶されることは、そのことに属する。商品をサービスに関する価格と関連させる効用の最大化は、完全競争のモデルにもとづいて最高水準の福祉に到達する条件の定義を可能にする。資源の最適な配分はパレートにおいては需要と供給の均衡による最大化であると定義する。それが均衡する場合にさらなるすべての取引が変化をもたらし、そして、その結果、第三者の負担で不利益を与えるのである。カルドール＝ヒックス (*Kaldor/Hicks*) のモデルの助けを借りて、取引は、その外部的効果にもかかわらず、喪失した者が、利益を獲得する者から補償されるかまたはその損失が補償されることができる場合、効果があったものと見なされる。

　ハイエクは、経済過程において初めて得られるにちがいない関係者の知識を前提とするこの理論的アプローチに反対する。法規定、自発的分業および競争の協同作用から発生する積極的な全体社会的な効果をまったく使用できない知識をばらばらに利用することから生じる。つまり、「合理的な経済秩序の問題の本来の性格は、まさにつぎの事実によって決定されるのである。つまり、われわれが利用しなければならない状況に関する知識が全然整理されていないかあるいは全体的ではなくつねに不完全でしばしば矛盾するばらばらの知識の一

部として存在し、その上そのすべてを種々の個人が別々にもっているという事実である。……」。その任務は、その個人だけが目的の重要性を知っているため、構成員のなかの誰かが自由にするあらゆる手段を最大限に利用することを保障することにある。

「簡潔にいうと、その全体について誰もわかっていない知識を利用することが問題となるのである」(Hayek, 1976, 103頁以下)。まったくばらばらの知識を部分的に利用できるようにする必要性を満たすのが、行為者が自分の目的のために頼る知識と結びついている公正な行為のルールである。その知識は、競争市場における価格を伝達する。ハイエクによれば、われわれは得ようとする結果を知らないために競争をするのである。それによって、競争は、予測できない個々の効果によって特徴づけられる制度のなかに組み入れられる。競争参加者たちは、複数の者が絶えず変化する状況に自己の計画を適合させながら実施しようとする状況の下にいる。競争している他の企業の反応は、絶えず変化する状況の一部である(124頁)。競争者は、競争のなかで初めて計画が正しかったか、間違っていたか、および修正する必要があるかどうかがわかるのである。その他の点では、不確実な世界における期待を確かなものにする法規は、知識が競争において得られる条件の一部なのである。法規は、当事者がすべての取引につきまとう危険を転換することを可能にするのである。

競争は、自然のできごとではない。競争は、自らそれをぶち壊すことができる。それゆえ、競争は、法の助けを借りてそれを維持しそして確保しなければならないのである。ルールを新たに導く自由と功利主義的実証主義との間で対立が起こる。法理論的に克服しなければならないことは、許されかつ公正に行為する競争者も負けた競争者に損害を与えるという競争の特色である。いかなる法秩序も、この問題を発展的にまた立法者の助けを借りないとうまく解決できないのである。それについて見出すべきアプローチは、アダム・スミスにあっては晩年になって初めてとりあげられた。トマス・ホッブスとジェレミ・ベンサムのように法を倫理的命令として理解する場合、競争における損害は、いかなる法律問題も生じさせない。つまり、それは、契約違反の結果ではなく、また権利を違法に侵害するのでもない。トマス・ホッブスは、かれの壮大な『リ

バイアサン』という著作のなかで、名誉、豊かさおよび自然状態における権力をめぐる絶え間のない闘争のなかに人間の平穏無事の共存に対する障害があることを認識する。かれは、大きな駆け引きと違って社会契約のもとで教育と市民のしつけに信頼をよせるが、強行法を信頼しないのである。競争は、依然として自然の出来事であり続ける、と説明される(*Hobbes*, 1939, 702頁)。このことは、ジェレミ・ベンサムにも当てはまる。完全な法制度という制度上自足的でまた熟考された構想とかれが主張したレッセ・フェールの政策とは合致するのである。
(6)

　競争の自由から生ずる競争関係を私法的に理解することによって、初めて競争の衝突という分権的秩序を捉えることが可能になる。競争と競争の自由とは、ヨーロッパ法におけるのと同様に、国法においてもさまざまなレベルで重要なのである。つまり、国家に対する拒否権として、競争者間の競争関係として、競争制限禁止規定の保護目的として、それゆえにかかる規定の解釈の調整原則としてである。競争の自由、その効率性および消費者の厚生を対置させることをヨーロッパのレベルで繰り返すのは、既述した理念史および方法論的な背景の下ではなんら驚きではない。つまり、欧州委員会の経済的アプローチに関して議論されたように、競争法においては、域内市場において、欧州司法裁判所の判例に矛盾する経済的アプローチが基本的自由についても妥当するのではないかという問題である。

V　秩序政策的パースペクティブ

　筆者は、金融危機において「最高指揮官」つまり国家に対する信頼の拡大傾向を考慮に入れた上で、本章の冒頭で言及した競争と私法との関係について述べて結びとしたい。銀行の完全な自由は、フランク H. ナイト (*Frank H. Knight*) の述べるところによれば、必ずカオスに導くのである (*Knight* 1935/1997, 45頁；*Eucken*, 2004, 162頁 Fn. 1)。銀行の競争に対する全体経済的意味は、信用取引と結びついたカネの創造にある。それに対して、全体経済的な危険は、銀行が有利な条件で提供する信用競争から生じる。そのことによって、危険引受のための

準備を上回る債務が自己資本によって填補されていない場合、この競争は顧客の投資に対する銀行の無限責任の原則との衝突に導く。危険を「構成された投資方法 (Structured Investiment Vehcles)」によって通常の貸借対照表に組み入れないことについて国際的に認められた実務は、この関係を考慮して公衆に対してはそれを覆い隠すのである。不確実な抵当債券 (サブプライム住宅ローン) が基礎となっている財源の危険との関係をもはや見分けることができない新たな金融商品の基礎の役立つ場合、この基礎となっている商品市場と無関係に展開する金融市場の潜在力に関する1つの典型例が問題となる。下落した住宅価格と抵当債務者の倒産は、かかる条件の下では、住宅市場が金融市場と同様に、カオスに陥る連鎖作用に導くのである。

 「セキュタリゼーション」、抵当債務の有価証券への転換、および、それをさらに様々に分割した額に配分して細分化することは、効率的資本市場に対するひとつの鍵と見なされるのである。そのことによって種々の危険の準備、とくに投資家と金融機関の危険に対する物おじに対応できるとされる。しかしながら、このプロセスにおいて当事者が担うべき危険が不確実である限り、私法の簡明な諸原則と基本的に衝突するのである。これらの原則によれば、契約は、権利を創設するかまたは譲渡し、そしてそれによって危険を転換する機能を有する。危険を回避しなければならない場合には、危険を根絶することができない (*Stützel*)。しかしながら、当事者が危険を計算しかつ予測できることが、私法上の危険に対する対処の仕方なのである。契約によって創設され同時にこれによって制限された債務に対する無限責任の原則はその一部である。契約は、法律取引をギャンブルと区別するのである。

 無限責任と債務者の破産が予測することができない第三者に対する危険と結びついているところでは、契約原則が機能しない。それについて代表的なのは、銀行の破産から発生しうる火災の広がりである。かかる危険は、銀行の自己の債務に対する無限責任の原則を実際にも指向する予防的規制を正当化するのである。

 危険をつねに新たな金融商品に絶えず転換しかつ分散化することに効率的な金融市場の化身を見出すオプティミズムは、アダム・スミスのかれの時代の金

融市場に対する考察と著しく対立する。著者は、それ以後基本的に変化した経済的現実を否定するものではない。それにもかかわらず、銀行の競争の危険に対するスミスの判断は、非常に示唆に富んでいる。つまり、紙幣として作用する社債を評価する銀行の権利が問題である。規制の介入は、法が原則として回避すべき銀行の自然な自由に対する介入となる。しかし、若干の企業の自由権の行使が、社会全体の安全を危殆化することになる場合、かかる自由権を制限することは、とくに自由な政府でありたいのであれまたは独裁的な政府でありたいのであれ、それぞれの各政府の任務なのである。「火が広がるのを防ぐために防火壁を設置する義務は、なるほど自然的自由に対する介入であるが、銀行の規制に対するここでの提案と精確に相応する介入なのである」(*Smith*, 1976, 344 頁)。

要　約

分権的秩序の合理性とこれに妥当する諸原則は、自由な社会の必要条件である制度にもとづいて明らかにすることができる。つまり、私法秩序の中核を形成する公正な行為のルール、営業の自由と契約の自由から生じる分業および競争である。これらの制度に共通するのは、それらがひとの行為の結果なのであるが、ひとがそれらを設計したのではないということである（フォン・ハイエク、ファーガソン）。その特徴は、偶然とかあるいは恣意とかによらずに、経験によって認識できるように生成されてくる秩序原則であることにある。

(1) Vgl. *Hume* (1886/1964, S. 299).「私益または公益という特定の観念」は問題にならない。
(2) *Haakonssen* (1981/1999, Kapitel 3). による。権利の中心的役割は、1978 年に復刻されたスミスの講義録で初めて明らかにされている。
(3) 詳細については、*Mestmäcker* (1984b, 104 頁および 119 頁)。
(4) 詳細については、*Haarkonssen*, (1981/1999, 140 頁)。
(5) *Robbins* (1952, 175 頁) の引用。
(6) *Viner* (1960) の概観。

第2章 デヴィッド・ヒュームとフリードリッヒ・A. フォン・ハイエクにおける社会と法 195

参考文献

Bentham, Jeremy (1970), Of Laws in General, London.
Böckenförde, Ernst Wolfgang (2009), Süddeutsche Zeitung, 24 April.
Eucken, Walter (2004), Grundsätze der Wirtschaftspolitik, 7. Auflage, Tübingen.
Ferguson, Adam (1767/1986), Versuch über die Geschichte der bürgerlichen Gesellschaft, Frankfurt.
Gehlen, Arnold (1983), Philosophische Anthropologie und Verhaltensforschung, in; Karl-Siegbert Rehberg (Hg.), Gesamtausgabe Band 4, Frankfurt, S. 216-221.
Greenspan, Alan (2009), New Yorker, 2. Februar.
Haakonssen, Knut (1981/1999), The Science of a Legislator: The natural Jurisprudence of David Hume and Adam Smith, Cambridge.
Halévy, Elie (1928/1972), The Growth of Philosophical Rodicalism, London.
Hayek, Friedrich August von (1969a), Die Ergebnisse menschlichen Handelns, aber nicht menschlichen Entwurfs, in: ders. (Hg.), Freiburger Studien, Tübingen, S. 97-107.
Hayek, Friedrich August von (1969b), Rechtsordnung und Handelnsordnung, in: ders. (Hg.) Freiburger Studien, Tübingen, S. 161-198.
Hayek, Friedrich August von (1976), Die Verwertung des Wissens in der Gesellschaft, in: ders. (Hg.), Individualismus und wirtschaftliche Ordnung, 2. Auflage, Salzburg, S. 103-121.
Hayek, Friedrich August von (1978), Law, Legislation and Liberty-Vol. 1 Rules and Order, Chicago.
Hayek, Friedrich August von (1980), Recht Gesetzgebung und Freiheit. Band 1: Regeln und Ordnung, München.
Hayek, Friedrich August von (1981), Recht, Gesetzgebung und Freiheit. Band III: Die Verfassung einer Gesellschaft freier Menschen, Landsberg.
Hobbes, Thomas (1839), Leviathan or the Matter, Form and Power or a Commonwealth Ecclesiastical and Civil (William Molesworth, Hg.), London.
Hume, David (1886/1964), The Philosophical Works Vol. II: A Treatise of Human Nature and Dialogues Concerning Natural Religion (Thomas Hill Green und Thomas Hodge Grose, Hg.), London.
Hume, David (1898/1985), Essays Moral, Political, and Literary Vol. I : Of the Original Contract (Eugene Miller, Hg.), Indianapolis.
Knight, Frank H. (1935/1997)The Ethics of Competition, New Brunswick, NJ u. a.
Mandeville, Bernhard (1980), The Grumbling Hive or Knaves turned Honest, in: Walter Euchner (Hg.), Die Bienenfabel, Frankfurt.
Mestmäcker, Erst-Joachim (1984a), Mehrheitsglück und Minderheitsherrschaft. Zu Jeremy Benthams Kritik der Menschenrechte, in: ders. (Hg.), Recht und ökonomisches Gesetz, 2. Auflage, Baden-Baden, S. 158-174.
Mestmäcker, Erst-Joachim (1984b), Die sichtbare Hand des Rechts: Über das Verhältnis von Rechtsordnung und Wirtschaftssystem bei Adam Smith, in: ders. (Hg.), Recht und ökonomi-sches Ge-

seetz, 2. Auflage, Baden-Baden, S. 104-135. 森本滋訳「法の見ることのできる手」前掲書（第3編第1章注43）47頁以下。

Mestmäcker, Erst-Joachim (2009), Systembezüge subjektiver Rechte, in: Georg Bitter, Marcus Lutter, Hans-Joachim Priester, Wolfgang Schön und Peter Ulmer (Hg.), Festschrift für Karsten Schmidt, Köln, S. 1197-1217.（拙訳）本書第3編第1章「権利の法制度との関連性」153頁以下。

Mill, John Stuart (1997), On Liberty, in: Alan Wilde (Hg.), Mill, The Spirit of the Age, On Liberty, The Subjection of Women, New York u. a.

Popper, Karl R. (1977), Die Offene Gesellschaft und ihre Feind. Band I, 4. Auflage, München.

Postema, Gerald J. (1986), Bentham and the Common Law Tradition, Oxford.

Rawls, John (1999), Social Unity and Primary Goods, in: Amartya Sen und Bernard Williams (Hg.), Utilitarianism and Beyond, Cambridge u. a., S. 159-186.

Robbins, Lionel (1952), The theory of economic policy in English classical political economy, London.

Sen, Amartya (1988), On Ethics and Economics, Oxford u. a.

Smith Adam (1976), An Inquiry into the Nature and Causes of the Wealth of Nations (R. H. Campell und A. S. Skinner, Hg.), Oxford.

Smith, Adam (1978), Lectures on Jurisprudence (R. L. Meek, D. D. Raphael und B. G. Stein, Hg.), Oxford.

Stigler, George J. (1975), Smith's Travels on the Ship of State, in:Andrew S. Skinner und Thomas Wilson (Hg.), Essays on Adam Smith, Oxford, S. 237-244.

Viner, Jacob (1960), The Intellectual History of laissez faire, Journal of Law and Economics 3, S. 45-69.

第3章　牧草地の子羊と狼の群れの間
　——自然状態における競争概念の変遷

　競争制限禁止法は競争それ自体を規制できるかどうかという問題が、20世紀の間中ずっと争われてきた。しかし、競争者が、競争においては、だまし、裏切り、引抜き、さらに違法行為または慣習に反した行為をすることが許されるということについては問題なく認められていた。ただ、第三者に加害を与えることになる競争は、まったくさまざまな理由から、それを目的としないで法律上有効な契約を締結したり、また、「その他の権利」に介入することなく、または「訴えを起こすことのでき」ない無法社会のできごとであると見なされた。それに対して、隣接学問である経済学では、競争を独自の研究対象とする。ジョン・ステュアート・ミル (*John Stuart Mill*) の言葉によれば、「政治経済学に科学性が認められるのは、競争の原則とかかわる場合だけである」[1]。したがって、経済学者が競争という事柄を固有の学問の対象とし、または、ほとんど同じことではあるが、その固有の合理性について議論することは驚きに値しないのである。

　カール・マルクス (*Karl Marx*) は、法と経済について説明することをやめて、社会主義というかれの像に従って世界を変えることを勧めた。この方法は、もはや用いることができないことを20世紀の経験が教える。しかしながら、競争を巡って展開された自然状態については、経済学者と法律家に共通なものであって、隣接学問分野に深い軌跡を残しているのである。

I　自然状態と自然法則

　欧州の啓蒙主義の1つの特徴は、ひとの理性を自然状態とそこから派生する自然法則に関する説明のなかに採り入れたことである。しかし、ひとは、神によってまた自然によっては規定されない存在であることが証明された。した

がって、デヴィッド・ヒューム（David Hume）にあっては、自然法則的発展に関する説明が、かれがまず法について進化論的に根拠づけた社会科学となった[2]。デヴィッド・ヒュームの理論については、ジョン・ロック（John Locke）とは反対に、社会契約によって克服されるべき自然状態は必要ではない。それにもかかわらず、自然状態は、法のない社会のための比喩として、また、啓蒙主義の大きな挑戦として作用する。そのことは、トーマス・ホッブス（Thomas Hobbes）やイマニュエル・カント（Immanuel Kant）についても同様に当てはまる。したがって、筆者は、以下では子羊の牧草地のなかと狼の群れの側という2つの両極端からその関係についてより詳しく説明してみたい。両者を対置すれば、子羊の牧草地あるいは狼の群れという見方は、競争に帰する中心的役割を明確になるのである。競争は、カントにあっては、自分に責のある無能力から抜け出すことに役立ち、ホッブスにあっては、互いに殺し合う社会の危機に対する警告となる。

　カントは、ひととのいさかい、ねたみにもとづく虚栄心および所有と支配へのあくなき欲望をもつひとの性格を賞賛する。なぜなら、ひとの才能は、これらのあまりよくない性格がなければ平和な羊飼いの生活の内で芽生えたまま消えてしまうだろうからである。つまり、ひとの才能は、牧草地で草をはむ羊のようにおとなしく、自己の存在を家畜にまさる価値にまで高めることがなくなるであろうからである[3]。

　これに対して、ホッブスにおいては、ひとは、人間同士の関係においては神に似ているが、しかし同時に荒々しい狼のように見えるのである[4]。

　このように、カントとホッブスは正反対の結論を引き出した。カントにおいては、法を管理する一般的な市民社会は、競争に由来している。これに対して、ホッブスにあっては、とどまることのない競争が社会契約を強い、この契約が専制的支配者に逆らえない命令権を与え、他国との戦争の時には生き残るように配慮するのと同じ様に、社会における平和な共同生活に備えるのである。

　たしかに、これらの考えによれば、われわれは、政治的目的における理念と関わっているのである。しかし、われわれが、自由が最高善である1つの世界社会において「おおまかにひとの意思の自由という行為について」理念をもたない場合、つまり、自然のままの自由という「すばらしい悲惨さ」を乗り越え

ることができない場合にも、それは好ましいことではないであろう。ホッブスとカントの理念は、まったく違った仕方でこのことに貢献したのである。

　アダム・スミス（*Adam Smith*）も、中央の計画者あるいは調整者の自信を社会の運動法則、つまり競争を考慮する法のルールを自由な秩序に関する法ルールと対置することによって、そのことを促す。フランツ・ベーム（*Franz Böhm*）は、自然法は法の法律であると説明することが自己の使命であるとして、まさにこの考えを『競争と独占に対する戦い』という著書の序言のなかで定式化した。そのために、かれは、かれと異なる信念をもっているヘーゲル派の公法の同僚から高慢ちきでかつ慇懃無礼な批判を受けることになったのである。

Ⅱ　公共の福祉から福祉の最大化へ

1．ホッブスとかれの論理的帰結

　ホッブスは、かれの政治理論において、自然状態を契約によって専制的支配者に付与された社会と区別するのである。自然状態においては、人間相互の関係は、他国との関係と区別しなければならない。荒々しい狼は、つねに潜在的に戦争状態にある外交関係における国家に等しい。ここでは、戦争の子、欺瞞および権力と情け容赦のない支配欲が支配する。ひとは正義と福祉を行う場合、神と同様の心情になる。ひとは、自然状態において狼でもない。しかし、すべての者がすべての者に対して権利をもつため、誰も何も所有しない。そのことから自然状態において妥当する自然法によっては阻止できない万人の万人に対する闘いに対する傾向が現れるのである。キリスト教の共同体においては、教会の世界がこの世界ではないというキリスト教の問題と同様に、世界的問題に関する判断に妥当する。信仰も人間の本性を変えない。ひとの本性は、金銭的強欲のために競争に導き、不信は防御のための攻撃、虚栄心は名声を求める努力へと導くのである。

　支配者の統治権が、契約によるのであれあるいは服従によってであれ、いったん正当化されてしまうと、法が平和秩序として可能になる。すべての法が、実定法でありかつ高権力の所有者の抵抗しがたい命令から生じるのである。リ

バイアサンを殺害する危険は、市民が反乱にかられることから生まれる。不満、専制的支配者に対する権利の要求および成功への期待がそれである。ホッブス的法理論と社会理論の重要な諸要素は、信用しない君主が主権を守るために確かめる対象となる。(8)

(1) 政府は、各市民が望む仕方で福祉の増大を認めることによって、市民の不満を回避する (290 頁)。ここでは、ホッブスが、功利主義の父であることがわかる。かれは、ジェレミ・ベンサム (*Jeremy Bentham*) の後に非常に有名になった快楽と苦痛という定式を先取りするのである (291 頁)。

(2) そそのかして反乱させる危険は、統治権に対する権利の不当な要求から生ずる。その危険は、その側であらゆる種類の命令を拒絶することから生ずる。つまり、立法者の統治権に対して疑念を抱くことから始まる。ホッブスによれば、そのようなそれ自体哲学者が主張する誤った説明は、現行法の命令もしくは禁止違反を正当化できるという観念から生ずるのである。しかし、良心の理由づけは、これについて、自己が公布した法律に立法者が違反するのと同様に、重要ではない。俺の権利とお前の権利も国家の創造物なのであって、命令によってのみ権限を与える。ホッブスは、このようにして、法の命令的理論を根拠づけたのである。

(3) 反乱が成功することに対する望みは、すでに有害である。それは、反対の組織と首謀者の実に巧みな弁舌を前提にする。したがって、「派閥」を組織することが禁止され、またそれゆえに言論の自由が支配者の裁量の下にある。

いつもよく考えられるべき命令の条件に照らせば、経済的自由からは正義の問題はなんら生じない。経済取引契約 (売買、交換、使用貸借、請負) にあっては、契約違反という1つの法律問題があるにすぎない。交換正義 (Commutative Justice) と配分正義 (Distributive Justice) は、同じ様に、重要ではないのである。ホッブスは、リバイアサンのなかでかれの偉大な業績を回顧させて、競争すら柔ら

かな光のなかで考える。なるほど世界の取引における人間相互の交流は、名誉、豊かさおよび支配を巡って果てしのない競争に導くが、競争から生じる衝突を教育としつけによって解決できるので、ひとの本性は、その市民的義務と合致しないことはない[9]。

社会契約によって内部関係において克服された自然状態は、結局は、国家の外交関係において維持される。国際法 (Law of Nations) においては、力と法は同義語となる。

2. ホッブスの影響の軌跡

ホッブスが与えた影響の軌跡をたどる場合、かれの法と社会理論に対する貢献と乱用的な政治的扇動とを区別することは容易ではない。カール・マルクスが資本主義において競争に割当てた役割は、非常に大きな影響を与えた。つまり、「労働の社会的分配は、独立した製品製造者を相互に対決させる。かれらは、動物世界における万人の万人に対する闘いのように、競争という権威と相互の利益との重圧が自己に及ぼす結果、多かれ少なかれあらゆる種類の生存条件を有する強制以外の権威を認めない[10]」。しかしながら、全著作において一貫して万人の万人に対する闘争に関連づけているのは、ホッブスにあっては、社会契約によって克服される自然状態に関係している。それに対して、マルクスにおいては、完全に発展した法秩序における資本主義は、社会主義によって初めて克服されることができる自然状態に逆行することに導くことになる。そこから、エンゲルス (Engels) においては、重要な基本的なテーゼが帰結されるのである。つまり、生存競争というダーウィン (Darwin) の理論が「万人のための万人に対する闘争 (bellum omnium contra omnes)」、および生の自然状態において社会から生ずる競争という市民経済をホッブス的理論に転用するというテーゼである。エンゲルスによれば、そのことによってこの理論が容易に自然の歴史から再び社会の歴史に戻る[11]。われわれは、政治的宣伝のなかで、ダーウィンにはなんらの根拠も見られない存在しないこの種の社会的ダーウィニズムにたどりつくのである。自由放任の資本主義に対する戦いにおいては、動物学的とくに狼の伝統が、まったく異なった関係において完結した論拠として独り立ちした。万

人の万人に対する闘いは、カトリックの社会理論においてすら、ネル・ブロイニング (*Nell Breuning*) のなかで生き続けている。[12] 危機の時代には、人間性を狼的な肉食獣の自由と対置させるという言葉が使われている。エンツェンスベルガー (*Enzensberger*) は、1968 年に、資本主義は狼の問題であって、その結果、資本主義の行動は狼的行動以外のなにものでもない、と考えた。[13] 資本主義が行動主体になるということが、この批判のさらなる特徴である。しかしながら、ホッブスにあっては、社会契約の支配の下における独立性と同じ様に、権利主体の独立性が、自然状態において維持される。

　ジェレミ・ベンサムは、理念史の上ではトーマス・ホッブスの遺産を相続した。かれは、功利主義と同じ様に、ホッブスの実定法的および命令的法理論を継続する。効用 (utility) の原則は、道徳と法に関して決定し、そして原因と結果の関係を説明する。それは、個人の法律上重要な行為と同様に、専制的支配者のすべての措置について当てはまる。[14] 権利は矛盾するものとして拒否される。それは、まず、その権威をフランス革命の人権宣言によっても問題にすることができなかった主権者との関係について妥当する。しかし、それは、人と人との相互の関係にも妥当する。なぜなら、すべての法律上重要な地位は、ある行為を命令し、禁止しあるいはそれを許す定めを反映するものであるからである。これらの規定を具体的な衝突に対して適用する場合における解釈は、功利主義的原則に従う。社会の福祉、場合によっては多数者の福祉も促進するという目的は、憲法、法律およびそれらのものから派生する権限について共通している。功利主義的命令においては、法と経済とは一体として考慮されるのである。それにもかかわらず、競争は、法的には関係しない。なぜなら、競争から生じる関係は、立法者の委任、契約もしくは不法行為に還元することができない事実上の影響にもとづいているからである。

　ジョン・ステュアート・ミルは、功利主義理論を経済における権利の理解に影響を与えた代表者である。かれの代表的著作である『自由論』において、功利主義への接近を強調しているが、効用よりも多くの損害をもたらす行為が不法として定義される。社会が個人に対して、その意思に反して強制できる唯一の根拠は、他人に損害が生じることを阻止することにある。[15] 加害は、市民相互

の関係では損害の方が加害者の効用よりも大きい場合に違法であるにすぎない。競争において被る損害は、競争が社会に対して有する利益のために甘受されなければならないのである。自由取引の問題は、個人の権利の問題ではなく経済政策の問題である、とされる。[16]

　競争と競争法にとって中心的な問題、つまり福利に対する効果はこれに寄与した個々の企業の行為に帰すことができるかという問題が、法と功利主義的に定義された福利との同一視から生ずる。競争法は、初めから、個々の行為から生じた全体経済的効果に対するこれらの行動の事前的および事後的な因果関係を伴っていた。「競争と競争法とは、個々の行為をその成果によって判断すべきである」という説得力のあるモットーは、ドイツでは、カルテルに対する濫用原則をめぐる議論に伴って現れた。それに対して、アメリカでは、パフォーマンスの審査が有効競争理論の一部であり、またシカゴ学派は、消費者福利審査によって反トラスト法の厳格な解釈に対して持続的に影響を与えてきた。詭弁家は、結局証明することができない因果関係が、相反する政治経済的または法的解釈に対する特別に有益な接合点になると確言する場合、真実が確認されたものと自負することができたのであろう。帰責することが不可能であることに対する首尾一貫した説明は、複合的現象理論から導かれるのである。フォン・ハイエクは、法と経済について進化と自生的秩序という双子の観念によって特徴づける。つまり、諸構成要素の対応において観察された規則性は、環境との関係において、行動全体のまったく異なった規則性をつくり出すことができる、とされる。[17]

　すべての学問は、その対象である諸現象をあるシステムのなかで捉え、その相互依存性を説明し、同時にそれを別のシステムと区別することに努める。経済学は、求めた経済的に最適な環境条件について、ひととその行動の優先との間の因果関係を問題にすることによって、最初から豊かさの原因を追究してきた。ネオクラシックな福利理論は、さまざまに制約されたかもしくは修正された価格理論の仮説の助けを借りて、全体経済的な均衡状況を推論することについて壮大な手段を展開した。この方法にもとづいて、ひとが法的に許された行為を行うかまたは許されない行為を行うかどちらかを選択する場合、いかなる

範囲で効率的または非効率的に行動するかについて明らかにするために私法制度を経済的因果関係のなかにうまく採り入れたのである。しかしながら、アマルティア・セン（*Amartya Sen*）は、そのような分析においては、契約または権利になんらの意味も認められないとして、つぎのように指摘した。つまり、「最適と効率というパレート最適とパレート効率に集中化する厚生経済学のポスト功利主義の局面においても、権利にいかなる独自性も帰せられない」のである。このことは、あらゆる種類の厚生理論の特徴である。(18)これは、自己の学問の状態に関するある経済学者の認識である。しかし、それは、同時に、経済学はかかる仕方では法とのかかわりあいを見出すことができないという証言である。経済学の父であるアダム・スミスは、このことについての最も相応しい証人なのである。

III 自然的自由のシステム

ドイツの国家法理論においては、アダム・スミスは、ヘーゲル（*Hegel*）の伝統においては、自由放任主義と社会的ダーウィニズムのシステムと同じ価値をもつといわれる。(19)もしそのようにいうことができるならば、この説明は、アダム・スミスの法学に関する講義録が 1976 年に公表されてからはまったく時代遅れなものとなった。(20)それ以前は、法と道徳および経済の関係は、『道徳的情操論』と『国富論』の優れた著書から推論することができたが、なお確定的なものとはいえなかった。(21)しかし、その公表によって、「法の見える手」は、分業システムを採り入れた独立の法理論と経済理論への道しるべであることがわかった。アダム・スミスの法理論は、重要な関係において、フォン・ハイエクとフランツ・ベームにおける私法社会の理論を先取りしている。(22)それは、経済と社会との政治体制によって異なる制度的関連づけを定式化する経済秩序論に対して理念史的な基礎を提供する。アダム・スミスの法理論は、そのことによって、同時に欧州統合について適切に説明しているのである。

アダム・スミスは、かれの法と経済理論において、なるほどデヴィッド・ヒュームと関連づけられるが、重要な関係においては、それを越えている。文明と法

を社会の進化に還元する点が2人には共通している。かれらは、この進化のなかに国家間においても自然状態を克服できる可能性を見出すのである。さらに、両者に共通することは、正義が私法の助けを借りて、ひとの利己主義的な性向を貫徹する1つの人為的な徳であることを証明する点である。コミュニケーションと協調とがこの規律を促し、保護分野を明確にして、競争に支えられた分業の必要条件を決定する。平等の自由の原則は、配分的正義(justitia distributiva)ではなく、交換的正義(justitia commnutativa)と合致する。契約自由の法的限界は、通常、消極的に禁止され、そして積極的には要求されないとされる。

つぎの点は、アダム・スミスが付け加える法理論の最も重要な諸要素である。つまり、

(1) 権利の制度[23]、
(2) 公平な傍観者としての中立の観察者。この観察者は、諸権利の限界とそれによって正当な期待であるかまたは不当な期待であるか決定する権限をもっている、
(3) 自然的自由のシステムにおける分業による文明の成果に関する経済的根拠づけ。

公平な傍観者は、道徳においては行為者をそれ自体対置させ、法においては経済的地位に対して影響を及ぼす権利主体の相互の関係について判断するのである。同時に、公平な傍観者は、利害衝突が法原則によって判断されかつ解決されることができるかどうかによって法と政治とを区別する裁判所である。この傍観者は、政治との関係においては、法原則の遵守を立法においても要求する批判的な最高決定機関である。市場と競争に対する自然的自由からもたらされる社会の運動法則に関する優位はその一部なのである。

クヌート・ハーコンセン(*Knut Haakonssen*)は、アダム・スミスの法理論について最もすぐれた理解者と思われるが、その後の市場理論と分業論に関する基礎を権利論の展開に見出している[24]。筆者は、そのことに加えて、ハーコンセンがイマニュエル・カントの業績、とくに道徳形而上学に対してアダム・スミスが及ぼした持続的な影響を明確にした点を付言しておきたい[25]。最初に述べた羊

の牧草地と競争による進歩とを対置する場合、この影響が明らかに確認されるのである。

IV　憲法的自由 (Constitutional Liberty) と経済秩序

　理念史的な観点にもとづいた考察は、真の証明をもたらすことを約束するものではない。しかし、そのような考察は、200〜300年以上も前に外部関係と内部関係における分業社会の自由秩序に対する試金石であることがわかっていた諸原則を理解するのに役立つのである。デヴィッド・ヒューム、アダム・スミスおよびローマ法の衰退と滅亡に関する偉大な歴史家であるエドワード・ギボン (Edward Gibbon) の伝統においては、憲法的自由という概念によって自由、法および経済の調和がまとめられる。ドイツとヨーロッパにおいては、憲法上の自由の後継者が経済秩序を継承する。経済秩序は、長い間、政治体制の不正な競争相手として批判されかつそれ自体矛盾するものと説明されてきたのである。19世紀と20世紀の政治体制が経済とかかわりをもってきた限りにおいて、政治が経済の組織と指揮に対し優位することを保障しかつ個々の場合における政治の介入を正当化することがその支配的な目的であった。経済的基本権は、かつて個々における公権的介入に対する個人の保護として解釈され、また現在もそのように解釈されている。秩序諸原則を経済的自由から導き出す可能性は、注意を惹かなかったかまたは一顧だにされることもなかったのである。

　すべての秩序がそれに寄与することになる公益に目を注ぐならば、経済秩序によるパースペクティブの変更が根本的である。社会的発展から現れた法のルールに従うならば、自由な行為ができるという制度は、それがひとの行為の産物であって、ひとが構想した結果ではないということによって特徴づけられる[26]。そのことは、私法、分業および福利の関係そして競争について当てはまるのと同じ様に、公正な行為のルールについて当てはまるのである。筆者は、これらの問題については、イエーナで2、3週間前にメシェル (Möschel) 教授の祝賀記念講演会で触れたので、ここでは繰り返さない[27]。功利主義に対するこれらのアプローチは、実際にはそれぞれ相容れないことが明白である。進化論的に

根拠づけられたルールの構造は、エンゲルスの社会的ダーウィニズム的な批判を裏書きするように思われる。ハイエクは、この批判を真剣に考慮して、つぎのような論拠によってそれに対して論駁する。つまり、社会においては、ダーウィニズムとは反対に、獲られた特性が後世に継承されてきた。文化の進化は、慣習の伝達と任意な源から発せられる情報によって特徴づけられる。最後に、文化の進化は、個人ではなく成功を収めた集団を選び出し、同時に個人間の差別化を認める。(28) さらに、文化的発展は、自然の展開よりも比較的早く進む。これらの文化的発展が、もはや単純な因果律の定義によっては説明しきれない構造と制度に導いたのである (195頁)。デヴィッド・ヒュームは、同時に、社会的発展の特殊性を自然状態と対比しながら検討したが、その結論において、特殊な分化を複雑な社会における基本的なルールの展開に従って生き永らえ、さらにそれを発展させることを可能にする理性がひとの特性であると説明したのである。この結論は、予期しない結果という理論につながってゆく。つまり、自らを維持することができる新しい構造に導くプロセスは、つねに予見できない将来の結果に適合化してゆくプロセスである、という理論である。

　かかる伝統のなかで強調された進化論的に正当化された公正な行為のルールの安定性は、発展がつねに新たな可能性を見出すことを全体的に思考する競争に向かい合うことになる。ここでは、参加者が、「試行と錯誤」という仕方で、抽象的でかつ分業的な大社会において、知らない人の需要を満足することに寄与できるかどうかについて気づくことになる。市場価格は、それについて重要な情報を提供するのである。しかしながら、あらゆる期待が裏切られうる世界では、企業家的行為と計画は、困難であるかもしくは不可能であろう。デヴィッド・ヒューム、アダム・スミスおよびフォン・ハイエクの理論における公正な行動のルールの中心的な役割がそのことから生じるのである。(29) このルールは、安定性、企業家的計画と行為および変化した状況に適合化することを可能にするのである。その使命は、言葉の真の意味において、「正当な期待」を根拠づけることにある。所有権秩序と契約秩序の形成が、その根拠づけに役立つのである。これらの秩序を形成することは、競争の本質的な要件と合致し、いかなる競争制限も不可能にするかまたは特典を付与せず、消費者の選択の自由を「真

実と透明さ」とによって確保するものとされる。公正な行為のルールは、法秩序と経済秩序の立法者による形成物を短縮したものであることがわかる。しかしながら、この「法の経済的分析」は、まず第一次的に、競争に関連づけられている。それは、立法者の全体経済的な基準を排除するものではないが、合法的に行動する者は同時に幸福目的を考慮に入れることができないかまたは考慮する必要がないという所見について顧慮を払うのである。

V 競　　争

　いかなる法秩序も、自滅も含む競争という営業の自由が獲得する諸力を公正な行為の伝統的なルールの助けを借りてうまく整序することができない。産業化の進展につれて、経済システムの決定力は、その破壊力と同じ様に明らかになった。それにもかかわらず、羊の放牧地と狼の群れによってほのめかされた経済的、社会的および政治的対立は、長年の間に1つの点で合致する。つまり、競争と競争制限にあっては、法律問題は重要ではないという点においてである。なぜなら、反カルテル法は、真の自由と合致しないか（自由放任主義）、ドンキホーテのように抗うことができない力がその前に立ちはだかるか（マルクス）、または、カルテルもしくは企業集中が保障する技術的および経済的進歩をぶち壊してしまうからである。

　競争制限の禁止は、実際に法律学と経済学を新たな課題の前に立たせるのである。つまり、法律については、競争の自由が、契約の自由および所有権の自由と並んで固有の秩序原則として現れ、EUにおいては、国境を越えて妥当することを要求するからである。経済学に関しては、その理論は、今や競争制限がなぜ禁止されるのかについて説明しまたそれを理由づけすべきであるからである。

　法と経済に関する1つの調和原則、つまり競争擬制理論によってこの課題を解決するという提案は、それがあまりにも大きな要求であって、いかに困難なものであるかを明らかにする。筆者は、ここでは、1937年のレオナルド・ミックシュ（*Leonard Miksch*）が行ったつぎの総括を引用することにする。「全経済秩

序が1つの統一的性格をもつべきであるとするならば、結果において、あたかも完全競争が存在しているかのような状態が現れるように、これらの市場全部を組織する可能性のほかにはその他の可能性はまったくないのである」。独占に類してつくられたものでは、その到達目標は、国家の指揮によって達成できるにすぎない。それに対して、不完全競争というそれとは別の形式にあっては、参加企業には真の業績競争行為しか残されていないように競争条件を狭く設定するようにしなければならないのである。[30]計画の目的が競争に類して実現されるはずであるとする福利理論的に策定された計画経済像には、それが実現された時のことを考慮する場合にも驚きを隠しきれない。ここでは、ジェレミ・ベンサムが前提としたように、法と経済との統一が非常に真面目にとりあげられている。その結果は、確保したかった自由の破壊ということであった。功利主義の目的と手段との関係は、制限する原則をもたないことがわかるのである。筆者は、競争擬制が競争制限禁止規定に関する法的問題も経済的問題も説明するものではないことを確認した際に、そのことについては触れなかった。ここでは、とくにゲルバー (*Gerber*) が述べたように、オルドー・リベラルな伝統が競争擬制によって不完全にかつ歪曲して語られていることについて言及しておかなければならない。[31]

　法のルールが定めた自由の伝統においては、法律もしくは判例によるルールの修正と補足とは、現在の秩序と合致できる原則をめざすべきであるという原則が妥当する。根本を覆してしまう変更は、経験的に無秩序に導くのである。

　競争の自由と営業の自由の憲法上および欧州共同体法上の関係は、競争制限禁止規定と私法との関係と区別しなければならない。欧州共同体法においては、域内市場の基本的自由は、競争自由と営業自由に対する国の憲法上の保護に相応する。競争は、行為自由と権利主体との相互作用から成り立つ。伝統的で合法的な行為自由の制度に反した利用は、競争制限に関する構成要件事実と共通する。経済的に重要な私法は、競争制限禁止規定によって定められた競争システムへの関連づけを定める。私法社会は、契約の自由、競争の自由と権利のこれらの基本的関係を指示する。[32]社会学においては、この関係をルーマン (*Luhmann*) が法と経済との構造的な結合、マックス・ウェーバー (*Max Weber*) が

契約社会として特徴づけた。しかしながら、そのような調和的解釈は、競争制限禁止規定の伝統的法原則、とくに契約の自由との決別を非常に困難にさせることを打ち消すことができないのである。ここでは、おそらく、相反する、規制された自由の伝統を特徴づける諸原則、つまり基本的に承認されたルールの安定性と変化した状況に適合する必要性とが衝突することになる。

　競争制限禁止規定は、私法制度において一貫した法事実的関係と同じ様に、重要な規範的関係をもつのである。この関係は、法的におよび経済的に基本的である。私法は、計画経済的な独裁だけが不全にする、経済取引において発生する衝突をそれが発生した場で解決する機能を提供する。この衝突の異なる解決は、適用可能な規定にもとづいて評価されかつ限定される重要な事実関係によって達成されるのである。そのことは、分散的な検索システムと情報システムとしての競争という事実関係についても当てはまる。競争制限禁止規定の制度に適った解釈の使命は、私法上の取引が競争プロセスの一部であることによって容易になる。このことは、私法の伝統的な諸原則と諸制度とが競争制限禁止規定に関する解釈基準および競争類似の規制基準になることができることの理由について説明するのである。金融危機とそれを引き起こしたかまたは先鋭化させた取引は、それについての十分な教材を提供しよう。

　それによって、競争の秩序原則と私法とを相互に調整する必要性とその困難さは、誤認されるべきではない。競争制限禁止法制定後の最初の十年間を特徴づけるのは、その禁止規定の射程範囲を厳格な私法上の解釈によって限界づける試みである。その時々において連邦経済省が承認した「企業間の協同の手引き（Kooperationsfibel）」は、かかる伝統を明確に記録している。競争制限禁止規定は、競争自由の確保を志向する目的に照らして、私法上の概念の修正を要求する。しかしながら、自由権に対する高権的な競争法上の介入の際に考慮に入れなければならない法治国家の限界が、同様に重要となるのである。それは、自由権に対する介入が第一義的に消極的に禁止され、かつ、積極的にも命じられるべきではないという既述した法の支配という原則に相応している。濫用禁止を支配的企業に適用する場合、たとえばマイクロソフト事件において現れた二律背反は、この原則の確認として説明することもできる。

ドイツ法をヨーロッパ法に頻繁に暗黙的にも適合化させたことも、私法概念の修正の必要性に相応しているのである。カルテル禁止の解釈に関する指針としての共同体法上の独立性基準と共に、契約と合意とは、協調的行為の純然たる状況証拠になる。(34) それに対して、解禁された協同にあっては、契約法は、広範に適用されないのである。判断のなかに取り入れられるべき競争関係の限界づけに対する重要な手がかりは、欧州裁判所の判例から引き出すことができる。それによれば、競争規定は、個人間の関係に直接に効力が生じ、そして当該個人に対加盟国の裁判所が守らなければならない権利を発生させることができる。(35) この判例の重要性は、私法上の損害賠償請求権を根拠づけるために導かれた共同体法上の要求を超えるものである。判例には、競争制限禁止規定が当該個人間の競争から生じる相互作用を対象にするという広い思想が現れている。この競争関係は、競争過程の一部である。この場合には、法的判断基準と経済的判断基準とが相互に補充しあう。禁止の構成要件を全体の福利かあるいは消費者の福利にもっぱら方向づけるのかまたは大まかに指向するだけにすぎないのかということは、消費者の利益が直接に関係づけられる場合にだけ上述した原則と合致することができるのである。禁止規定、とくに支配企業に対する濫用禁止は、参加企業が認識しているかまたは経験しているような状況に結びつけることができるにすぎない。そのことは、構成要件の充足と禁止の際に命じられる排除措置について当てはまる。このような衝突の要因を制限することは、行為自由から生じ、川上の市場と川下の市場との関係を考慮に入れる競争のプロセスに結びつけることができる。競争の自由に属する権利は、競争に参加する企業の関係においては、行為ルールもしくは防御権として作用する。両者の場合に、競争の自由は、最も重要な考慮原則なのである。

　この解釈が、欧州司法裁判所の判例と合致しうることについては若干の事柄を指示するだけで十分である。

　協調的行為の禁止は、主観的観点におけるあらゆる形式の通謀を捉えるのである。(36) 協調的行為が競争違反の目的をもっており、かつ、それが正確に競争の制限と歪曲化とに役立つならば、「競争が事実上阻害されたか、制限されたかまたは歪曲化されたことは必要でなく、また当該協調的行為と消費者価格との

間に直接的な関係があることも必要でない」。

　支配的地位の濫用的利用の禁止は、消費者に直接の損害をもたらしうる行為に関係するだけでなく、事実上の競争構造に介入することによって消費者に損害を与えるような行為にも関連するのである。[37]

　筆者は、共同体法を適用できる合併は競争のプロセスの一部である、とする別の関連で行った指摘のなかでは、合併規制の効率性基準について言及していなかった。それについて今ここで簡単に触れておくと、合併の実施が、当該合併の成否を決定することになるのである。その効率性は、合併前には楽観的期待であって、合併後には相互依存的でかつもはや解体させることができないことの根拠となるのである。[38]

　競争ルールの解釈と適用を競争のプロセスに向けることは、競争ルールの適用に関する種々の種類の手続と制裁の種類とは関係なく妥当するのである。実体法上合致することが、実体法上の手続、契約法および課徴金法上の手続と制裁に関して重要なのである。第一審裁判所は、競争ルールに従って制裁を課すことができるすべての行政手続について個人の責任原則を強調する。[39]企業は自己に知れている事実にもとづいて自己の行為の合法性について判断できなければならないという原則が、そのことに相応する。[40]課徴金法上の制裁とそれに適用される刑法に類似する権利保護に関する保障は、企業に帰責できる自己の行為という明確な構成要件該当性の規定を強調する。欧州司法裁判所も同意するEU委員会が展開した課徴金算定ガイドラインは、それと区別しなければならない。[41]2006年のガイドラインでは、違反の重大さと構成要件上の売上高が決定的に重要であるとしている。制裁金の算定については、筆者がこれまで強く批判してきたジェレミ・ベンサムが重要な方向づけを行っている。[42]しかしながら、違反の実体法上の根拠とその懲罰との間には矛盾があることは、強調しておかなければならない。ベンサムは、そのことについて考慮はしていなかったからである。

Ⅵ 経済の憲法的秩序の調整原則としての競争の自由と契約の自由

　経済の憲法的秩序は、法と経済との関係によって歴史的および制度的に特徴づけられる。筆者は、競争制限禁止規定を競争と市場の福利に及ぼす効果とを考慮する法制度の一部として根拠づけているが、しかし私法上は分権的に施行されている法制度の諸基準の合理性について固執している。この試みは、なんら経済について拒否するものではない。単に全体の福利もしくは消費者の福利に対する消極的もしくは積極的影響にもとづいて競争制限を判断することを拒絶しているにすぎない。産業経済学もしくは制度経済学の重要性、より正確には、価格理論から競争理論に発展することは、そのことと関係がないのである。

　経済法の憲法上の解釈が広範囲に争われていない分野は、EU における域内市場と競争システムの制度的な統一に関連する。ドイツ連邦共和国憲法裁判所は、この関係について、リスボン条約が純粋な競争を共同体の制度を越えた目的であるとして削除したことを述べることだけを意識した。[43] しかしながら、域内市場と競争システムを具体化する規定に関して、両者が競争規定の外部においても及ぼした重要な影響については言及しなかった。共同体法のこの部分は、私法上のおよび競争に関連づけられた秩序原則にもとづいている。しかし、積極的もしくは消極的な福利効果もしくは加盟国の経済政策の目的は、構成要件ではない。そのような要件は、問題にされた規定の効力を失わせるにはより確実な方法であったであろう。

　国家と社会との間の関係は、ホッブスとマルクスを回顧すれば、根本的に変化している。抗いがたい力の所有者としてのリバイアサンが競争相手を得て、その側で競争に参加する。国において制度化された公益は、リバイアサンが羊の皮をまとった国庫とそれ自身高権的な狼（連邦ポスト）になることを防げなかったのである。以下で述べる一連の事情が明らかにすることは、EU が加盟国に資本主義の目的を自己の目的にすることを阻止することになる。さらに、私法の基本的ルールが、その直接の適用範囲を越えて、法制度全体における発展に対して規範的に重要な影響を及ぼすという認識が確認されるのである。

共同体法においては、国に関係づけられた規定と企業に関係づけられた規定との関係が、加盟国において存在している公法と私法との対立とは無関係であるということによって特徴づけられる。加盟国の法域における共同体法の平等なかつ効率的な適用は、競争的な交換過程を特徴づける私法上の秩序原則の具体化と結びつくのである。需要と供給は、法律と関係のない世界で合致するのではない。当事者は、私法上の契約によって参加し、その側では競争プロセスの相手方となるのである。つぎの一連の必要不可欠で範例的な構成要件事実は、この関係について代表的である。

　EU条約は、加盟国における所有権秩序に適用されない（295条）。それにもかかわらず、欧州裁判所の判例によれば、共同体法の規定は、公企業の所有者としての国に対して適用できるのと同じ様に、私的権利の所有者による所有権の行使（営業活動の保護権）に適用することができるのである。生産手段に対する所有権が経済秩序の性格について決定するのではなく、競争の協調原則が、それを決定するのである。

　競争規定の名宛人は企業である。企業概念の機能的解釈は、国それ自体、国の下部組織および公法上の組織が経済的取引に参加する場合、競争規定をこれらに対してつねに適用できることに導くのである。

　基本的自由に由来する公用調達法（Vergaberecht）は、商品とサービス給付に関する私的な競争上の需要にできるだけ近づくように国の調達制度を組織することを加盟国に義務づけるのである。供給者は、国のあるいは国の影響下にある需用者の差別化と恣意から必要な権利保護によって強行的に保護される。競争規定は、規制された公用調達手続とパラレルに適用することができる。

　競争を阻害する補助金の禁止が、国の私的企業に対する資本参加に対して適用できる場合、その条件が市場における私的資本の提供者も引き受けたであろう条件（market economy investor principal）に相応するのかどうかを審査しなければならない。

　たとえば、テレコミュニケーションあるいはサービスを提供するエネルギー産業においては、市場構造が競争をつくり出すことができない限りにおいて、共同体のレベルと加盟国で必要となる規制は、競争の秩序原則を志向するのである。

抄　　録

万人の万人に対する競争 (Bellum omnium contra omnes)？
——自然状態における競争について

　放牧地で時を過ごす羊の平穏は、比較的な自己愛と競争を欠いているひとの社会に関してカントが述べた比喩である。どうもうな狼の食欲さは、市民社会における安全と安寧の自由をあきらめさせる自然状態におけるひとに対して説明したホッブスの比喩である。これらの見解は、自由と平等に関する正反対の原則を教える。カントにとっては、個人の自由は、対立する自由であって、この自由は、法の支配の下での平等な自由と共存することができる。これに対して、トマス・ホッブスの明らかに反対の立場では、デヴィッド・ヒュームの法と社会の研究およびアダム・スミスの法と経済学の研究を意識しかつ考慮に入れた法と社会の諸原則が展開される。

　ホッブスは、法と経済を動かす力としての幸福に関するかれの功利主義の解釈と同様に、法実証主義に関するベンサムの基本的な説明を採り入れた。それは、法と幸福主義との同一視であり、競争と競争法に関する１つの重要な論争に導く。つまり、個々人の競争的行為に対する貢献を結果として生じる幸福のプラスまたはマイナスの成果と同一視できるかという問題である。この論争は、ドイツでは、カルテルの禁止なのかあるいはカルテルに対する濫用規制なのかという二者択一の問題について支配した。それに対して、米国では、成果に関する評価審査が有効競争理論の１つの論点であった。つまり、この論争は、福利のマイナスの成果について特別な立証 (specific proof of negative welfare effects) がなければ、伝統的な反トラスト法違反を免れることができないと主張する反トラストシカゴ学派によってもたらされた。欧州では、それは、もちろん、競争ルールに関する解釈についてより経済的なアプローチをする EU 委員会の解釈によって、消費者に対する福利審査 (consumer welfare test) の実行可能性に関する論争について終止符が打たれた。

それは、デヴィッド・ヒュームの理論の伝統を引き継ぎながら、特別な競争行為の福利に関する成果審査では解明できない理由を説明する制度に複合現象理論を展開したＦ.Ａ.フォン・ハイエクの理論なのである。
　筆者は、本章では、競争ルールが、契約の自由、個人の財産権に関する私法制度の一部であるとして、また、競争を発見手続として解している。競争の自由に関する個人の権利は、競争のプロセスにおける公益とそれに対して適用できるルールを形成するのである。

(1) Principles of political Economy and Chapters on Socialism, in: Riley, The World Classics, Oxford 1994, p. 50.
(2) これについては、*Mestmäcker*, Gesellschaft und Recht bei David Hume und F. A. von Hayek Über die Zivilisierung des Egoismus durch Recht und Wettbewerb, ORDO Bd. 60 (2009), S. 87-100.（本書第3編第2章「デヴィッド・ヒュームとフリードリッヒ・Ａ・フォン・ハイエクにおける社会と法―法と競争によるエゴイズムの規制について」179頁以下）。
(3) Idee zu einer allgemeinen Geschichte in weltbürgerlicher Absicht, Akademieausgabe Bd. VIII, S. 21.
(4) Philosophical Rudiments concerning Government and Society, Edition Molesworth, Bd. 2, S. II.
(5) *Adam Smith*, A Theory of moral Sentiments (1759), 1974, p. 234.
(6) Philosophical Rudiments, On Religion, p. 297.
(7) Leviathan or The Matter, Form and Power of Commonwealth Ecclesiastical and Civil, Edition Molesworth, Bd. 3, p. 1 10.
(8) *Thomas Hobbes*, De Corpore politico or the fundamental elements of policy, in: Edition Molesworth. Vol. IV, Three Discourses, p. 200-212.
(9) Leviathan, p. 702.
(10) Das Kapital, Kritik der politischen Ökonomie, Bd. 1, MEGA, Band 23, Marx/Engels Gesamtausgabe, 1962, S. 377.
(11) *Engels*, Dialektik der Natur, in: MEGA, Band 20 S. 525.
(12) *Franz Böhm*, Wettbewerb und Monopolkampf, 1933, S. 316 und 336. から引用。
(13) FAZ v. 27. 2. 2009.
(14) Introduction to the Principles of Morals and Legislation, 1970, p. 11 ff.
(15) *John Stuart Mill*, On Liberty, Edition 1997, p. 48.
(16) *John Stuart Mill*, On Liberty, Edition 1997, p. 115.
(17) *Von Hayek,* Bemerkungen über die Entwicklung von Systemen von Verhaltensregeln (1966), in: Rechtsordnung und Handelnsordnung, Aufsätze zur Ordnungsökonomie, 2003, S. 87; *Von Hayek*, Einzelwissen und Gesamtordnung, ebd., S. 193. も。

(18) *Sen,* Ethics and Competition (1987), 2005, p. 49.
(19) *Herbert Krüger,* Allgemeine Staatslehre, 2. Aufl., 1966, S. 456.
(20) *Adam Smith,* Lectures on Jurisprudence, Oxford Edition, 1978.
(21) これについては、*Mestmäcker,* Die sichtbare Hand des Rechts, in: ders., Recht und ökonomisches Gesetz, 2. Aufl., 1984, S. 104 ff. 森本滋訳・前掲書（第3編第1章注43）47頁以下。
(22) *F. A, von Hayek,* Law Legislation und Liberty, Vol. 2, 1976, p. 31 Nr. 1 指示参照。Franz Böhm und die private law society.
(23) Lectures on Jurisprudence, Oxford 1978 Rz. 14/15. これについては、基本的に、*K. Haakonssen,* The Science of a Legislator, Cambridge 1981(1989), pp. 99-134.
(24) Natural Law and Moral Philosophy, From Grotius to the Scottish Enlightenment, 1996, S. 147.
(25) Natural Law and Moral Philosophy. From Grotius to the Scottish Enlightenment, 1996, S. 148 ff.
(26) *Von Hayek,* Rechtsordnung und Handelnsordnung, in: ders., Freiburger Studien, 1969, S. 161, 164.
(27) *Mestmäcker* (Fn. 2); Rechtliche und ökonomische Grundlagen marktwirtschaftlicher Ordnungen, in: Viktor J. Vanberg (Hrsg.), Evolution und freiheitlicber Wettbewerb, 2009, S.1-1 8.
(28) Einzelwissen und Gesamtordnung (1984), S. 93, 94.
(29) Die Verfassung der Freiheit, 4. Aufl., 2009, S. 189 ff.
(30) Wettbewerb als Aufgabe, Die Grundsätze einer Wettbewerbsordnung, 1937, S. 136, 137.
(31) *David J. Gerber,* Law and Competition in 20th Century Europe: Protecting Prometheus, Oxford 1998, p. 232 ff.
(32) 基本的には、*Franz Böhm,* Die Privatrechtsgesellschaft, ORDO 17 (1966) S. 75-151.
(33) これについて詳細は、*Mestmäcker,* Recht und Politik in der EU, in: Mestmäcker /Möschel/ Nettesheim (Hrsg.), Verfassung und Politik im Prozess der Europäischen Integration, 2009, S. 9, 15 ff. 本書第1編第4章「EUにおける法と政治」62頁以下。
(34) 最近の判例は、EuGH v. 4. 6. 2009 - Rs C 8/08, Rz.23 - T-Mobile Netherlands. ドイツにおいては、*Karsten Schmidt* の展開が先行している。
(35) 最近の判例は、EuGH v. 4. 6. 2009 - Rs C-8/08, Rz. 49 - T-Mobile Netherlands.
(36) EuGH v. 4. 6. 2009 - Rs C-8/08, Rz. 23 - T-Mobile Netherlands.
(37) 最近の判例は、EUGH v. 15. 3. 2007, Slg. 2007, 1-2331, 2396, Rz. 57 - British Airways, Im Anschluss an EuGH v. 21. 3. 1973, Slg. 1973, 215, 246, Rz. 26 - Europe Emballage.
(38) *Mestmäcker/Schweitzer,* Europäisches Wettbewerbsrecht, 2. Aufl., 2004, S. 642 ff
(39) EuGv. 30. 1. 2007, Slg. 2007, II-107, 109 - France Telecom.
(40) EuG v. 10. 4. 2008 - Rs T-271/03, Rz. 192 - Deutsche Telecom.
(41) これについて包括的に論じるものは、*Dannwcker/Biermann,* in: Immenga/Mestmäcker, Wettbewerbsrecht EG/Teil II, 4. Aufl., 2007, VO 1/2003, Vorbemerkung zu Art. 23 ff. Rz. 37 ff.
(42) *Jeremy Bentham,* An Introduction to the Principles of Morals and Legislation, 1970, p. 166: "The value of the punishment must not be less in any case than what is sufficient to outweigh that of the

profit of the offence."
(43)　BVerfG v. 30. 6. 2009 - 2 BvE 2/08.

原論文の表題と出典

第1編　EUの法秩序と経済秩序

第1章　支配と法に関する欧州の基準

Europäsche Prüfsteine der Herrschaft und des Rechts.

in: Orden pour le Mérite für Wissenschaften und Künste, Vierunddreissigster (34) Band 2005-2006, S. 197 f.

同志社法学第324号（59巻5号）225頁以下（2008年）

　本論文は、学術および芸術に対する Orden pour le merite 賞の受賞者による講演を収録した Orden pour le mérite für Wissenschaften und Künste, Reden und Gedenkworte 24Bd, 2005-2006, S. 197-215. に所収されている。

第2章　ローマかマーストリヒトか

Rom oder Maastricht.

in: Ernst-Joachim Mestmäcker, Recht in der offenen Gesellschaft, Nomos, 1993, S. 618 f.

同志社法学第254号（49巻2号）328頁以下（1998年）

第3章　EUのガバナンス構造の変遷

Wandlungen in der Verfasstheit der Europäischen Gemeinschaft

in: Bielefelder Universitätsgespräche und Vorträge 8, 2000.

in: Wirtschaft und Verfassung in der Europäischen Union, 2. ergänzte Aufl, 2006, Nomos, S. 49f.

同志社法学第277号（53巻1号）349頁以下（2001年）

　本論文は、メストメッカー教授が、1999年11月17日に、ビーレフエルト大学法学部創設30周年を記念して開催された記念講演会の基調講演

（Festvortrag）に加筆し、同大学の Bielefelder Universitätsgespräche und Vorträge 8, 2000 として公刊されたものである。

第4章　EU における法と政治

Recht und Politik in der EU

in: Mestmäcker/Möschel/Nettesheim (Hrsg.), Verfassung und Politik im Prozess der europäischen Integration, 2008, S. 9 f. に所収

同志社法学第 325 号（59 巻 6 号）567 頁以下（2008 年）

第2編　ヨーロッパ競争法の展開と課題

第1章　ヨーロッパ契約社会における亀裂

Risse im europäischen *Contrat Social*.

in: Veröffentlichungen der Hans Martin Schleyer-Stiftung Bd. 48, 1997, S. 53 f.

in: Wirtschaft und Vefassung in der Europäischen Union, 2. ergänzte Aufl. 2006, Nomos, S. 92 f.

同志社大学ワールドワイドビジネスレビュー第 2 巻第 2 号 161 頁以下（2001 年）

　本論文は、1997 年 4 月 25 日、ハンス・マルティン・シュライアー（Hans Martin Schleyer）賞の受賞記念講演に加筆されたものである。翻訳では、最初にある口頭による答礼の挨拶は省略している。なお、条約と引用条文数については手を加えていない。

第2章　ヨーロッパ法における競争と規制の接点

Schnittstellen von Wettbewerb und Regulierung im europäischen Recht.

in: Gaitanides/Kadelbach/Rodriguez (Hrsg.) Europa und seine Verfassung, FS für Manfred Zuleeg, 2005, S. 397 f.

in: Wirtschaft und Vefassung in der Europäischen Union-Beiträge zu Recht, Theorie und Politik der europäischen Integration, 2. ergänzte Aufl. 2006, Nomos, S. 767 f.

同志社法学第 318 号（58 巻 6 号）135 頁以下（2007 年）

第3章　グローバル化時代におけるヨーロッパ競争法

Europäisches Wettbewerbsrecht im Zeichen der Globalisierung.

in: Schwarze(Hrsg.),Europäisches Wettbewerbsrecht im Zeichen der Globalisierung, Nomos, 2002, S. 11 f.

in: Wirtschaft und Verfassung in der Europäischen Union, 2. ergänzte Aufl, 2006, Nomos, S. 179f.

同志社法学第 292 号（55 巻 1 号）36 頁以下（2003 年）

　本論文は、もともと、フライブルグ・ヨーロッパ研究所が 2001 年 7 月 6 日 -7 日にかけて開催した「グローバル化時代におけるヨーロッパ競争法」というテーマのコロキウムの成果が同名で公刊され、同書に所収されている。

第4章　EU における公企業と公共経済事業（生活配慮）

Öffentliche Unternehmen und gemeinwirtschaftliche Dienste (Daseinvorsorge) in der EU.

in: (Hrsg.) H.Schmidt/von Wizäcker, Innnenansichten aus Europa, Die neue Mittwoches Gesellschaft, Bd.4, S, 161 ff.

同志社法学第 325 号（59 巻 6 号）567 頁以下（2008 年）

第3編　法秩序と経済秩序の相互依存

第1章　権利の法制度との関連性

Systembezüge subjektiver Rechte.

in: Georg Bitter/Marcus Lutter/Hans-Joachim Priester/Wolfgang Schön/Peter Ulmer (Hrsg.) Festschrift für Karsten Schmidt, 2009, S. 1197 f.

同志社法学第 339 号（61 巻 6 号）139 頁以下（2010 年）

第2章　デヴィッド・ヒュームとフリードリッヒ・A. フォン・ハイエクにおける社会と法──法と競争によるエゴイズムの規制について

Gesellschaft und Recht bei David Hume und Friedrich A. von Hayek. —Über die Zivilisierung des Egoismus durch Recht und Wettbewerb.

in: Zeitschrift für Wettbewerbsrecht (ZWeR)(Journal of Competition Law) 2010, S. 1-14.
同志社法学第 342 号（62 巻 2 号）528 頁以下（2010 年）

　本論文は、ベルンハルト・メシェル（*Wernhard Möschel*）教授の定年を記念して 2009 年 7 月 24 日に開催されたチュービンゲン大学のシンポジウムで行われた祝賀記念講演の草稿に加筆されたものである。

第 3 章　牧草地の子羊と狼の群れの間——自然状態における競争概念の変遷
Zwischen Lämmerweide und Wolfsrudel-Gedanken zur Naturgeschichte des Wettbewerbs.
in: ORDO-Jahrbuch für die Ordnung von Wirtschaft und Gesellschaft, Band 60, 2009. S. 87-100.
同志社法学第 348 号（63 巻 2 号）33 頁以下（2011 年）

事項索引

あ 行

アキ・コミュノテール…………………… 32
アムステルダム条約…………… 10, 28, 50
一般平等待遇法…………………………… 169
インターネット…………………………… 115
インフラナショナリズム………………… 56
売上高基準………………………………… 118
遠距離通信法……………………………… 115
黄金株……………………………………… 75
　──事件判決…………………………… 140
欧 州
　──安全防衛共同体…………………… 63
　──官僚主義…………………………… 16
　──経済地域に関する条約…………… 19
　──憲法………………………………… 28
　──憲法裁判所………………………… 40
　──市民………………………………… 6
　──石炭鉄鋼共同体条約……………… 25
　──中央銀行………………………… 14, 94
　──防衛共同体………………………… 13
　──連合市民…………………………… 62
オルドー・リベラル……………………… 209

か 行

カシス・デ・ディジョン (Casis de Dijon) 事件
　判決……………………………………… 41
仮説市場…………………………………… 104
課徴金……………………………………… 212
合 併
　──規制の域外適用…………………… 112
　──規制令……………………………… 111
　──国際的──………………………… 124
過度の規制………………………………… 97
カルドール=ヒックス (Kaldor/Hicks) のモデル
　………………………………………… 190
慣 習……………………………………… 156
干渉条項…………………………………… 36
企 業……………………………………… 141
　──間の協同の手引き………………… 210
　──国際的──結合…………………… 111
競 争……………………………… 79, 137, 189
　──擬制理論…………………………… 208
　──当局の協力に関するＥＵとアメリカとの
　　間の協定…………………………… 125
　──の自由……………………………… 192
　──ルール……………………………… 216
完全──…………………………………… 209
生存──…………………………………… 201
制度──…………………………………… 41
協調的行為………………………………… 211
共通の防衛政策…………………………… 78
協定にもとづく協同……………………… 127
均衡性の原則……………………………… 30
金融商品…………………………………… 193
苦痛と快楽………………………………… 155
経 済
　──管理機関…………………………… 25
　──憲法……………………………… 64, 79
　──秩序……………………………… 86, 206
　──的基本権…………………………… 206
　──的自由……………………………… 189
　──的自由権…………………………… 67
　──同盟………………………………… 30
形成自由の原則…………………………… 144
啓蒙主義…………………………………… 197
契 約
　──自由の原則………………………… 71
　──の自由……………………………… 166
結果主義…………………………………… 72

事項索引

結束基金……………………………… 51
原始共同体法………………………… 29
権　利
　——のための闘争………………… 158
　——理論…………………………… 72
公益事業……………………… 77, 138
効果原則……………………………… 119
交換正義……………………… 67, 200
公　正
　——な競争の制度………………… 73
　——な行動のルール……………… 179
構　造
　——基金…………………………… 51
　——経済学………………………… 65
公的サービス制度…………………… 90
公平な傍観者………………………… 188
効用（utility）の原則 …………… 202
公　用
　——調達法………………………… 214
　——発注…………………………… 76
功利主義……………………………… 72
効率性基準…………………………… 212
雇用と職業における差別禁止指令… 10
混合欧州司法裁判所………………… 19
コンチネンタル・カン事件判決… 80, 97

さ　行

サービス給付指令…………………… 74
最高善………………………………… 186
再審裁判所…………………………… 40
最大多数の最大幸福………………… 162
サブプライム住宅ローン…………… 193
産業経済学…………………………… 213
シカゴ学派…………………………… 203
自己愛………………………………… 181
事実上の独占………………………… 105
市　場
　川上——…………………………… 103
　川下——…………………………… 103
　関連——…………………………… 112
　——経済秩序……………………… 7
自生的秩序論………………………… 185

自然状態……………………… 7, 187
実行原則……………………………… 120
実践法理論…………………………… 62
私的自治……………………………… 162
支配的地位の濫用的利用の禁止… 212
私　法
　——社会…………………… 65, 209
　——秩序…………………………… 65
市民社会…………………… 5, 68, 183
シャーマン法………………………… 97
社　会
　——契約…………………… 85, 201
　——的効用………………………… 154
　——的ダーウィニズム…………… 204
自　由
　——放任…………………………… 201
　——論……………………………… 186
　意思の——………………………… 198
　結社の——………………………… 168
　憲法的——………………… 181, 206
収斂の原則…………………………… 24
主観的効用…………………………… 154
需要市場……………………………… 113
所有権秩序…………………… 75, 214
進化理論……………………………… 181
人権宣言……………………… 72, 202
スパーク報告………………………… 63
生活配慮……………………… 77, 137
政　治
　——経済学………………………… 197
　——的自由………………………… 189
制度経済学…………………………… 213
世　界
　——カルテル法…………… 125, 130
　——競争法………………………… 129
　——市場…………………………… 111
　——貿易機構……………………… 3
セキュタリゼーション……………… 193
「積極的礼譲」原則 ………………… 125
潜在的市場…………………………… 104
染料事件判決………………………… 121
相当性の原則………………………… 144

ソーシャル・ダンピング……………… 17

た 行

第一次的共同体法………………… 95
第一審裁判所……………………… 212
第二審裁判所……………………… 32
多国籍企業………………………… 111
地中海地域における第三国との協力プログラム
　……………………………………… 53
中立性の原則……………………… 144
通貨同盟…………………………… 6
定言的命令………………………… 44
テレコミュニケーション………… 15
　——法…………………………… 97
ドイツ連邦銀行…………………… 92
討議民主主義……………………… 57
独立委員会………………………… 90
取引拒絶…………………………… 98

な 行

内部委員会……………………… 47, 48
ネオリベラリズム………………… 66
ネット……………………………… 114

は 行

配分正義…………………………… 200
発見手続…………………………… 216
パルプ事件判決…………………… 120
パレート
　——効率………………………… 204
　——最適………………………… 204
汎欧州ネットワーク……………… 23
万人の万人に対する闘い………… 199
「非欧州」化のコスト…………… 148
平　等
　——待遇指令…………………… 76
　——取扱い原則………………… 140
開かれた市場……………………… 15
フォルクスワーゲン事件判決…… 64
不可欠施設理論…………………… 98
不完全競争………………………… 209
複合的現象理論…………………… 203

福　祉
　——国家的欧州共同体………… 45
　——の最大化…………………… 190
分　業……………………………… 187
　——社会………………………… 206
分権化の原則……………………… 57
法　人……………………………… 167
放送国家条約……………………… 115
法
　——実証主義…………………… 70
　——の経済的分析……………… 208
　——の支配……………………… 173
　——の見える手………………… 204
補完性の原則…………………… 16, 22

ま 行

マーストリヒト条約………………… 6, 19
マイクロソフト事件判決………… 112
見えざる手………………………… 188
民衆訴訟…………………………… 169
民主主義の赤字………………… 28, 65
命令的法理論……………………… 202

や 行

有効競争理論……………………… 203
由来国の原則……………………… 14

ら 行

濫用禁止…………………………… 97
利益法学…………………………… 160
リスボン条約……………………… 173
リバイアサン……………………… 191
領土原則…………………………… 122
礼　譲……………………………… 123
　国際的——……………………… 123
レオナルド・ダ・ヴィンチ・プログラム…… 53
レッセ・フェール………………… 192
連帯の原則………………………… 24
ローマ法の精神…………………… 156

わ 行

枠組指令 ………………………………… 96

アルファベット

Alcola 事件判決 ………………………… 101
Altmark Trans 事件判決 ………………… 147
AOL/Time Warner 事件判決 …………… 114
Bellum omnium contra omnes ………… 215
Boing/McDonnell Douglas Corp.(MDC) の合併
　………………………………………… 127
Bronner 事件判決 ……………………… 103
Gencor 事件判決 ………………………… 119
IMS Health 事件判決 …………………… 98
Magill 事件判決 ………………………… 98
Terminal Railroad Association v. United States
　事件判決 ……………………………… 99
Trinko 事件判決 ………………………… 97

人名索引

ア 行

アデナウアー（Konrad Adenauer） ……… 13
アレヴィ（Elie Halévy） ……………… 188
イエーリング（Rudolf von Ihering） ……… 153
イエリネーク（Georg Jellinek） ………… 171
イッシング（Otmar Issing） …………… 31
ヴィアッカー（Franz Wieacker） ………… 161
ウェーバー（Max Weber） …………… 69, 164
ヴォルフ（Erik Wolf） ………………… 159
エアハルト（Ludwig Erhard） ………… 13, 85
エプシュタイン（Richard Epstein） ……… 9
エンツェンスベルガー（Hans Magnus Enzensberger）
　……………………………………… 202
オイケン（Walter Eucken） …………… 70

カ 行

カント（Immanuel Kant） ……………… 7
ギールケ（Otto von Gierke） …………… 185
ギボン（Edward Gibbon） …………… 156, 206
グラーフ（Müller-Graf） ……………… 65
グリーンスパン（Alan Greenspan） ……… 180
グリム（Dieter Grimm） ……………… 65
ケルバー（Markus Kerber） …………… 78
コーイング（Helmut Coing） ………… 7, 160
コンスタント（Benjamin Constant） ……… 16

サ 行

ジジストラ（Jelle Zijlstra） …………… 139
シャルプフ（Fritz W. Scharpf） ………… 16
シュトライト（Manfred Streit） ………… 41
シュバルツ（Ivo Schwartz） …………… 74
シュミット（Carl Schmitt） …………… 9
シュミット（Karsten Schmidt） ………… 153
シュレスキー（Helmut Schelsky） ……… 157

ジョリエ（Rene Joliet） ………………… 97
ショルツ（Rupert Scholz） …………… 168
スコウリス（Vassilios Skouris） ………… 10
スティグラー（George Stigler） ………… 188
スミス（Adam Smith） ………………… 15
セン（Amartya Sen） ……………… 187, 204

タ 行

ツレェーグ（Manfred Zuleeg） ………… 95
ティートマイアー（Hans Tietmeyer） …… 92
ド・ゴール（Charles de Gaulle） ……… 28, 89
ドロール（Jacque Delors） …………… 20

ナ 行

ナイト（Frank H. Knight） …………… 192

ハ 行

ハーコンセン（Knut Haakonssen） … 181, 205
ハート（H. L. A. Hart） ……………… 72
ハーバーマス（Jürgen Habermas） ……… 67
ハイエク（Friedrich A. von Hayek） …… 179
ハルシュタイン（Walter Hallstein） ……… 13
バロッソ（Jose Manuel Barosso） ……… 79
ヒューム（David Hume） ………… 181, 198
ファーグソン（Adam Ferguson） ……… 180
フィーケンチャー（Wolfgang Fikentcher）… 157
フォルストホーフ（Ernst Forsthoff） …… 88
ブロイニング（Nell Breuning） ………… 202
フローバイン（J. A. Frowein） ………… 40
ヘーゲル（Georg Wilhelm Friedrich Hegel）
　……………………………………… 15, 88
ベーム（Franz Böhm） ………………… 9
ベッケンフェルデ（Ernst Wolfgang Böckenforde）
　……………………………………… 179
ベルリン（Isaiah Berlin） ……………… 16

ベンサム（Jeremy Bentham）……… 52, 154
ホッブス（Thomas Hobbes）………… 9, 68, 91
ポパー（Karl R. Popper）……………… 66

マ 行

マジング（Johannes Masing）………… 171
マディソン（James Madisson）………… 39
マルクス（Karl Marx）…………… 5, 197
マンデビル（Bernhard Mandeville）……… 182
ミックシュ（Leonard Miksch）………… 208
ミュラー（Dennis Müller）……………… 65
ミル（John Stuart Mill）………… 12, 186, 197

ラ 行

ラートヴルフ（Gustav Radbruch）……… 161

ラング（Temple Lang）……………… 98
リカード（David Ricardo）……………… 15
リュータース（Bernd Rüthers）………… 154
ルーマン（Niklas Luhmann）………… 11, 165
ルソー（Jean-Jacques Rousseau）……… 8, 85
ロールズ（John Rawls）……………… 186
ロック（John Lock）……………… 8, 68

ワ 行

ワイラー（Josepf Weiler）……………… 50

■ 訳者紹介

早川　勝（はやかわ・まさる）

同志社大学大学院司法研究科教授

単　著　Materialsammlung zum japanischen Gesellschaftsrecht, Fernuniversität in Hagen, 2010

共　著　『会社法』有斐閣、2006年
　　　　『会社法における主要論点の評価』中央経済社、2007年
　　　　『逐条解説 会社法』中央経済社、2008年
　　　　(co-author: Whittaker) Takeovers and Corporate Governance: Three Years of Tensions, in: ed. Whittaker & Deakin, Corporate Governance and Managerial Reform in Japan, Oxford University Press, 2009

論　文　「結合企業法の在り方」浜田道代・岩原紳作編『ジュリスト増刊 会社法の争点』（有斐閣、2009年）104頁以下
　　　　Die Zulässigkeit von Abwehrmassnahmen im sich entwickelnden japanischen Übernahmerecht, in: Festschrift für Klaus J. Hopt, 2010, S.3081-3104
　　　　「合併対価の柔軟性」永井和之・中島弘雅・南保勝美編『新山雄三先生古稀記念論集 会社法学の省察（仮）』（中央経済社、2011年）所収

訳　書　エルンスト-ヨアヒム・メストメッカー『市場経済秩序における法の課題―法理論と秩序政策に関する論文集』法律文化社、1997年

受　賞　第3回「大隅健一郎賞」（1999年1月 公益信託大隅法学研究奨励基金）
　　　　第8回「日独文化関係促進協会（JaDe）賞」（2007年2月 日独文化関係促進協会）

Horitsu Bunka Sha

2011年11月25日　初版第1刷発行

EUの法秩序と経済秩序
―法と経済の関係についての基本問題―

著　者　エルンスト－ヨアヒム・メストメッカー

訳　者　早　川　　　勝

発行者　田　靡　純　子

発行所　株式会社　法律文化社

〒603-8053　京都市北区上賀茂岩ヶ垣内町71
電話 075（791）7131　FAX 075（721）8400
URL：http://www.hou-bun.com/

©2011 Masaru Hayakawa Printed in Japan
印刷：共同印刷工業㈱／製本：㈱藤沢製本
装幀　石井きよ子
ISBN 978-4-589-03367-3

オーレ・ランドー,ヒュー・ビール編／
潮見佳男・中田邦博・松岡久和監訳
ヨーロッパ契約法原則I・II

オーレ・ランドー,エリック・クライフ,アンドレ・プリュム,ラインハルト・ツインマーマン編／潮見佳男・中田邦博・松岡久和監訳
ヨーロッパ契約法原則III

A5判／I・II：632頁・11550円，III：318頁・6825円

ヨーロッパ統一契約法制定へむけ，「ヨーロッパ契約法委員会」によって試みられた統一法モデル「ヨーロッパ契約法原則」の条文と注解の翻訳。EU域内の一般契約法の調和のための枠組みを提示する。日本の契約法を現代的・比較法的な観点から見直すのに有用であり，必須文献のひとつである。「ヨーロッパ契約法委員会」による本原則は，IIIで完結。

ハイン・ケッツ著／潮見佳男・中田邦博・松岡久和訳
ヨーロッパ契約法I

A5判・566頁・13650円

『比較法概論』の巨匠ケッツがヨーロッパ諸国の契約法準則の異同を論じ，これまで誰も成し遂げられなかったヨーロッパ共通契約法の析出を指向した初めての試み。各国契約法の制度・運用，および日本の契約法をより深く理解するための基本文献。

潮見佳男・中田邦博・松岡久和編
概説 国際物品売買条約

A5判・224頁・3990円

2009年8月に発効した「国際物品売買契約に関する国際連合条約」について，基本事項から全体像まで把握できるように工夫した概説書。数年後の債権法改正にも影響を与えるとされ，日本法との関連を意識して丁寧に解説。実務家や国際私法・民法を学ぶ学生にも有用。

甲斐道太郎・石田喜久夫・田中英司・田中康博編
注釈 国際統一売買法I・II
―ウィーン売買条約―

A5判・382～480頁・I：7560円，II：6195円

世界的な統一法では歴史上最大規模といわれる「国際物品売買契約に関する国際連合条約（国際統一売買法＝CISG）」のわが国で初めての本格的なコンメンタール（逐条注釈書）。I巻では101ヵ条のうち52条までを，II巻では53条から101条までを注釈。

――法律文化社――

表示価格は定価（税込価格）です